제3판

교사를 위한

유아 창작 공예

이 현 아

창지사

머리말

인간은 무엇인가를 만들고 싶은 욕구를 가지고 태어나며 유아들은 오감각을 통해 세상을 알아 나간다. 그러므로 유아들을 위해 감각을 자극시킬 수 있는 다양한 방법을 제시해 주어야 한다. 창작 공예 활동은 유아들에게 다양한 감각을 자극시킬 수 있는 기회를 제공해 준다. 유아들은 무엇인가를 만지고, 찢고, 오리고, 붙이고, 쌓아 올리는 활동을 통해 자신의 느낌, 경험, 생각, 정서를 표현한다. 이와 같은 활동 속에서 즐거움을 찾으며 정서적 안정감과 성취감을 얻을 수 있다. 창작 공예 활동은 유아들에게 신체 · 정서 · 인지 · 사회성 발달을 가져다주며 창의성과 자아 개념 향상에도 도움을 준다. 따라서 창작 공예 활동은 유아기에 꼭 필요한 활동이라 할 수 있다.

본서는 유아 교사나 어린이집 교사가 될 학생들과 유아 교육 현장에 있는 교사들을 위해서 창작 공예의 이론과 실제를 다루었다. 『교사를 위한 유아 창작 공예』는 2005년 처음 출판된 이후 10년이 지난 2015년에 새로운 내용을 부분 첨가하여 개정하였으며 2022년 현 교육과정을 중심으로 부분 개정하였다. 따라서 「2019 개정 누리과정」에 준하여 창작공예 활동의 내용을 제시하였다. 「2019 개정 누리과정」에서는 유아가 중심이 되어 놀이가 살아나는 교육과정을 추구하며 유아 · 놀이 중심 교육과정을 강조한다. 본서에서는 유아가 놀이 활동을 하다가 창작 공예 활동과 연계된 활동, 혹은 확장된 활동을 할 때 창작 공예 활동을 통해 조형 놀이가 가능하도록 안내하고자 하였다. 유아에게 창작 공예 활동은 오감각에 의한 직접 경험, 혹은 체험하는 놀이 과정을 가질 수 있게 하며 나아가 다양한 자료와 매체를 통해 조형 놀이를 가능하게 한다.

따라서 본서는 유아교사나 어린이집 교사가 유아의 놀이가 확장된 창작 공예 활동을 할 때 알아야 할 내용들에 대하여 기술하였다. 본서의 내용 구성은 제1부 이론편과 제2부 실제편-기초, 실제편-응용으로 나누어진다. 이론편에서는 교사가 알아야 할 창작 공예 활동의 개념과 의의, 교육적 가치, 입체 발달 단계 및 과정, 현 교육과정과 유아 창작 공예 활동, 창작 공예 활동을 위한 교사론과 환경에 대하여 설명하였다. 실제편에서는 유아가 놀이 활동하면서 연계, 확대된 다양한 창작 공예 활동 혹은 조형 놀이 활동을 할 수 있도록 콜라주, 인형, 모빌, 점토, 직조, 악기, 구성, 요술 그림과 상자, 조명 등 다양한 조형 활동을 설명하였다.

마지막으로 이 책이 나오기까지 도움을 주신 많은 분들께 감사의 말씀을 드린다. 우선 모든 여건을 허락해 주신 하나님께 감사드리며 사랑하는 가족들에게 고마운 마음을 전하고 싶다. 마지막으로 이 책의 편집을 맡아주신 창지사 편집부 임직원 여러분께 감사드린다.

2022년 6월

저자 이 현 아

CONTENTS

Part I 이론편

제1장 유아 창작 공예 • 13

제2장 유아 창작 공예의 교육적 가치 • 18

제3장 유아의 입체 표현 발달 • 34

제4장 유아 창작 공예 활동과 교육과정 • 57

제5장 유아 창작 공예 활동을 위한 교사론 • 68

제6장 유아 창작 공예 활동을 위한 환경 • 72

참고 문헌 • 90

Part II 실제편-기초

PartⅢ 실제편-응용

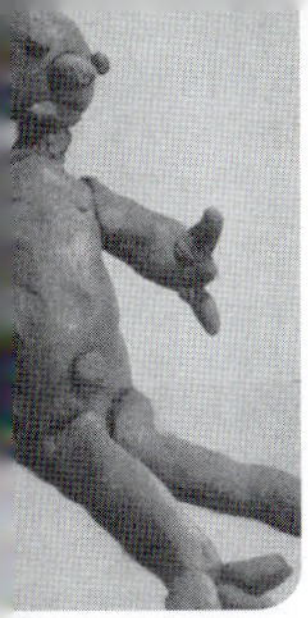

Part I 이론편

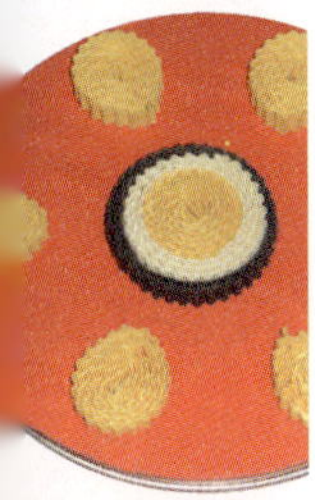

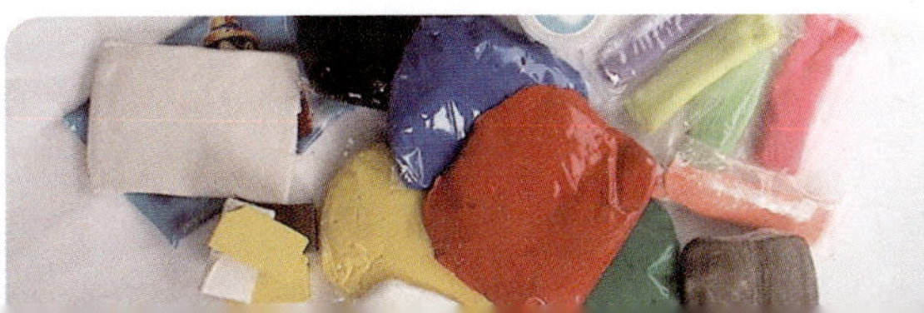

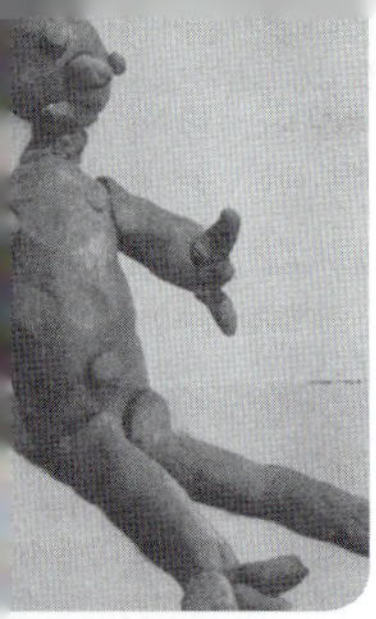

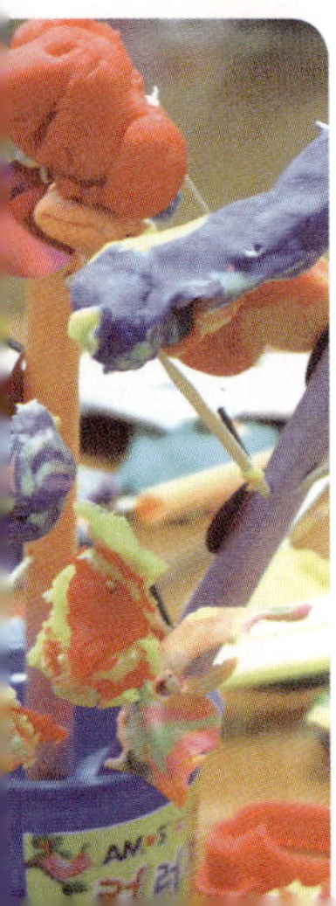

제1장 유아 창작 공예

1) 유아 창작 공예의 개념

유아 창작 공예(創作 工藝, creative craft)는 유아가 할 수 있는 창의적인 활동이며 미술적 활동을 의미한다. 유아 창작 공예의 개념을 살펴보기 전에 미술의 개념과 구조를 살펴보면 다음과 같다.

미술(美術)은 미적 기술(美的 技術)을 줄인 말로 아름다움을 표현하고 향유하는 것을 말한다. 미술은 조형의지를 가지고 심상(心象), 정서, 생각 등을 조형요소와 원리를 이용하여 각 시대에 맞는 양식과 표현 유형에 의해 물질적, 공간적, 시각적으로 표현해 나가는 것이다.

미술의 구조는 미술의 영역, 양식, 주제와 소재, 표현의 유형, 재료와 기법에 이르는 광의의 내용을 가진다. 또한 미술활동이나 작품에서 보여지는 조형 요소와 원리에 관한 협의의 개념도 가진다. 미술의 구조를 〈표 1〉로 정리하면 다음과 같다.

<표 1> 미술의 구조

<table>
<tr><th colspan="5">미술의 구조</th></tr>
<tr><th colspan="3">광의의 구조</th><th colspan="2">협의의 구조</th></tr>
<tr><td rowspan="4">미술의 영역</td><td rowspan="4">특성</td><td>공간예술(spatial art)</td><td rowspan="4">조형 요소</td><td>점</td></tr>
<tr><td>시각예술(visual art)</td><td>선</td></tr>
<tr><td>조형예술(plastic art)</td><td>면</td></tr>
<tr><td>재료예술(material art)</td><td>형</td></tr>
<tr><td rowspan="5">미술의 영역</td><td rowspan="5">영역 방법 특성</td><td>회화(painting)</td><td rowspan="5">조형 요소</td><td>색</td></tr>
<tr><td>조소(carving,modeling)</td><td>양감</td></tr>
<tr><td>디자인(design)</td><td>질감</td></tr>
<tr><td rowspan="2">공예(craft)</td><td>운동감</td></tr>
<tr><td>공간</td></tr>
<tr><td rowspan="2">미술의 양식</td><td colspan="2">동양, 서양의 양식</td><td rowspan="7">조형 원리</td><td>균형</td></tr>
<tr><td colspan="2">시대별 양식</td><td>통일</td></tr>
<tr><td rowspan="2">주제와 소재</td><td>주제</td><td>작가가 표현하고자 하는 내용</td><td>반복</td></tr>
<tr><td>소재</td><td>주제에 표현하고자 하는 제재, 재료, 대상</td><td>율동</td></tr>
<tr><td>표현의 유형</td><td colspan="2">재현적, 추상적, 심상적 표현</td><td>조화</td></tr>
<tr><td rowspan="2">재료와 기법</td><td>시대, 나라</td><td>동양, 서양, 시대별 양식에 따른 재료와 기법</td><td>장조</td></tr>
<tr><td>표현</td><td>2차원 평면, 3차원 입체에 따른 재료와 기법</td><td>대비</td></tr>
</table>

유아가 할 수 있는 미술활동은 미술영역 상 분류에서 회화, 조소, 공예가 가능하며 그 외 감상 활동이 가능하다. 즉, 유아 미술활동에는 그리기, 꾸미기, 만들기, 감상 등이 있다. 이와 같은 유아 미술활동을 크게 두 가지로 나누어 살펴볼 수 있다.

첫째, 2차원 평면인 도화지나 종이에 그리거나 꾸며서 활동하는 평면 활동이다.

둘째, 3차원 입체로 만들거나 꾸미는 입체 활동이다.

평면 활동는 주로 유아가 자신을 비롯한 주변의 관심사를 그리는 활동이 주로 이루어지며 입체 활동은 찰흙이나 블록 쌓기 등 다양한 재료로 구성하여 꾸미기의 활동이 이루어진다.

입체 표현은 표현 방법상 조각(carving), 소조(modeling), 구조적 모형(constructing), 공예 활동(crafts) 등으로 나눌 수 있다. 유아가 할 수 있는 입체 표현에는 종이 자르기, 붙이기, 접기, 찰흙이나 지점토 작업하기, 콜라주, 모빌, 염색 등이 가능하다. 이와 같은 활동 등은 미술이 가지는 광의와 협의의 구조에 의해 표현되어진다.

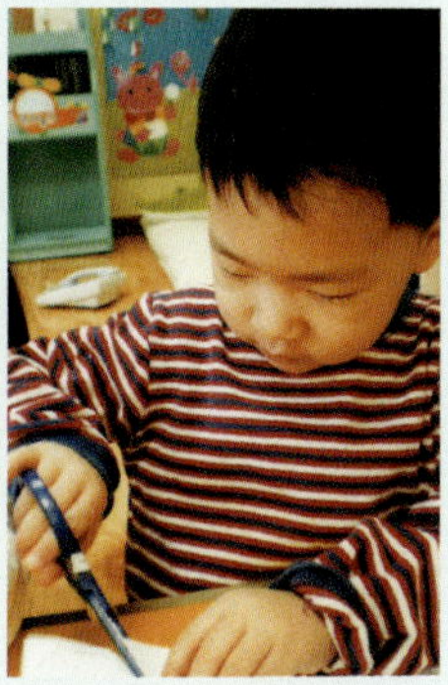

유아 창작 공예 활동은 주로 만들기 영역으로 3차원 입체 활동에 해당한다. 즉, '유아 창작 공예'라는 용어는 유아 교육기관에서 유아가 다양한 재료와 용구를 이용해 만들기 활동, 입체 활동을 하는 것을 말한다.

창작 공예의 사전적 의미를 살펴보면 창작(創作)은 처음으로 만들어 내는 일, 다른 것을 흉내 내지 않고 새롭게 만들어냄, 또는 그 물건의 최초 발명이나 개시의 의미를 갖는다. 공예(工藝)는 예술적인 조형미를 갖춘 공업 생산품을 만드는 재주나 솜씨, 또는 그 조형품을 의미한다. 즉, 창작 공예란 자신의 생각으로 새로운 물건을 만드는 재주나 그 창작물을 의미한다고 볼 수 있다(이승녕 · 김석주, 1984).

2) 유아 창작 공예의 의의

인간은 무엇인가를 만들거나 표현하고자 하는 욕구를 갖고 태어난다. 영아기 때 손을 사용할 수 있게 되면서 비로소 외부 세계와의 접촉이 시작된다. 생후 3개월간은 물체를 눈으로 보고 인식하다 물체를 잡기 시작하면 눈과 손의 협응(協應)이 이루어진다. 이것은 신체 기관의 분화와 통합이라는 발달 과정을 보여주는 것으로 신체 각 부위와 발달 기관을 의미한다. 영아가 물건을 잡고, 입으로 가져가고, 때리고, 흔드는 것은 모두 눈과 손의 협응으로 가능한 것이다(Bigner, 1983).

유아가 2세가 되면 블록을 6~7층 정도로 쌓을 수 있고, 크레용으로 선을 그을 수 있다. 3세에는 원을 따라 그릴 수 있으며 정확하지는 않지만, 사각형을 따라 그릴 수 있다. 또한, 가위질을 할 수 있고 간단한 퍼즐을 완성할 수 있다. 4세가 되면 사각형을 그릴 수 있고 삼각형을 알아볼 수 있을 정도로 그릴 수 있다(조복희, 2003). 5세에는 사물이 지닌 특성에 대한 인식이 확실해지며 독자적인 표현이 가능하고 눈과 손의 협응, 손가락 조절력, 악력(握力)이 발달하여 입체 표현 능력도 뛰어나지게 된다. 다음 〈그림 1〉은 연령에 따른 도형 그리기 능력을 나타낸다.

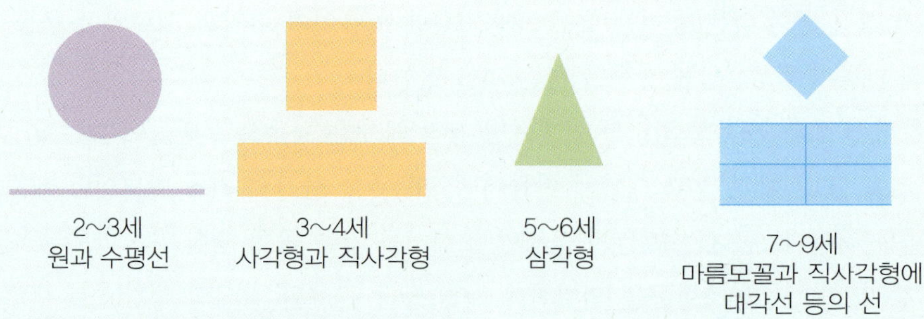

출처 : 신명희 외 8인(2013). 서울 : 학지사. p. 185.

[그림 1] 연령에 따른 도형 그리기 능력

이와 같은 발달 과정을 거쳐 유아들은 그리기나 만들기 작업을 통해 자신의 생각이나 느낌, 정서를 표현한다. 이것은 곧 유아의 인지나 정서에 도움을 준다.

또한, 유아들은 다양한 재료나 매체, 용구 등을 다루어 봄으로써 창작의 의욕과 표현의 자유로움, 나아가 창의성 및 인지 발달을 이룰 수 있다. 다양한 재료를 다루어 본 유아는 그렇지 못한 유아보다 자신의 생각이나 느낌, 정서를 표현하는 데 자유롭고 자신감이 있다.

유아들의 재료에 대한 촉각적 인식은 접촉 감각뿐만 아니라 발달 개념과도 연관지어져 어휘력을 풍부하게 하는 데 도움을 준다(김정규 외, 2000). 즉, 유아들은 그들의 주변 환경을 보고 만지며 '돌은 울퉁불퉁하고 거칠다', '꽃잎은 부드럽고 색이 아름답다', '모래는 가볍다'와 같이 촉감을 통해 재료의 특성을 말하고 개념을 알 수 있다. 이와 같은 경험은 어휘로 표현되며, 유아들에게 다양한 재료의 접근은 질적 사고를 가능하게 하며 창의성을 계발할 수 있도록 도와준다.

제2장 유아 창작 공예의 교육적 가치

1) 신체 발달

유아들은 창작 공예 활동을 통해서 몇 가지 신체 발달을 이룰 수 있다.

첫째, 눈과 손의 협응력을 기를 수 있다.

유아들은 종이를 접거나 자르면서 눈(감각 계통)과 손(운동 계통)의 활동을 동시에 해 나간다. 이와 같은 작업을 통해 눈과 손의 활동이 순차적으로 진행되는 능력을 얻을 수 있다. 실제로 유아가 3세 정도가 되면 눈과 손의 협응력이 어느 정도 가능하며 5세 정도 되면 능숙하게 처리할 수 있다. 눈과 손의 협응력과 방향성은 읽기, 쓰기, 셈하기(3R's)를 준비하는 데 필요한 신체적 기술이므로 교사는 유아에게 창작 공예 활동 중 여러 가지 자극과 발달을 줄 수 있는 환경을 제시하여야 한다. 또한, 유아는 창작 공예 활동 속에서 다양한 재료와 도구를 사용하면서 눈과 손의 협응력을 얻을 수 있다.

둘째, 대 · 소 근육운동을 도울 수 있다.

손과 손목의 근육을 소근육이라고 한다. 소근육은 쓰기 활동에 영향을 준다. 창작 공예 활동을 통해 소근육을 발달시키기 위한 활동은 점토놀이, 가위 사용하기, 구슬꿰기, 구멍에 나무 못 꽂기, 페인트 칠하기가 있다(한임순, 1999).

유아들은 다양한 창작 공예 활동을 통해 소근육을 발달시킬 수 있다. 이와 같은 신체 발달은 유아의 사회, 정서 발달에도 영향을 미치지만 인지 발달과도 연관을 가진다. 소근육의 움직임은 대뇌와도 연결되어 왼쪽 손은 우뇌, 오른쪽 손은 좌뇌와 연결되어진다. 즉 소근육의 사용은 뇌 활성화에 도움을 준다. 다음 〈그림 2〉는 좌우뇌와 신체 기능을 나타낸다.

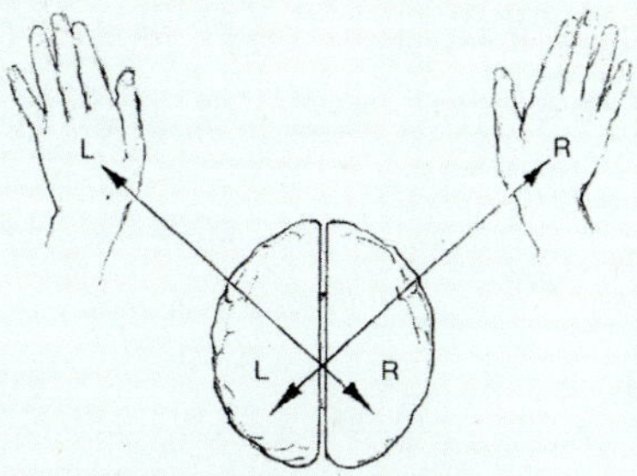

출처 : Edwards(1999). The new drawing on the right side of the drain.
강은엽 역(2000). 오른쪽 두뇌로 그림 그리기. 서울 : 나무숲. p. 55.

[그림 2] 좌우뇌와 신체 기능

2) 시각·공간·지각 발달

영아 초기에는 단순한 형태들을 구분할 수 없지만 생후 6개월이 되면 원형, 사각형, 삼각형들의 블록을 구분하게 되며 4세 정도 유아기에는 다이아몬드, 삼각형, 사다리꼴, 불규칙한 사각형 등을 구별할 수 있는 시각 형태 변별이 가능해진다. 6, 7세 무렵에는 지각 활동의 통제 능력이 발달하게 되어 아동들은 형태의 부분들을 서로 비교해 보기도 하고 부분들 간의 상호관계를 보다 정확하게 지각함으로써 형태를 더욱 체계적으로 탐색하게 된다(신명희, 2000). 즉, 유아들은 자라면서 실질적으로 시지각적(視知覺的) 경험을 통해 처음 대하는 물체가 어떤 것인지 배우게 된다. 예를 들어, 의자와 침대의 구조가 다르다는 것을 알게 되고, 공이 둥글다는 것을 깨닫게 되며, 자동차는 자신보다 훨씬 크지만 연필은 매우 작다는 것도 알게 된다. 이와 같이 다양한 형태와 색깔을 구분, 변별하는 과정을 통해 시지각 능력이 향상되어진다. 시지각 능력은 외부 시각 자극의 변별을 통해 학습의 기초가 되는 읽기, 쓰기, 셈하기와 같은 후속 학습을 가능하게 한다.

시지각은 눈을 통해 외부의 사건, 사물의 변화를 감지하는 과정을 말하며 '보기'인 시각과 '이해하기'인 지각으로 나누어진다. Arnheim은 시지각을 시각적 사고(visual thinking)라고 보았으며(Arnheim, 1969) 지능(知能)과 연관지어 인지적인 측면까지 언급하고 있다. 즉, 많은 시각 자극의 경험은 인지적 작용을 활성화시키며 인지적 능력을 향상시킬 수 있다. 다음 〈표 2〉는 연령에 따른 시지각 발달을 나타낸다.

<표 2> 연령에 따른 시지각 발달

연령	시지각 발달
영아	● 생후 초기 밝고 어두운 색만 인식 ● 밝은 원색 선호 ● 엄마의 얼굴을 흐릿한 실루엣으로 인식
2~3세	● 형태와 색체를 구분하며 표현하기 시작 ● 초기 표현은 난화와 상징적인 동그라미 표현이 주를 이룸 ● 색채명명(naming of colours)이 가능하며 같은 색을 짝지을 수 있는 능력이 생김
4~5세	● 다양한 형태를 정확하게 구분할 수 있는 시각형태 변별이 가능하다.
	● 형태 표현에 있어 상징과 미분화적 표현을 사용하여 그린다.
	● 남녀에 따른 색채 선호가 다르다(남자는 파란색의 한색 계통의 어두운 색 선호/여자는 핑크색 혹은 빨간색의 파스텔톤 선호경향을 보인다).
6~7세	● 지각활동이 발달형태의 부분들을 서로 비교해 보기도 하고 부분들의 상호관계를 보다 정확하게 지각하는 등 더욱 체계적인 탐색이 가능해진다.
	● 자신이 좋아하는 색이 있으며 보통 취학전 원색을 비롯한 난색 계통을 좋아한다.

출처 : 이현아(2010). 유아동미술교육의 이해. 서울 : 태영출판사. p. 35.

나아가 Gardner는 다중지능 이론(multiple intelligence theory)을 설명하면서 미술과 관련해 공간지능(spatial intelligence)에 대해 언급하였다. 공간지능에는 '도형', '그림', '지도', '입체 설계' 등의 공간적인 상징체계를 숙달하고 창조하며, 그에 관련된 문제를 해결하는 능력이다. 공간 지능은 공간적 기억력, 공간적 창의성, 예민한 시각 능력, 시각적 기억력, 시각적 상상력 등이 잘 조화되어 있다고 보았다(이경희 역, 1996).

창작 공예 활동은 유아들에게 사물의 특성을 보고 파악하는 시지각 능력을 가질 수 있게 도와준다. 사물을 보고 이해하며 같음과 다름을 구분할 수 있는 시각

변별의 능력도 제공해 준다. 다음 〈그림 3〉에서는 같음과 다름을 찾는 시각변별을 살펴볼 수 있다.

출처 : Anthony Browne(2003). 서애경(2004)역. 행복한 미술. 서울 : 웅진 주니어.

[그림 3] 좌우 그림에서 다른 곳을 찾아 보세요.

유아들은 창작 공예활동을 통해 사물의 모양, 색, 위치, 방향, 공간 등의 여러 자극 특성을 알게 되며 종이 접기, 자르기, 붙이기 등의 다양한 활동을 통해 부분과 전체의 관계를 알 수 있다. 나아가 시공간적 능력을 발달시킬 수 있다. 또한, 퍼즐이나 블록 쌓기, 3차원의 공간 구성을 통해 공간 개념과 공간 지능도 발전시킬 수 있다. 즉, 창작 공예 활동은 유아에게 시 · 공간적 지각의 발달을 돕는다.

3) 언어 발달

유아는 여러 경험을 하게 되면 새로운 말을 배우게 된다. 유아가 지니고 있는 호기심을 자극하여 다양한 물체를 보여주고 새로운 사건을 경험하게 하면 그 물체나 사건의 용어를 자연스럽게 습득하게 되면서 빠른 언어 발달을 기대할 수 있다고 한다(조복희, 2003).

창작 공예는 유아들에게 다양한 재료와 경험을 가져다줌으로써 언어 발달을 돕는다.

첫째, 창작 공예 활동을 통해 자연물이나 구조화된 시각적 자료에 관한 어휘를 습득하게 된다. 유아들은 다양한 재료나 용구를 다루면서 많은 말을 한다. "돌은 만지면 울퉁불퉁하고 거칠어요.", "솜은 가볍고 불면 날아가요.", "찰흙은 부드럽고 물렁물렁해요."라며 재료의 질감이나 특성에 대해 말할 것이다. 즉, 유아들은 창작 공예에서 다양한 재료를 만져 보면서 어휘가 늘어난다.

둘째, 자신이 만든 창작물이나 다른 유아들의 창작물을 보고 자신의 생각과 느낌을 말로 표현할 수 있다. 언어 표현력이 미숙한 유아는 만들기를 하면서 자신의 생각, 감정, 느낌을 창작물로 대신 표현할 수 있다. 이와 같은 과정을 통해 유아는 자신의 창작물, 다른 유아, 교사들과 의사소통을 하면서 다양한 어휘의 발전을 가지고 올 수 있다.

셋째, 유아들은 창작 공예 활동 중에 접하게 되는 선, 색, 형태와 같은 조형 요소를 통해 비교와 분류를 할 수 있고, 이것은 곧 읽기와 쓰기의 학습과 연관을 가지게 되며 다양한 도구의 사용은 쓰기 도구(필기 도구)를 다룰 수 있는 능력을 증진시킨다.

넷째, 현재 시각문화의 시대에서 살아가야 할 유아들에게 창작 공예활동은 시각언어를 사용하는 기초적인 접근들을 제시해 줄 수 있다. 일예로 신호등, 도로표지판, 지도 등은 상징을 통한 시각언어를 나타내어 준다. 유아들은 삶 주변의 다양한 시각언어를 이해하고 읽으며 창작 공예 활동을 통해 익혀 나갈 수 있다. 다음 〈그림 4〉는 유아가 표현한 주변의 환경이다.

[그림 4] 유아가 표현한 주변의 환경

4) 인지 발달

인지(認知 : cognition)는 우리가 일상 생활속에서 대상을 인식하고 지식을 습득하며 문제를 해결하는 데 주의, 지각, 기억, 학습, 사고하는 모든 지적, 정신적 사고 과정을 의미한다.

우리는 주변 자극에 대하여 강하게 인식된 것을 주의(attention)의 단계를 통해 기억(memory)에 저장하고 새로운 개념과 지식을 얻을 수 있게 된다. 이와 같은 인지 과정은 사고(thinking)나 문제 해결(program solution)에 영향을 준다. 따라서 대상을 인식하거나 알아가는 모든 과정들을 인지, 혹은 인지과정이라 할 수 있다. 아동은 연령에 따라 인지가 발달함에 의해 주의, 지각, 학습, 사고, 기억하는 정신적 과정의 변화를 가진다.

과거 인지의 발달은 선천적인 것으로 여겨졌으나 피아제(piaget)를 비롯해 블룸(Bloom), 브루너(Bruner) 등의 학자들은 인지를 환경과의 상호작용에 의해 영향을 받는 것으로 보았다(이현아, 2008). Bloom의 연구에 의하면 0~4세 사이에 지능 발달의 약 50%가 이루어지며 4~8세 사이에 30%, 8~17세 사이에 나머지 20%가 이루어진다고 보고하였다. 이 연구에 의하면 0~8세 사이의 유아기 동안 지능의 약 80%가 이루어진다고 볼 수 있다(조정숙 외, 2003). 즉, 인간의 지적인 능력은 태어날 때부터 고정된 것이 아니고 환경과의 상호작용에 의해 계속적으로 성장하고 변화된다. 인간의 가장 빠른 성장은 8세 이전에 이루어지며 주변 환경의 영향력은 8세 이전에 더욱 크므로 유아의 인지적인 수준과 관심에 부합되는 적절한 자극을 줄 수 있어야 한다고 본다. 창작 공예 활동은 유아에게 여러 가지 환경과 자극을 제공하므로 인지 발달에 영향을 미칠 수 있다.

유아는 만들기를 하면서 자신의 생각, 알고 있는 개념, 경험 등을 미술 활동 속에서 표현하기 위해서는 여러 가지 문제가 되는 사항을 접한다. '무엇을 표현할 것인지', '어떻게 표현할 것인지'를 생각해야만 한다. 따라서 유아의 창작 공예 활동에서는 계획과 실행, 평가, 그리고 재작업의 사고 과정이 포함된다. 또한, 만들고자 하는 창작물을 잘 표현하기 위해서 재료를 어떻게 선택하며 결합 · 배열할 것인지, 형 · 색 공간 구성 등에 관한 문제 해결을 해야 한다(이정욱 외, 2003).

Thorndike는 '문제 해결'은 사고와 추론으로 되는 것이 아니고 점진적으로 진행되는 시행 착오 학습에 의해서 이루어진다고 말한다(Henson & Eller, 1999). 즉, 유아는 창작품을 만드는 과정 중에 생기는 다양한 문제들을 시행착오를 통해서 스스로 해결해 나가야 한다.

일례로 유아가 찰흙을 이용해 사람을 만들고자 한다. 사람을 만들었는데 중심이 맞지 않아 자꾸 쓰러진다면 유아는 점토 사람을 세우기 위해 많은 생각을 할 것이며 중심을 세우기 위한 재료를 찾거나 방법을 다르게 할 것이다. 즉, 유아가 창작품을 만들어 나가는 것에는 많은 사고와 문제 해결력이 요구되며 인지의 발달과 밀접한 관련을 가지게 된다.

또한, 유아는 다양한 재료를 만져봄으로써 각 재료의 특성을 파악하게 되고 재료에서 오는 촉감을 통해 사물을 인지하는 촉시(touch sight)를 기르게 되며 질적 사고 및 확산적 사고(divergent thinking)를 할 수 있게 한다. 그러므로 창작 공예를 통해서 유아들에게 가능한 다양한 재료를 사용하고 탐색해 볼 수 있는 풍부한 경험의 기회를 주어야 한다.

창작 공예 활동은 유아에게 주의 집중을 요구한다. 유아들은 자신의 창작물을 만들면서 나름대로 탐색하고, 생각하는 등 집중하여 만든다. 이것은 나중에 학습과 연관되어 중요한 요인이 된다.

5) 좌뇌와 우뇌의 균형 있는 발달

인간의 뇌는 방대한 수의 신경세포로 이루어진 거대한 네트워크이다. 신경세포는 전기신호를 내는 세포로 축색을 지나 다른 세포에 전달된다. 신경세포끼리의 결합 부분을 시냅스(synaps)라고 부른다. 시냅스에는 매우 좁은 틈이 있으며, 정보는 전기신호가 아닌 화학물질(신경전달물질)로 전달된다. 시냅스는 자극에 유연하게 대응하여 연결 방식을 바꾸고 변화한 연결 방식을 유지하는 특징이 있다. 어떤 일정한 신호를 반복적으로 주고받으면 특유한 세포끼리의 연결이 완성되며 기억이나 지능이 증가한다.

시냅스의 형성(synaptogenesis)은 생후 2개월 때에 운동피질에서 시작된다. 3개월 때 시각피질의 시냅스 형성이 절정에 이르면서 영아의 눈은 물체에 초점을 맞출 수 있게 된다. 유아가 8~9개월쯤 되면 기억 내용을 분리, 보관의 역할을 하는 해마(海馬, ippocampus)의 기능이 형성된다. 이때 영아들은 경험 내용을 명확히 기억할 수 있게 된다. 생후 6~12개월 때 논리적 사고와 예견 기능을 담당하는 전두엽 피질에서는 성인의 두뇌보다 배나 많은 에너지를 소모할 정도로 시냅스 형성이 빠르게 진행되며 이것은 10세까지 이어진다(백중열, 2003). 특히 4~12세 사이의 유아와 아동의 뇌가 성인의 뇌보다 훨씬 더 많은 에너지를 소모한다는 사실에 비추어 볼 때, 이 시기가 감각 자극을 열렬히 탐색하는 학습 고조기임을 알 수 있다(Chugani, 1991). 따라서 이 시기에는 감각 자극을 탐색하려는 뇌의 욕구에 부응하는 다양한 경험이 제공되어야 할 것이다(조동균, 2004).

창작 공예 활동 중 유아는 다양한 탐색과 발견, 방법을 알아 나가며 그 과정 속에서 많은 경험과 자극을 받는다. 이와 같은 자극과 경험은 유아의 뇌 발달에 도움을 준다.

인간의 뇌는 크게 좌우로 나누어 좌뇌(왼쪽 뇌)와 우뇌(오른쪽 뇌)가 있다. 좌뇌는 언어적, 분석적, 상징적, 추상적, 시간적, 합리적, 수리적, 논리적, 순차적이다. 우뇌는 공간적이며 비언어적, 구체적, 유사적, 비시간적, 비합리적, 직관적, 총체적이다(Edwards, 1999).

이와 같은 좌뇌와 우뇌는 상호 협력하였을 때 인간은 균형잡힌 생활을 할 수 있을 것이다. 창의적인 사고는 우뇌와 좌뇌가 함께 상호협력하에 이루어진다. 창작 표현 활동은 우뇌와 많이 결합되어진 사고를 유도하나 동시에 좌뇌의 도움도 필요로 한다. 유아들은 창작 표현을 하면서 예술적인 공간감, 직관력, 형태의 인식과 다양성 등을 얻을 수 있으며 나아가 창작품을 만들면서 생기는 문세 해결에서 종합적, 논리적, 합리적인 사고도 얻을 수 있다. 즉, 좌뇌와 우뇌의 균형적인 발달을 가지고 올 수 있다.

또한, 창작 공예 활동은 유아의 생각을 가시화해 주며 그 외에 머리를 좋아지게 하는 집중력, 관찰력, 인내력을 길러줄 수 있을 것이다.

6) 창의성 증진

창의성이란 기존의 경험이나 지식을 결합하거나 완전히 벗어나 독창적으로 새로운 것을 만들어내는 능력이며 과정이다. 창의성에 대한 개념은 다양하며 여러 가지로 정의되고 있다. 여러 가지 창의성에 대한 개념을 정리해 보면 다음과 같다.

Guilford는 창의성이란 새로운 것을 낳는 힘으로 인간의 다섯 가지 지적 지능, 인지력, 기억력, 수렴적 산출력, 확산적 산출력, 판단력 중에서 확산적 산출을 의미하며 어떤 문제를 해결하는 데 있어서 하나의 올바른 해답을 요구하는 수렴적 산출과는 반대의 개념으로 정의하였다(오종숙, 2001).

Lowenfeld(2004)는 창의성을 사고의 융통성과 아이디어의 유연성으로 정의내리며 새로운 것을 만들어 내는 능력이고 남과는 다른 사고 방식을 의미한다고 하였다. Lowenfeld는 창의성을 미술 교육의 목적으로 보았다. 즉, 창의성은 창작 공예의 목적이 되기도 한다. 유아는 자신의 창작물을 만들기 위해 나름의 탐색과 발상의 과정을 거쳐 재료를 선택하고 독창적인 작품을 표현한다.

또한, Lowenfeld는 모든 아동은 잠재적으로 창의성을 가지고 있다고 보았다. 그러나 창의성은 취학할 쯤으로 저하된다는 연구가 많다. Hurlock의 연구에 따르면 창의성은 취학한 후 저하되며 이 원인은 교사의 지시에 따른 질서, 훈련에 의한 결과라고 보았다. Torrance도 창의성은 4세경에 절정을 이루며 취학하면서 저하된다고 보고하였다.

이와 같이 창의성은 유아기에 형성되므로 유아기 창의성 계발은 중요하다.

유아 창의성 발달은 환경적인 영향을 많이 받는다. 유아들이 창작품을 만들 때 다양한 재료와 용구를 준비해 두어 많은 자극을 제시해 주면 새로운 재료와 접하면서 창의성이 발달할 수 있다고 한다.

Koster에 의하면 유아가 사용해 본 경험이 없는 새로운 재료를 가지고 미술 활동을 하는 경우, 자주 사용하던 재료로 작업할 때보다 표현 능력은 떨어질 수 있으나, 새로운 매체로 인해 미술 활동에 참여하고자 하는 흥미와 욕구를 자극할 수 있다고 한다(이숙재 외, 2002). 유아의 흥미와 욕구는 곧 창의적인 태도로 나타난다.

Lowenfeld는 창의성을 가장 잘 발휘하게 하는 방법은 아동의 모든 감각을 통하여 삶의 특성에 노출되도록 하는 것이며 촉각, 시각, 청각적 현상에 대한 직접적인 경험을 통하여 상상력과 지각 능력이 발달한다고 보았다(Eisner, 2003). 즉, 유아는 다양한 환경과 경험을 체험하는 과정 속에서 창의성이 발달된다는 것이다.

유아 창의성 발달은 교사의 태도에 영향을 많이 받는다. 창의성은 수렴적 사고(convergent thinking)가 아니라 확산적 사고(divergent thinking)를 촉진하는 것으로 유아가 창작품을 만들어 갈 때 충분한 시간과 동기 유발을 도와주며 자유롭게 만들 수 있도록 하여야 한다. 또한, 유아가 창작품을 만드는 과정 중에도 다양한 질문을 주어 확산적 사고를 할 수 있도록 도와주며, 창작품을 만든 후에는 칭찬을 아끼지 말아야 할 것이다. 교사는 유아들의 창의적 표현 능력을 함양시킬 수 있도록 민감성, 유창성, 융통성, 독창성, 정교성을 요구하는 과제를 주고, 결과물보다는 과정을 중시해 주어야 한다.

7) 정서 발달과 심리 치료적 기능

정서는 우리가 생활하면서 느끼는 기쁨, 슬픔, 노여움, 우울, 짜증, 열등감, 사랑과 같은 마음의 움직임이라 할 수 있다. 사람의 정서는 유아기 때 분화하여 어린 시기에 발달하는 것이라 한다.

3~6세의 정서 반응 형태를 살펴보면, 독자적 · 자율적 형태를 추구하며, 자기 추구에서 목적 달성의 어려움을 당할 때 분노나 질투와 같은 격한 감정을 표현한다. 또한, 다양한 종류의 자율적인 활동을 통해서 유아는 자기 통제를 익히게 된다(한임순, 1999).

유아의 정서 표현이나 정서적 행동은 그들의 심리적 상태를 알 수 있게 한다. 유아들은 그들 나름대로 여러 가지 갈등을 가질 수 있다. 부모와의 갈등(양육 태도로 인한 갈등, 애착에 관한 문제), 자기 자신과의 갈등(욕구 불만, 열등감, 외로움), 형제로 인한 갈등(동생의 출생), 또래 유아와의 갈등(소외감, 의견 충돌) 등 여러 가지 갈등 상황을 가질 수 있다. 그러나 유아는 언어로 자신의 정서를 정확하게 표현하기에 미숙하다.

그림이나 창작물은 그리거나 만든 사람의 생각이나 느낌, 경험을 가시화하여 주는 기능을 가진다(신민섭 외, 2003). 미술 활동은 유아가 세상을 어떻게 느끼고, 생각하고 있는지를 나타내어 주는 제2의 언어 기능을 가진다. 즉, 우리는 유아가 그린 그림이나 창작물을 통해 유아의 생각이나 느낌, 정서를 읽을 수 있다.

또한, 유아들은 미술 활동을 통해서 자신의 갈등 문제나 내적인 문제들을 해소할 수 있다. 점토를 주무르거나, 종이를 찢거나, 망치질을 하거나, 물감을 마구

짜거나 하면서 자신의 감정을 자유롭게 표출함으로써 정신 건강에 도움을 얻을 수 있다.

창작 공예는 유아에게 감정을 자유롭게 표출하는 과정 속에서 자신의 욕구나 갈등을 해소함으로써 정서적 안정을 가져다 준다. 이와 같은 과정은 유아에게 정서적 발달을 가지고 올 수 있으며 정서 발달과 연관하여 심리 치료적인 기능도 가능하다. 정서나 행동장애 유아, 공격성을 지닌 유아, 혹은 과잉행동 유아, 언어 발달 지체 유아 등에게 그에 맞는 창작 활동을 제시해 줌으로써 유아들의 문제점을 치유해 줄 수 있다.

공격성이 있는 유아에게는 찰흙과 같은 매체를 통해서 공격성을 표출시키고 이완시킬 수 있다. 과잉행동 장애를 가진 유아는 주의 집중 시간이 짧으므로 한꺼번에 여러 가지 작품을 만들려고 한다. 그러므로 한 가지씩 끝낼 수 있는 단순한 과제를 제시하여 준다. 또한, 과잉행동이나 충동성이 강한 유아에게는 에너지를 감소시키는 것이 필요하므로 활동성이 많은 작업이나 종이 찢기, 반복적인 활동인 모자이크 같은 활동을 제시해 주어 심리 치료의 효과를 얻을 수 있다(이근매 외, 2003).

교사는 유아기에 나타나는 정서적인 특징을 잘 알아서 긍정적인 정서, 즉 기쁨, 쾌활, 명랑, 흥미, 욕구 등의 정서를 촉진시킬 수 있는 다양한 창작 공예 활동을 이끌어야 할 것이다.

8) 긍정적 자아 개념 향상

자아 개념은 자신이 남과 다르다는 것을 인식하게 되면서 서서히 발달되는데 연령에 따라 구체적인 개념에서 복잡한 개념으로 발달된다. 유아에게 자신을 묘사하라고 하면 이름, 신체적 모습, 자기가 가지고 있는 물건 등의 구체적 특징에 의거하는 것이 보편적이다. 그러나 나이가 들면서 가치관이나 사고, 정서 상황 등의 추상적 차원으로 자신을 기술한다(조복희, 2003).

자아 개념(self-concept)은 자기(self), 자아(ego), 자기 지식(self-knowledge), 자기 이해(self-understanding), 자아상(self-image)과 동의어로 사용되며 자신 스스로가 자신을 이해하거나 인식하는 것을 말한다.

유아는 창작물을 만드는 환경 속에서 자신의 느낌, 감정, 생각을 표현하는 기회를 가지게 된다. 이와 같은 자아 표현을 통해 정서적 즐거움과 만족감을 갖게 되고 긍정적인 자아 개념도 형성하게 된다. 유아의 긍정적인 자아 개념 형성은 유아 자신의 자유로운 표현과 긍정적인 자아 인식도 중요한 요인으로 작용하나 부모나 교사, 친구의 태도, 평가도 중요한 요인이 된다.

Rogers는 자아 개념은 개인이 사신에 대한 지각이며, 이러한 지각에 부합하는 가치와 함께 자신의 환경 속에서 '중요한 타인'과의 관계를 통해 형성되는 하나의 조직된 상(像, picture)이라고 하였다. Brookover, Thomas와 Paterson도 자아 개념은 '중요한 타인'과의 상호 작용을 통해 발달되고, 이것은 다시 개인의 행동에 영향을 미친다고 하였다.

김용래(2000)는 개인의 자신에 대한 평가와 지각, 그리고 태도와 신념을 지니고 있으며, 환경 내에서 '의미 있는 타인(significant other)' 또는 '중요한 타인(important other)'과 관련된 상황적 맥락에서 형성되는 자신에 대해서 갖는 조직적인 상(象)이 자아 개념이라고 정의하였다. 여기에서 '중요한 타인'이나 '의미 있는 타인'은 부모, 교사, 친구가 된다. 즉, 긍정적인 유아의 자아 개념을 형성하기 위해서 교사는 창작 활동 시간에 많은 칭찬과 격려를 아끼지 말아야 할 것이다.

실제로 교사가 유아에게 긍정적인 태도를 지니면 유아도 긍정적인 자아 개념이 형성되며 그 시간이 즐거운 시간이 된다. 그러나 교사가 한 유아에게 부정적인 태도를 지니면 유아 자신도 부정적인 자아 개념이 형성되며 그 시간이 즐겁지 않다. 유아기의 자아 개념은 취학 후에 미술 자아 개념, 학습 자아 개념과 연결되어 중요한 요인으로 작용할 수 있다. 그러므로 교사는 유아들에게 긍정적인 자아 개념을 가질 수 있는 학습의 기회를 많이 제공해 주어야 할 것이다.

9) 미적 감각 발달

Schiller는 미술을 심미적 놀이라고 하였다. 심미적 놀이라는 말은 미술에서의 '미'와 '재미'의 추구를 동시에 표현한 말이라고 할 수 있으며, 인간에게는 본능적으로 놀이, 또는 유희에 대한 욕구가 있으며, 미술은 이러한 욕구를 해소해줄 수 있다고 보았다. 또한, 미술을 통해 지성과 감성의 자연스러운 조화를 이루어야 한다고 보았다(이규선 외, 1996). 유아들도 미술 활동을 통해 재미와 즐거움을 찾는다. 사물의 형태와 색, 크기 등의 특성을 통해 미적 요소와 부분과 전체의 조화 속에서 미적 원리를 찾아 나간다. 미적 요소는 그림을 그리거나 조각품을 만들거나 옷을 디자인하는 등 모든 예술 작품을 창조할 때 사용되는 기본 요소로 선, 형, 색, 질감, 공간을 말한다. 미적 원리는 미적 요소들을 조직하여 시각적으로 아름다운 세계를 창조하는 방법으로 균형, 강조, 비례, 움직임, 리듬, 반복, 패턴, 조화, 통일과 같은 미적 형식의 원리를 의미한다. 미적 요소와 원리는 유아가 자신의 개인적 취향을 기초로 자신만의 독특한 미적 판단을 하도록 돕는 미적 준거가 된다(이정욱 외, 2003).

우선적으로 유아의 미적 준거는 유아가 가지고 있는 미적 감수성을 바탕으로 환경 속에서 찾아볼 수 있다. 깨끗한 자연, 노을진 하늘, 붉은 꽃잎이 아름다운 것이라면 오염된 연기, 폐수에 의해 죽은 물고기, 자동차의 검은 매연은 더러운 것이다. 유아는 나름의 미적 감수성을 바탕으로 아름다운 것, 더러운 것, 추한 것 등을 구분하는 미적 판단을 할 수 있다. 이와 같은 과정 속에서 심미감을 기르고 미적 감각을 발달시킬 수 있다.

교사는 유아가 주변의 환경이나 생활 속에서 미적 요소와 원리를 이해하며 나아가 창작품을 만들면서 미적 요소와 원리를 찾아 나가도록 도와주어야 한다. 유아는 이와 같은 과정을 통해 미의식, 미적 감각, 미적 감수성, 관찰력, 통찰력 등을 얻을 수 있다.

다음 〈그림 5〉는 우리 주변의 자연환경에서 살펴볼 수 있는 점, 선, 면과 같은 조형 요소와 원리를 나타낸다.

출처 : Robert Snowden, Perter Thompson, Tom Troscianko, 오성주 역(2013). 시각심리학의 기초. 서울 : 학지사. p. 144.

[그림 5] 자연 환경에서 살펴볼 수 있는 조형요소와 원리

10) 사회성 발달

사회화는 자기 이외에 남이 있다는 사실을 알게 되었을 때 형성된다. 사회화(socialization)란 인간관계에 있어서 공동생활이 잘 이루어져 나가는 과정을 말하며 사회성 발달은 사회의 기대에 따라서 행동하는 능력이 길러지는 것을 의미한다.

인간의 본성 중에는 타인과 접촉하려는 사회적 욕구가 있으며 이와 같은 욕구는 유아의 나이가 들어감에 따라 차츰 증가된다(한임순, 1999).

창작 공예 활동은 유아들에게 사회성 발달의 기회를 제공한다.

첫째, 유아는 창작 공예 활동 중에 교사나 다른 유아와 상호 작용하는 것을 배운다. 예를 들면 재료나 도구를 나누어 사용하면서 서로를 이해하는 이타심을 가지며 서로 주고받음을 행할 수 있다.

둘째, 집단이나 협동 작업을 할 때는 서로의 의견을 존중하고 협동하는 것을 배울 수 있다. 또한, 자신이나 친구의 작품을 평가할 때 나와 남이 다른 생각을 가지고 있다는 것을 알 수 있고 서로의 의견을 존중하는 것을 익힐 수 있다.

셋째, 작업을 끝마쳤을 때는 함께 뒷정리를 하며 서로 도움을 나누고 공동생활의 습관과 태도를 익힐 수 있다. 즉, 창작 공예 활동은 유아에게 협동, 도움, 이타심, 감정 이입 등과 같은 친사회적 행동을 취할 수 있는 기회를 제공한다. 이와 같은 과정 속에서 유아는 자기 중심적인 사고에서 벗어나 타인의 존재를 인식하며, 나의 욕구와 타인의 욕구를 존중하는 태도와 참을성, 사회성 발달을 배워 나간다.

제3장 유아의 입체 표현 발달

창작공예 활동은 미술활동에서 3차원의 입체표현 활동에 해당한다. 입체 표현 활동은 2차원 평면활동이기보다는 3차원 공간을 함께 다루는 활동이다. 유아의 입체 표현활동의 발달단계는 2차원의 그리기 활동과 유사하나 입체 활동에서만 가지는 재료와 방법의 특성에 따라 발달단계와 과정의 차이를 가진다. 유아가 할 수 있는 입체 표현은 점토놀이, 구성, 직조, 종이로 꾸미기, 구슬 꿰기, 블록 쌓기, 목공 놀이 등 다양하다.

유아는 입체 표현활동을 통해 평면에서는 할 수 없었던 촉감 놀이나 공간, 양감과 같은 개념을 알아나갈 수 있다. 또한, 자신이 표현한 것을 설명하기 위해 많은 말들을 사용하며 평면에서 다루지 못한 사람의 뒷모습이나 양감, 입체감의 표현 등을 접할 수 있는 특성을 가진다. 유아를 대상으로 하는 입체 활동은 주로 찰흙이라는 재료를 가지고 표현되어지며 유아의 3차원 발달 단계를 이해하는 데 도움을 준다.

Lowenfeld는 찰흙이 가지는 다음의 몇 가지 특성으로 인하여 입체 표현 발달 과정을 파악할 수 있는 재료로 적당하다고 보았다.

이와 같은 찰흙의 특징은 첫째, 만지는 대로 형태가 자유롭게 변하는 가소성(可塑性), 둘째, 주변 환경이나 대상을 재현할 수 있는 재현성(再現性), 셋째, 촉감이 부드러우며, 물렁물렁한 느낌의 촉감성(觸感性), 넷째, 떼었다 붙였다 할 수 있는 점착성(粘着性)을 들 수 있다.

이와 같은 찰흙의 특성은 유아의 입체 표현 발달 과정을 파악할 수 있는 재료로서 적당하다. 다음 〈그림 6〉은 유아들이 찰흙 활동을 하는 장면이다.

요즘은 유아들의 욕구에 맞게 색깔을 가미한 고무 찰흙, 컬러믹스, 매직 클레이, 천사점토, 지점토 등 다양한 종류의 재료들이 있다.

유아가 그린 그림을 통해 유아의 평면 활동의 발달 단계를 알 수 있듯이 만들기의 3차원 활동에서도 유아의 창작품을 통해 입체 발달 단계를 알 수 있다.

유아의 입체 발달 단계에 대하여 Lowenfeld(1993), Golomb(김춘일, 1988, 재인용), Brittain(1979), 이길종(1981), 염태진(1990)의 견해를 중심으로 살펴보고자 한다.

[그림 6] 찰흙 활동을 하는 유아들의 모습

1) 유아의 입체 표현에 대한 학자들의 견해

(1) Lowenfeld의 입체 표현 발달 단계

Lowenfeld가 설명한 입체 표현 발달 단계는 평면 표현 발달 단계인 무질서한 난화기, 조절하는 난화기, 명명하는 난화기에서 보여주었던 특징들과 유사한 표현들을 볼 수 있다.

유아의 입체 표현 발달 단계는 크게 난화기, 전도식기, 도식기로 나누어 살펴볼 수 있다.

① 난화기

난화기는 무질서한 난화기(disordered scribbling), 조절하는 난화기(controlled scribbling), 명명하는 난화기(naming of scribbling)의 과정을 거친다.

첫째, 무질서한 난화기의 유아는 아무런 목적 없이 마구 긁적거리는 평면 표현을 하였다. 어린 유아는 찰흙을 주면 입에 넣거나 떼어보거나 만져보는 놀이와 혼합된 탐색을 시도한다. 따라서 이 시기에는 밀가루를 이용한 찰흙이나 땅콩버터 찰흙을 만들어 주어야 한다. 유아는 재료를 만져봄으로써 촉감적 접촉을 통해 촉감각을 기를 수 있으며 손의 근육과 눈과 손의 협응력을 가질 수 있게 된다.

둘째, 조절하는 난화기 단계에서 유아는 손과 손목에 힘이 생기고 그리기 도구를 주면 선에 힘이 있고 조절된 선을 그린다. 또한, 동그라미와 같은 만다라나 도형이 나타난다. 입체에서도 유아들은 찰흙을 손으로 굴리거나 비벼서 긴 뱀이나 동그라미의 형태를 만들어 간다. 즉, 유아의 소근육이 발달되어 보다 적극적인 활동을 보이는 시기이다.

셋째, 명명하는 난화기에서의 유아는 무엇인가를 그려놓고 엄마, 아빠라고 이름을 붙이며 말을 한다. 입체 발달에서도 유아들은 찰흙으로 무엇인가를 만든 후, 자동차라고 하며 가지고 놀면서 많은 말을 한다. 명명하는 난화기 때 유아가 찰흙 덩어리를 가지고 "비행기가 날아간다." 하면서 비행기 소리를 내는 것은 그전의 운동 지각적 사고(kinesthetic thinking)에서 찰흙 덩어리에 이름을 붙여 상징을 시작하는 상상적 사고(imaginative thinking)로의 변화를 의미한다. 즉, 피아제의 인지 발달상 감각운동기 시기의 운동 지각적 사고가 전조작기의 상징적 사고에 의해 가소성(plasticity)이 가능한 재료에 상징을 투사하는 것이다. 나아가 유아가 놀이를 할 때 실물사실주의(object realism effect)효과에 의해 2세 정도는 자동차의 실물 표시자(signifier)의 속성을 그대로 지닌 장난감이 주어져야 자동차라고 생각하여 놀 수 있다. 반면에 4세 정도의 유아들은 자동차 표시자의 속성을 그대로 지니지 않아도 유사한 모양의 물체라면 자동차로 표상하여 놀이가 가능해진다(이현아, 2009).

② **전도식기**(preschematic stage, 4~7세)

전도식기에 유아들의 평면 표현의 발달 단계에서는 주변의 대상이나 환경을 그려나간다. 또한, 이 시기에 유아들의 그림에서 형태에 대한 일정한 개념의 추구를 발견할 수 있다. 이 시기의 입체 표현에 있어 유아들은 찰흙 덩어리에서 찰흙을 떼어내고 다시 덧붙이거나 부분을 연결하여 표현하고자 하는 대상을 만들어 나간다. 그러나 세부적인 표현은 매우 미흡함을 알 수 있다. 이 시기가 되면 유아들은 평면 표현 발달단계에서 보여지듯 유아 주변의 다양한 대상과 환경을 만들어 나가고자 노력한다.

또한 유아는 인물을 만들어 표현하기 시작한다. 유아가 표현하는 최초의 인물 표현 방법은 몇 가지로 나누어 살펴볼 수 있다.

첫째, 찰흙을 빚어 동그란 모양을 만들고 손으로 찍어 눈과 입을 표현하는 공모양의 인물 표현 방법을 취한다.

둘째, 막대 모양을 만들어 세운 후에 손으로 눌러 눈과 입모양을 표현하는 막대모양의 인물 표현 방법을 취한다.

셋째, 찰흙을 가지고 그림을 그리듯 2차원 평면으로 인물을 표현하는 평면적 배치 형태의 인물 표현 방법을 취한다.

즉, 찰흙 활동에서 유아가 표현하는 최초의 인물의 표현은 막대모양의 인물, 공모양의 인물, 평면적 배치 형태의 인물 표현 방법을 볼 수 있다.

다음 〈그림 7〉은 찰흙으로 표현된 최초의 인물 표현을 나타낸다.

공모양의 인물

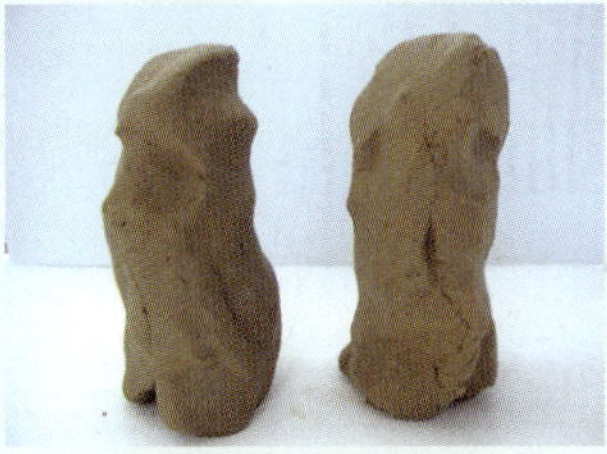

막대모양의 인물

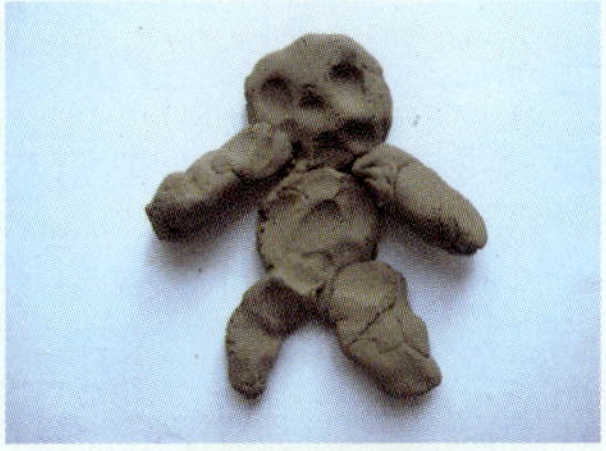

평면적 배치 형태의 인물

[그림 7] 최초의 입체 인물 표현

유아가 나타내는 최초의 인물 표현은 평면에서 보여 지는 만다라식, 혹은 태양형의 인물과 같은 형태를 나타난다. 이 시기는 세부적인 표현보다는 전체적인 표현으로 인물을 나타낸다. 전도식기는 피아제의 인지발달상 전조작기(preoperational stage)에 해당하며 전조작기의 사고 특성에 의해 자기중심적, 상징적, 물활론적, 직관적 표현들이 나타낸다. 나아가 아직 보존개념(conservation)이 획득되지 않아서 찰흙을 비롯한 입체 활동은 유아에게 보존개념을 획득 하는 데 도움을 줄 수 있다.

③ 도식기(schematic stage, 7~9세)

도식기의 유아들은 전도식기보다 더 많은 주제를 표현하려고 하며 기초적인 공간의 표현을 익혀 나간다. 이 시기는 전도식기의 표현보다 더 세분화된 표현을 해 나간다. 인물을 표현하는 데도 찰흙 덩어리를 손으로 눌러 표현했던 표현 방법이 아닌 머리, 몸통, 팔, 다리를 따로 만들어 조합하여 전체적인 인물을 만들어 나간다. 또한, 예전에는 만들어 놓은 주제가 눕혀진, 마치 그림을 그린 듯한 평면적인 표현 방법에서 이제는 직립할 수 있게 세우는 입체적인 방법을 모색하기도 한다.

Lowenfeld에 의하면 유아가 사람이나 동물을 만들 때 두 가지 다른 방법을 사용하여 만든 다고 보았다. 이와 같은 두 가지 방법의 차이는 사고 유형의 차이를 의미한다.

첫 번째 방법은 전체에서 세부로의 표현을 시도하는 분석적 방법(analytic method)이다. 이것은 전체에 대한 개념을 갖고 있다는 것과 세부를 잘 모른다는 것을 의미한다. 즉, 유아에게 찰흙 덩어리를 주면 찰흙의 전체를 손으로 눌러 세부적인 부분으로 들어가 모양을 만드는 방법이다. 이것은 마치 조각을 하는 방법과 유사하다. 분석적 방법은 평면 표현발달 단계에서 시각형(visually minded)에 속하는 유형의 유아들이 취하는 방법이다. 시각형의 유아들은 눈으로 본 것에 중요성을 두어 비례, 형태, 균형, 양감 등 대상의 시각특성을 똑같이 나타내려고 하며 이점을 중시하여 표현한다. 따라서 분석적 방법을 취하는 유아는 시각적인 요소를 중시하여 표현한다. 시각형인 경우는 주로 자신의 그림에 환경을 관련시킨다. 시각적 경험을 더 좋아하는 유아동은 외부에서 자신들의 작품을 바라보는 관람자로서 스스로를 느낀다.

두 번째 방법은 세부들을 전체적으로 구성 · 조합하는 종합적인 방법(synthetic method)이다. 즉, 유아에게 찰흙 덩어리를 주면 머리를 따로, 팔, 다리를 따로, 몸통을 따로 만들어 나중에 조합하여 붙이는 방법이다. 이것은 하나하나의 재현적인 상징들로 전체를 구성하는 것이다. 종합적인 방법은 평면 표현 발달 단계상 촉각형 혹은 비시각형(nonvisually minded)에 속하는 유형으로 비시각적인 방법을 모색한다. 즉, 눈으로 본 것이 아닌 자신의 정서와 욕구를 중시하여 표현하는 방법을 취한다. 비시각형에 해당하는 경우는 주관적인 경향이 강하며 자신들의 작품 속에 스스로가 포함되어 있다고 느낀다. 다음 〈그림 8〉은 종합적인 방법과 분석적인 방법을 나타낸다.

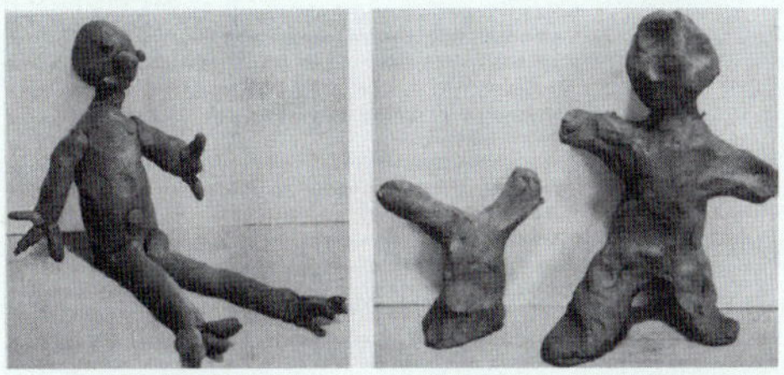

출처 : Lowenfeld & Brittain(2004). 서울교육대학교 미술교육연구회 역. 인간을 위한 미술교육. 서울 : 미진사. p. 154.

[그림 8] 종합적인 방법(左), 분석적 방법(右)

다음의 〈표 3〉은 종합적 방법과 분석적 방법의 차이를 나타낸다.

<표3> 종합적 방법과 분석적 방법의 차이

	종합적 방법 (synthetic method)	분석적 방법 (analytic method)
사고 유형	부분이나 세부에서 전체로 사고 – 주관적인 사고	전체 개념은 알지만 부분은 모름 – 객관적 사고
표현 방법	찰흙의 덩어리를 주면 머리, 팔, 다리를 따로 , 몸통을 따로 만들어 나중에 조합하여 붙이는 방법	찰흙의 전체 덩어리를 손으로 눌로 세부적인 부분으로 들어가 모양을 만드는 방법
유형	촉각형, 비시각형 (nonvisually minded)	시각형(visually minded)
특징	개인의 정서와 욕구중시	시각적 요소 중시: 비례, 형태, 균형, 양감
관련 유파	표현주의	인상주의

다음〈표 4〉는 Lowenfeld의 입체 표현 발달 단계를 나타낸다.

<표4> Lowenfeld의 입체 표현 발달 단계

발달단계		표현 방법
난화기 (2~4세)	무질서한 난화기	찰흙을 가지고 떼었다 붙였다 하는 단계
	조절하는 난화기	공모양이나 긴 뱀과 같은 일정한 모양을 만드는 단계
	명명하는 난화기	찰흙 덩어리에 이름을 붙여 가지고 노는 단계
전도식기(4~7세)		찰흙으로 주변 대상과 환경을 표현 하면서 끊임없이 표현 양식을 변화시킨다.
도식기(7~9세)		분석적 방법 : 전체에서 세부로의 표현(시각형)
		종합적 방법 : 하나하나의 세부에서 전체로의 표현(촉각형)
또래집단기(9~11세)		또래 친구들의 표현에 많은 영향을 받아서 표현하는 단계
의사실기(11~13세)		시지각과 후두엽의 발달로 사실적으로 표현하고자 하는 단계
결정기(13~17세)		창의적이고 실험적 사고에 입각해 다양하게 표현하고자 하는 단계

Lowenfeld의 입체 표현 발달 단계상 유아기에 해당하는 단계는 난화기, 전도식기, 도식기에 해당한다.

(2) Golomb의 입체 표현 발달 단계

Golomb는 유아의 입체 표현 발달 단계를 탐색기, 분화기, 완성기로 나누어 설명하고 있다.

① 탐색기(2~4세)

탐색기의 유아는 찰흙을 이용해 공 모양, 납작한 떡 모양, 뱀 모양 등을 만들기 시작한다. 이것은 소근육 발달을 의미한다. 원반 모양의 단순한 인물 표현에서 찰흙을 길게 잡아 늘여 팔, 다리를 붙이는 인물 등을 만들어 나간다.

② 분화기(4~5세)

이 시기 유아들은 그림 표현에서 두족류의 인물 표현을 한다. 올챙이식 인물 표현, 여러 내적 요소들을 가지는 한 단위의 인물, 회화적으로 납작하게 표현한 인물 등으로 사람을 표현한다. 그러나 손가락, 발가락, 머리카락, 귀 등의 부분적인 신체 구조는 표현하지 못한다. 사람 표현에 있어 비례는 무시하며 사람의 앞모습에 집중하여 표현한다.

③ 완성기(6세 이후)

완성기에는 사람 표현에 있어 전체적으로 균형 있게 표현되며 부분적인 구조들도 표현해 나간다. 평면적인 찰흙 표현 양식도 매우 조잡하고 비분화된 것에서부터 섬세하고 복잡한 표현에 이르기까지 매우 다양하다. 또한, 대상의 비례도 어느 정도 맞추어 나가며 세부적인 표현도 나타난다.

(3) Brittain의 입체 표현 발달 단계

Brittain는 입체 표현 발달 단계를 연령별로 정리하여 설명하고 있다.

① 2세 입체 표현 발달 단계

찰흙을 두드리고 잡아떼고 다시 붙이는 등 재료를 탐색하며 노는 단계이다.

② 3세 입체 표현 발달 단계

소근육의 발달로 찰흙을 굴려서 공 모양을 만들거나 길게 굴려서 뱀 모양을 만든다.

③ 4세 입체 표현 발달 단계

여러 개의 공 모양을 함께 붙여서 좀 더 복잡한 형태를 만들고 이것에 이름을 붙인다.

④ 5세 입체 표현 발달 단계

유아가 무엇을 만들겠다고 먼저 이야기한 후에 만들기를 한다. 대부분의 작품은 직립을 하는 사람의 표현이 아니고 납작한 형태로 누워 있는 사람과 같은 표현을 한다. 또한, 그림 그리기에서처럼 머리와 다리만 있는 사람을 만들거나 신체 각 부분을 찰흙으로 빚어서 배열한다.

(4) 이길종의 입체 표현 발달 단계

이길종은 입체 표현 발달단계를 맹목적 조형기(unintentionally modeling stage, 3~5세), 경단기(mud-ball stage, 5~7세), 상징기(symbolic stage, 7~9세)로 나누어 설명하고 있다.

① 맹목적 조형기(unintentionally modeling stage, 3~5세)

맹목적 조형기의 유아는 찰흙의 촉감을 느끼며 즐긴다. 찰흙을 주면 어깨와 팔의 움직임과 손의 움직임에 따라 자신도 예상하지 못한 형태를 만들어 낸다. 이 과정을 통해 자신이 어떤 형태를 만들었다는 사실만으로 쾌감을 느끼며 자신이 만든 것에 이름을 붙이거나 설명을 한다.

② 경단기(mud-ball stage, 5~7세)

이 시기에는 찰흙을 만지는 방법이 익숙해지며 자신이 만든 찰흙에 이름을 붙이는 것이 더욱 활발해진다. 유아는 찰흙을 손으로 빚어 경단 모양을 만들고 이름을 붙이며 만족감을 가진다. 또한, 남자와 여자를 구분하여 표현하기 시작한다.

③ 상징기(symbolic stage, 7~9세)

상징기에는 주변 환경이나 대상을 표현하는 데 그 특징을 파악하여 표현하고자 하는 단계이다. 사람을 표현할 때도 전체 형태뿐만 아니라 눈, 코, 입, 귀 등의 세부적인 표현도 하려고 한다.

(5) 염태진의 입체 표현 발달 단계

염태진은 무의미한 단계, 상징의 단계, 창조의 단계로 나누어 입체표현 발달단계를 제시하고 있다.

① 무의미한 단계(만 2~3세)

이 시기 유아는 어떤 목적이나 의도 없이 재미로 즐기면서 노는 단계이다. 무의식적으로 재료와 더불어 근육 운동을 하면서 만드는 시기이다. 종이를 구기거나 찢거나 구멍을 뚫는 활동, 점토를 주무르거나 두드리거나 떼어냈다 붙였다 하는 활동, 빈 상자나 나무토막을 쌓아 올리거나 무너뜨리는 활동을 많이 한다. 즉, 창작품을 만드는 것이 목적이 아닌 촉감을 즐기고 즐거움을 느끼는 정도의 단계이다. 이 단계는 유아의 성장 발달에 반드시 필요한 시기이다.

이와 같은 과정을 통해 유아들은 재료의 특성을 알게 되며 재료에 대한 흥미와 관심을 갖게 된다. 이 단계의 지도 방법은 유아의 무의식적인 만들기 활동을 이해해 주어야 하며, 유아의 무의식적인 만들기 활동을 칭찬하고 격려해 줌으로써 만들고 싶은 의욕을 갖도록 도와주어야 한다. 또한, 유아가 다양한 재료를 가지고 마음껏 즐길 수 있도록 도와주어야 하며 이러한 유아의 탐색 활동을 가치 있게 보아야 한다.

② 상징의 단계(만 3~4세)

이 시기 유아들은 무엇을 계획적으로 만드는 것이 아니라 만들어 놓은 것에 이름을 붙이는 '명명(命名)의 단계'라고 할 수 있다. 유아들은 자신의 창작품에 이름을 붙이는 것을 좋아하며 붙인 이름도 상황에 따라 달라진다. 이 단계에서도 유아의 창작품은 성인의 눈으로는 이해할 수 없으나 앞의 단계인 무의미한 단계의 만들기 행동과는 다르게 의식적인 만들기로 발전되고 있음을 보여 준다. 이 과정은 다음 단계인 창조의 단계로 연결된다.

교사의 지도 방법은 유아의 작품에 대해 "무엇을 만들었니?", "어떻게 만들었니?"하고 물어보기도 하고 대화도 하여 유아가 만늘기에 대한 이해와 관심을 가지도록 돕는다. 또한 유아에게 칭찬과 격려를 해 줌으로써 만들기에 흥미와 관심을 갖게 하고 자신의 창작 능력에 자신감을 가지도록 도와주어야 한다.

③ 창조의 단계(만 4~5세)

이 시기에는 유아가 무엇을 만들었는지 알아볼 수 있는 단계이며 평면 표현 발달 단계로 보면 전도식기에 해당하는 단계이다. 유아는 자신의 주변 환경이나 대상 등 다양한 주제를 만들어 나간다. 유아는 자신의 창작품에 주관성을 가미해 자신이 좋아하는 것은 크게 과장해서 만들고 자신이 싫어하거나 관심이 없는 것은 작게 만들거나 생략한다.

이 단계는 인간의 일생 중에서 상상력이나 공상력이 가장 많이 발달하기 시작하는 시기이며, 표현 의욕도 왕성한 단계이다. 유아는 만들기에 자신감을 가지고 기술이 늘어감에 따라 자신이 계획한 작품을 완성해 나간다. 또한, 무엇을 만들 때 용구가 필요하다는 것을 알게 되고, 어떠한 용구를 사용하여 만드느냐에 따라 흥미를 가지기 시작한다. 교사는 이 시기의 유아에게 다양한 재료와 용구를 제공해 주어야 한다. 재료를 풍부하게 제공해 주는 것은 공예 활동을 왕성하게 해주는 방법이며 각각의 재료에 알맞은 적절한 용구를 선택하는 능력을 길러 주는 것이 된다.

이 단계의 지도 방법은 유아들이 상상력을 마음껏 펼칠 수 있도록 자유로운 분위기를 만들어 주어야 한다. 유아의 개성과 자주성을 인정해 주며, 무엇을 만들 것인가 하는 주제 선정에서부터 재료의 선택, 재료를 다루는 방법, 제작 기법, 작품의 구성 등 유아 스스로의 힘으로 완성시키도록 지도해야 한다. 또한, 성공의 즐거움과 함께 실패의 괴로움도 유아의 제작 능력의 발달에 필요하다는 것을 인식하고 유아가 스스로 문제를 해결할 수 있도록 격려해야 한다. 교사는 유아 작품의 결과를 중시하지 않고 창작품을 만드는 과정을 중시해야 한다. 또한 교사의 의도나 지시에 의존하지 않고 유아 스스로의 창작 의욕에 의해 동기화되어 만들 수 있도록 지도해야 한다. 유아를 위해 여러 가지 재료와 용구를 제시해 주어 다양한 경험과 창작 의욕을 주고 자유로운 분위기를 조성하여 자유롭게 만들 수 있도록 도와준다.

2) 유아의 입체 표현 발달 과정

입체 표현 발달과정은 입체표현 발달단계와 같이 입체 활동에서 보여지는 발달을 하나의 과정으로 살펴 보는 것이다. Lowenfeld의 입체 표현 발달과정은 다음의 〈표 5〉와 같다.

<표 5> Lowenfeld의 입체 표현 발달 과정

<table>
<tr><th colspan="3">발달과정</th><th>표현 방법</th></tr>
<tr><td rowspan="4">1. 탐색적 유희기 (0~4세)</td><td rowspan="3">(1) 유희기</td><td>무의도적인 유희기</td><td>찰흙을 두들기거나 때리는 활동으로 촉감을 느낀다.
: 재료 탐색 시기, 소근육을 움직이는 단계</td></tr>
<tr><td>규칙적인 유희기</td><td>찰흙으로 일정한 모양을 만든다.
: 소근육 조절 및 발달 단계</td></tr>
<tr><td>이름 붙이는 유희기</td><td>만든 찰흙 덩어리에 이름을 붙인다.
: 근육운동적 사고 · 상징적 사고로의 전환의 단계</td></tr>
<tr><td colspan="2">(2) 초기 인물형태의 탐색기</td><td>막대모양의 인물, 공모양의 인물, 평면적 배치 형태의 인물을 표현한다.</td></tr>
<tr><td colspan="3">2. 평면적 상징기(4~8세)</td><td>입체 재료(찰흙)을 평면적으로 표현한다.
: 표면적 표현의 단계</td></tr>
<tr><td colspan="3">3. 입체적 탐색기(8~10세)</td><td>입체적으로 재료를 탐색하며 표현한다.
: 3차원 재료와 입체를 표현하는 기초적 단계</td></tr>
<tr><td colspan="3">4. 입체적 사실기(10~12세)</td><td>입체적으로 주제를 사실화하여 표현한다.
: 3차원 입체를 사실적으로 표현하는 단계</td></tr>
<tr><td colspan="3">5. 공간적 사실기(12세 이상)</td><td>공간을 이해하고 활용하며 표현하다.
: 3차원 공간을 이해하며 활용하여 창의적으로 표현하는 단계</td></tr>
</table>

유아의 입체 발달 과정은 탐색적 유희기(0~4세), 평면적 상징기(4~8세)에 해당한다. 유아의 입체 표현 발달의 과정은 계속적으로 변화하는 과정이므로 단계화하는 것은 어려움이 따른다. 그러나 유아의 입체 표현에 있어 작은 변화를 바탕으로 단계화하여 발달 과정을 살펴볼 수 있다. 입체 표현의 발달에서 가장 중요한 변화는 두 가지로 나누어진다.

첫째, 표현 형식의 변화로서 놀이적 표현에서 상징적 표현으로, 다시 사실적 표현으로의 변화를 볼 수 있다.

둘째, 평면적 표현에서 입체적 표현으로 다시 공간적 표현으로의 변화를 볼 수 있다. 이와 같은 발달 과정을 크게 나누어 보면 탐색적 유희기(4세 이하)와 평면적 상징기(4~8세 이하)로 크게 살펴볼 수 있다.

(1) 탐색적 유희기(4세 이하)

탐색적 유희기에는 입체 재료를 가지고 놀고 즐기며 평면적으로 구체적 형상을 탐색하고, 3세 후반부터는 초기 인물 형태를 탐색하는 과정이 나타난다. 이와 같은 과정을 크게 두 단계로 살펴보면 노는 단계(유희기)와 초기 인물 형태의 탐색기로 나누어 살펴볼 수 있다.

① 유희기

유희기는 무의도적인 유희기, 규칙적인 유희기, 이름 붙이는 유희기로 발달 과정을 거친다.

유아는 처음 그림을 그릴 때 어떤 목적이나 의도 없이 마구 긁적거리는 난화기의 과정을 거친다. 유아의 초기 입체 표현에 있어서도 찰흙의 냄새를 맡거나 만지면서 촉감을 느끼며 가지고 논다. 이 과정을 무의도적인 유희기라고 한다. 유아는 이 시기에 찰흙의 촉감을 느끼며, 두들기거나 때리거나 하는 작업을 한다.

유아는 이와 같은 과정에서 3세 정도가 되면 점토로 뱀 모양처럼 긴 형태를 손으로 비벼 만들기 시작한다. 그리고 찰흙을 빚어 공 모양을 만들어 나간다. 이와 같은 단계는 Lowenfeld의 평면 표현상 조절하는 난화기에 해당하는 발달 단계로서 입체 표현 발달 과정에서는 규칙적인 유희기라고 부른다. 이것은 자신의 근육을 어느 정도 통제할 수 있어 규칙적인 형태를 만들 수 있음을 보여 주는 것이다.

유아는 3~4세 때 자신이 만든 찰흙을 가지고 주변 대상이나 관심 대상의 이름을 붙여 가지고 논다. 찰흙 덩어리는 엄마나 아빠가 되기도 하고 자동차나 비행기가 되어 가지고 놀기도 한다. 이와 같이 유아가 만든 것에 이름을 붙여 가지고 노는 단계를 이름 붙이는 유희기라고 한다.

② 초기 인물 형태의 탐색기

유아들이 가장 구체성을 가지며 첫 번째로 표현하는 소재는 사람이다. 유아들이 최초로 표현하는 사람의 형태는 막대 모양의 인물, 공 모양의 인물, 평면적 배치 형태의 인물 등으로 나타난다.

첫째, 막대 모양의 인물은 찰흙의 둥근 판에 세로로 세워서 손가락으로 눌러 눈이나 얼굴을 표현하거나 찰흙을 덧붙여 표현해 놓은 인물 형태이다. 유아는 이와 같은 사람을 만들어 놓고 설명하기 위한 많은 말을 한다. 자신의 표현이 미흡하여 말로 보충하고자 하는 것이다.

둘째, 공 모양의 인불은 찰흙을 공 모양으로 만든 후 납작하게 눌러 놓고 손가락으로 눌러 눈, 코, 입을 표현하고 사람이라고 말하는 것이다. 어린 유아는 사람의 얼굴만을 표현해 놓고 전체 사람이라고 생각한다. 그것은 유아에게 얼굴이 사람을 표현하는 데 가장 특징적인 것으로 지각되기 때문이다.

셋째, 평면적 배치 형태의 인물은 인물의 각 부분을 평면적으로 배치하는 것이다. 둥근 찰흙 판을 만들어 그 안에 찰흙을 조금 떼어 놓고 눈과 입을 표현하고 엄마라고 말한다. 이것은 평면 표현에 익숙하여 입체도 마치 평면적으로 그리듯 표현한 것이다. 사람도 평면 표현에서 나타나는 두족류처럼 둥근 찰흙 판에 얼굴을 꾸미고 몸통의 표현 없이 곧장 팔, 다리를 붙여 사람이라고 한다.

동물을 만들어도 표현 방법은 똑같으며, 이름이나 주제만 바꾼다. 이것은 유아가 아직 개념 형성이 정확하게 분화되지 않아서 생기는 현상이다.

유아의 초기 인물 표현 과정에서 보여지는 특징을 살펴보면 다음과 같다.

첫째, 유아는 초기 인물의 표현 과정에서 표현이 부족한 면은 언어로 보충하려고 한다. 유아가 무엇인가를 만들어 놓고 자신의 표현이 미흡하다고 생각하면 그 부분에 대해 많은 말을 한다. 유아의 말을 통해 교사는 유아가 만든 대상에 대해 어느 정도의 개념을 가지고 있는지 알 수 있다. 여기서 보여지는 언어적 보충은 앞의 이름 붙이는 유희기에 보여주었던 언어적 보충과는 그 의미가 다르다. 여기서 보여주는 언어적 보충은 개념의 이해와 서로간의 상호 작용을 말로 설명하는 것이다. 앞의 유희기보다 상당히 발달된 수준을 나타낸다. 또한, 입체 표현에서 많은 말을 하는 이유 중 하나는 평면 표현에서 표현하기 쉬운 부분이나 세부적 그림을 입체 표현에서는 표현하기 어렵기 때문이다. 일례로 사람의 머리, 옷 모양, 단추, 구두 등의 세부적인 표현의 부족한 면을 말로 하는 것이다.

둘째, 평면 표현에서 하기 힘든 표현을 입체 표현을 통해 익힐 수 있다. 그것은 사람의 뒷모습이나 옆모습과 같은 표현들이다. 이와 같은 표현들은 그리기로 표현하기에 어려움이 있다. 평면 표현에서 공간, 덩어리, 볼륨과 같은 것을 설명하거나 표현하기는 어렵다. 그러나 입체적으로는 표현하기가 쉽다.

셋째, 입체 표현에 있어 인물에 대한 발달 과정은 초기의 만다라적 형태에서 얼굴 표현이 가장 먼저 발달하고 그 다음에 팔다리, 몸통, 마지막이 목의 순으로 나타난다. 사람 표현의 발달 단계는 유아 자신이 신체 중 중요하다고 여겨지는 순서와 동일하다. 즉, 얼굴은 엄마의 얼굴이나 아빠의 얼굴, 친구의 얼굴을 보기 때문에 중요하며 팔, 다리는 많이 움직이기 때문에 중요하게 지각된다. 그러나 몸통이나 목은 잘 움직이지 않으므로 중요하게 지각되지 않아서 입체 표현에 있어서도 나중에 표현한다.

(2) 평면적 상징기(4~8세)

이 시기에 유아들은 입체 재료를 가지고 평면적으로 표현하면서 대상을 상징적, 도식적으로 나타낸다. 평면적으로 표현한다는 것은 입체 재료를 마치 그림을 그리듯이 표현하는 것으로 바닥에 눕혀 입체 표현을 하는 것이다. 사람을 만들면 모두 직립된 사람이 아닌 바닥에 누워 있는 사람을 만든다. 유아는 자신이 만든 사람이 누워 있는 사람이 아닌 서 있는 사람이라고 생각한다. 하지만 정확히 누워 있는 사람의 표현과 그냥 바닥에 평면적으로 눕혀 표현한 것은 분명한 차이가 있다. 4~5세가 되면 유아는 사람을 표현하려고 노력하며 초기의 인물 형태에서 좀 더 발달한 인물 형태를 만든다. 이 시기에 가장 많이 나타나는 사람의 표현은 두족류의 인물 형태이다. 이 단계가 지나면 유아는 배와 몸통을 표현하려고 하며 머리와 다리를 연결한다. 처음에는 배와 몸통의 표현을 머리나 다리보다 짧고 가늘게 표현하다 나중에는 길고 통통하게 표현한다. 또한 세부적으로 손가락이나 목, 머리카락을 표현하는 경우도 있으나 많은 경우는 그렇지 않다. 그러나 유아에게 "왜 목이 없니?" 하고 물어보면 목을 만들어 놓으려고 한다.

평면적 상징기의 대표적인 특징은 모든 것을 평면적으로 표현하는 평면적인 표현을 한다는 것이다. 또한, 부분적인 것에 대한 관심, 상징적인 표현, 움직임이 적은 표현 등이 나타난다. 사람의 표현은 얼굴-팔-다리-몸통-목의 순으로 먼저 지각이 된 부분을 만들어 나간다. 표현에 있어서 상징적으로 표현하며 사실적 표현은 미흡한 단계이다.

52개월 된 유아의 사람 만들기 과정을 통해 입체 표현 발달 과정을 살펴보면 다음과 같다.

::52개월 된 유아의 사람 만들기 과정을 통해 살펴본 입체 표현 발달 과정::

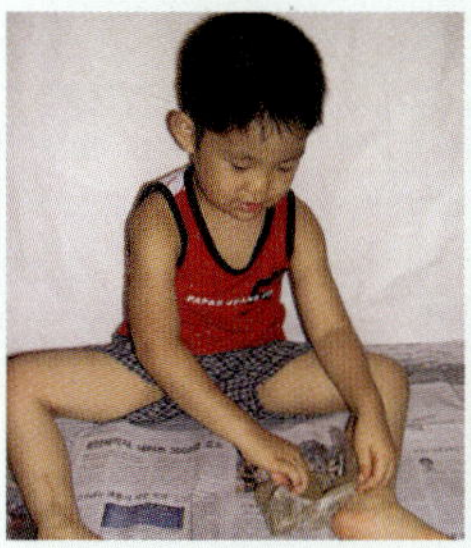

❶ 찰흙을 꺼낸다.

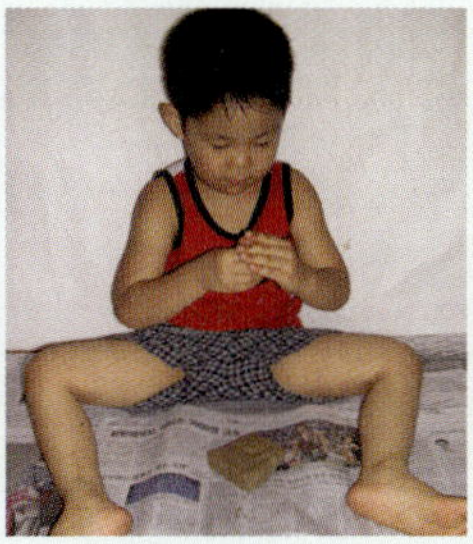

❷ 찰흙을 조금 떼어낸다.

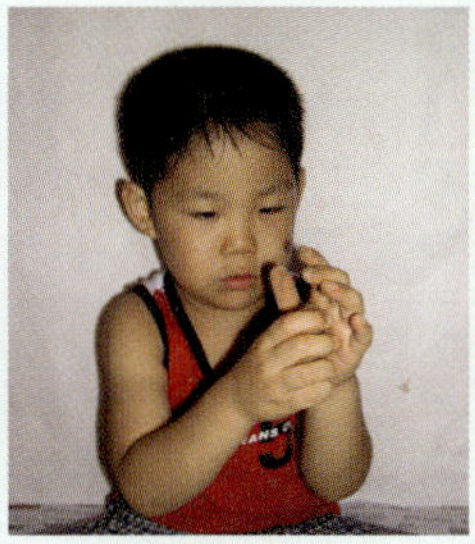

❸ 떼어낸 찰흙을 굴린다.

❹ 얼굴을 만든다.

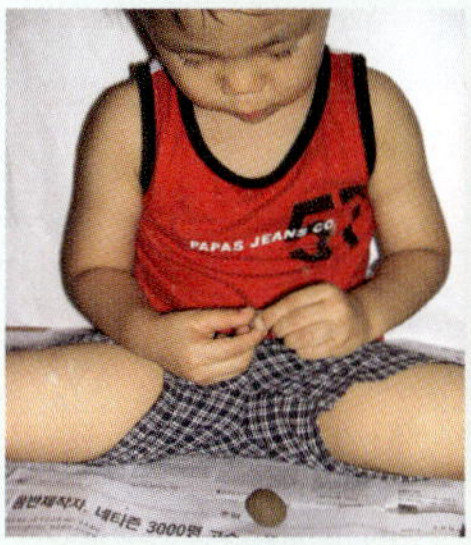

❺ 목을 만든다.

❻ 얼굴과 목을 연결한다.

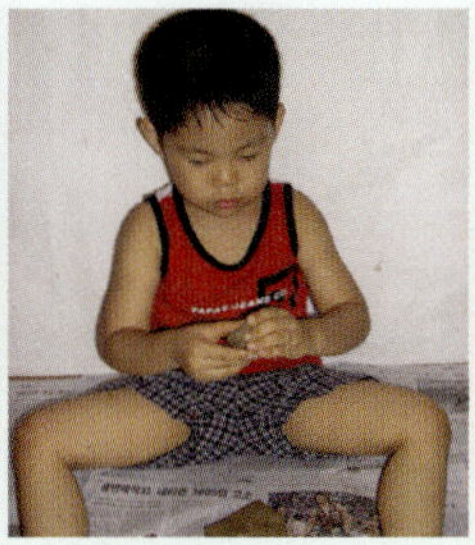

❼ 몸통을 만든다.

❽ 몸통을 목과 연결한다.

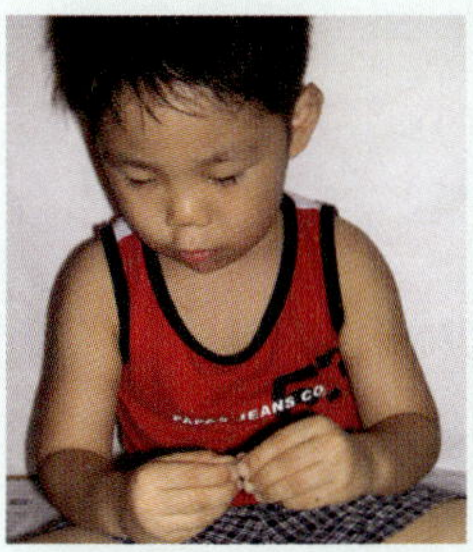

❾ 코를 만든다.

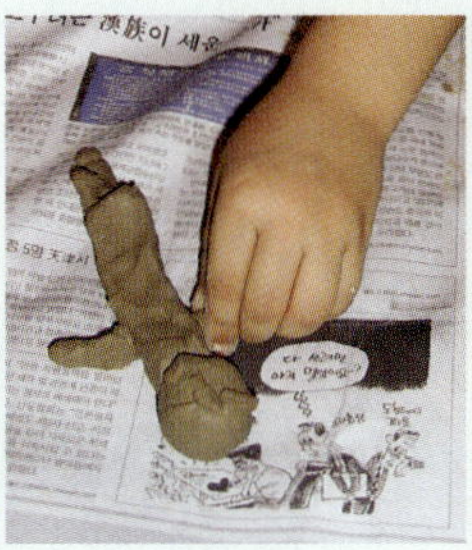

❿ 코를 얼굴에 붙인다.

⓫ 눈을 붙인다.

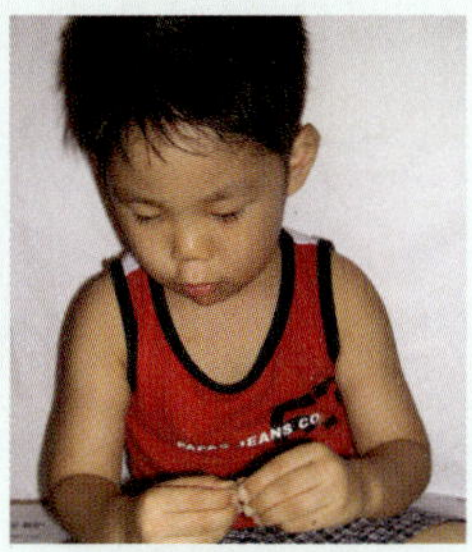

⓬ 다리를 만든다.

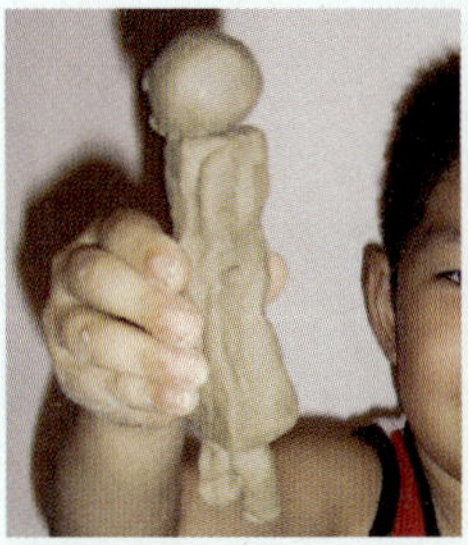

⓭ 다리가 붙여진 완성품

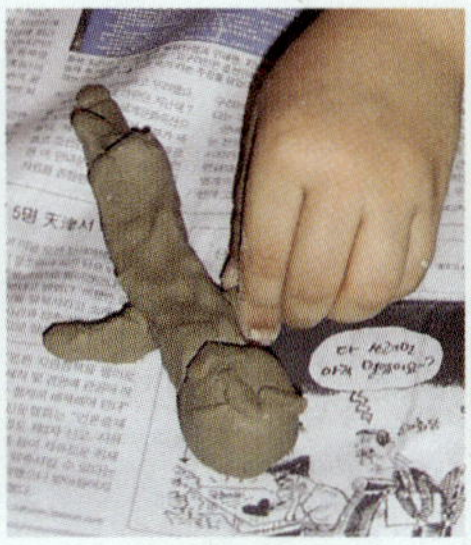

⓮ 팔을 붙인다.

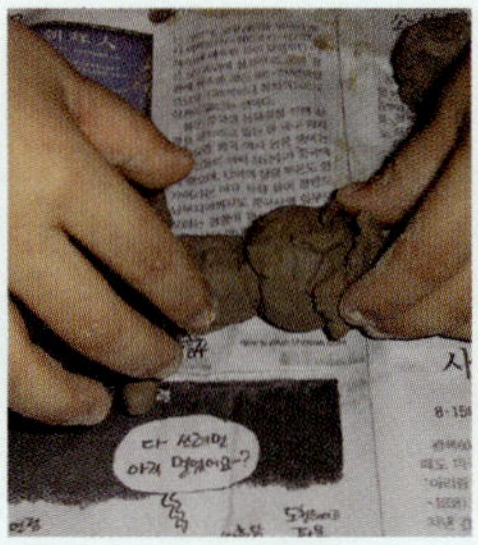

⓯ 머리카락을 붙인다.

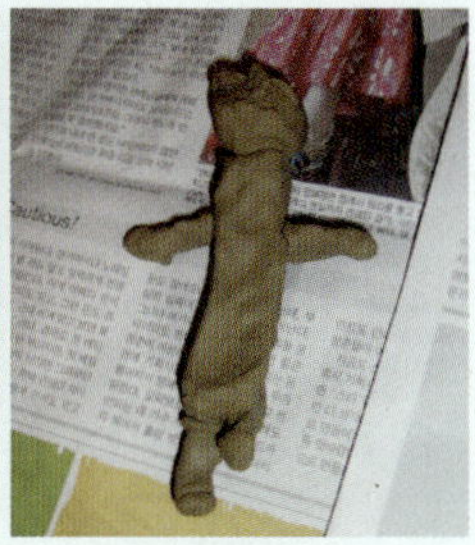

⓰ 완성

교사는 유아에게 사람을 만들어 보자고 하였다. 유아는 찰흙 봉지에서 찰흙을 꺼냈다. 찰흙 덩어리에서 찰흙을 조금 떼 내어 손으로 동그랗게 굴린 후 손바닥으로 눌러 얼굴이라고 하면서 엄마라고 하였다. 그 다음 몸통을 만들려고 하여 교사는 '얼굴과 몸통사이에 무엇이 있지?'하고 질문하자 찰흙으로 목을 만들어 얼굴 부분에 붙였다. 그 다음은 아까 만들다 만 몸통을 만들어 목에 연결하였다. 몸통의 형태는 길고 두꺼운 형태로 강조되었다. 교사가 '얼굴에 무엇이 있을까?'하고 질문하자 눈, 코, 입을 세부적으로 만들어 얼굴에 붙여 나갔다. 그 다음 활동은 찰흙을 손바닥으로 비벼 만든 후 짧은 다리를 만들어 붙였고 그리고 팔을 만들어 붙였다. 교사는 마지막으로 '찰흙으로 만든 엄마에게서 무엇이 없니?', '더 이상 만들 부분은 없을까?','실제 엄마의 모습과 무엇이 다른가?'하고 질문을 던지자 머리가 없다고 말하며 찰흙을 조금 떼어 머리를 만들어 붙였다.

이와 같이 유아는 사람을 만드는 과정 중에서 교사의 질문에 다시 한번 생각해 보고 자신이 만든 것을 수정 보완하는 것을 볼 수 있었다. 교사는 확산적 질문을 하며 유아 스스로가 촉진적 활동을 할 수 있도록 하여야 한다.

3) 입체 표현 발달 단계별 재료 및 지도 방법

지금까지 살펴본 유아의 입체 표현 발달 단계에 맞는 재료와 각 발달 단계에 맞는 지도 방법을 살펴보면 다음과 같다.

(1) 탐색적 유희기

① 재료

Lowenfeld에 의하면 유아가 사용하는 미술 재료는 그들의 욕구에 적합해야 한다. 이 시기의 유아들은 근육 운동 감각을 경험하고 연습하는 것이 필요하기 때문에 어려운 기교가 필요 없으면서 자유로운 표현을 신장시킬 수 있는 재료를 사용해야 한다(Lowenfeld & Brittain, 2004). 수채화 물감은 이 시기에 적당한 재료가 아니라고 보았다. 왜냐하면 물감은 쉽게 흘러내리기 때문에 유아 스스로의 통제가 어려워 표현에 좌절을 주기 때문이다.

찰흙은 이 시기에 훌륭한 재료이다. 3차원의 재료를 취급하도록 하는 것은 유아가 다양한 방법으로 자신의 손가락과 근육을 사용할 수 있는 기회를 준다. 이 시기에는 표현보다도 유아들의 근육 운동 지각 동작을 조절하는 데 도움을 주어야 한다. 어떤 시각적인 목적을 갖지 않고 찰흙을 두드리고 치는 행위, 긴 뱀 모양이나 공 모양을 만드는 행위, 찰흙에 이름을 붙여 노는 행동 등은 마구 그리는 난화기와 비슷한 단계이다. 이와 같은 과정 속에서 유아는 자신의 근육 운동 지각적 사고를 상상력이 풍부한 사고로 변화시키는 과정을 거친다. 찰흙의 농도는 너무 딱딱하거나 무르면 안 되고 찰흙의 양은 손 안에 꽉 쥘 수 있는 정도를 제공해 준다. 찰흙 외에 다양한 콜라주도 좋은 활동이 된다. 콜라주는 유아에게 다양한 재료로부터 경험하게 되는 색, 질감을 인식시키는 기회를 제공해 준다. 유아가 좋아하는 재료를 선별하는 것은 흥미를 유발시키며 창작 의욕을 북돋운다. 또한, 콜라주 재료들을 사용하면 눈과 손의 협응력을 발달시킬 수 있는 좋은 방법이 된다.

② 지도 방법

탐색적 유희기는 무의도적인 유희기, 규칙적인 유희기, 이름 붙이는 유희기로 나누어진다. 탐색적 유희기의 유아들을 지도할 때 유의할 점은 다음과 같다.

첫째, 탐색적 유희기에서 무의도적인 유희기에 적합한 입체 활동은 찰흙을 가지고 주무르거나 던지거나 떼어보거나 하는 정도가 요구된다. 또는 블록을 쌓거나 부수는 활동 정도가 적당한 활동이 된다. 규칙적인 유희기에서는 손을 이용해 만든 긴 끈 모양이나 공 모양을 가지고 음식으로 비유해 그릇을 주고 그 안을 채워 놓는 활동으로 손 근육을 키워준다. 또는 유아가 만든 일정한 형태들을 확산적 질문을 던져 많은 말을 할 수 있도록 도와준다. 이름 붙이는 유희기에는 유아가 만들고 노는 찰흙 덩어리에 대해 서로 이야기를 나누며 고칠 수 있거나 보완이 가능한 것은 질문을 하여 유아 스스로 고쳐 나가게 한다. 교사는 유아가 만들고 노는 과정 속에 참여하여 각 유아의 특성을 인식하고 유아의 개인 발달차를 고려하여 지도한다.

둘째, 찰흙의 양은 유아가 손으로 집었을 때 손안에 들어올 수 있는 정도의 적당한 양을 제공해 준다.

셋째, 어린 유아는 찰흙을 입에 댈 수 있으므로 밀가루 점토를 만들어 준다. 밀가루 점토는 밀가루와 몇 가지 재료를 섞어 점토의 성질을 가지게 만든 것이다. 밀가루 점토는 오래 보관할 수 없으므로 필요한 양만큼만 만들어 사용하는 것이 좋다. 또한 밀가루 반죽에 소금을 넣어 유아가 먹었을 때 짜서 삼키지 못하게 하는 것이 좋다.

넷째, 이 시기의 유아들은 다양한 재료를 제시해 줌으로써 많은 경험을 가질 수 있는 기회를 제공해 주어야 한다.

(2) 평면적 상징기

① 재료

이 시기의 유아들은 그들 자신에게 의미 있는 것을 표현할 수 있는 능력에 의해 창작 과정이 자극되기 때문에 어떠한 미술 경험도 재료 자체를 숙달할 수 있도록 하기 위한 기회를 제공해야 한다. 창작 과정이 완성 작품보다 훨씬 중요하기 때문에 미술 재료는 각 연령층의 요구를 만족시킬 수 있는 것을 선택하여야 한다(한국미술교과교육학회, 1999).

또한, 재료는 유아의 생활 속에서 자연스럽게 경험할 수 있는 것이며 탐색할 수 있는 것이어야 한다. 탐색의 기회는 유아에게 새로운 경험을 제공하고 표현 의욕을 고취시킨다.

이 시기에도 찰흙은 좋은 재료가 된다. 이전의 탐색적 유희기에서와는 달리 유아는 주변의 환경과 관심 대상을 만들어 나가면서 표현 주제도 많이 확장되고 손의 움직임도 발달된 상태이다. 색을 가미한 고무 찰흙이나 색 혼합이 가능한 매직클레이, 컬러믹스, 지점토와 같은 다양한 종류의 찰흙이 있다. 고무 찰흙이나 컬러믹스는 색이 가미된 장점이 있으나 찰흙에서 오는 촉감을 느낄 수 없다는 단점을 가진다. 하지만 활동에 따라 다양한 재료의 탐색은 중요한 경험을 제공할 것이다.

Lowenfeld에 의하면 이 시기에는 찰흙과 함께 색연필, 사인펜, 색종이, 콜라주가 발달 단계에 적합한 재료가 된다. 이와 같은 재료들은 환경을 탐색하고 다룰 수 있는 기회를 제공하며 유아들의 개념이 융통성 있게 발달하도록 도와준다고 보았다.

② 지도 방법

평면적 상징기의 유아들을 지도할 때 유의할 점은 다음과 같다.

첫째, 찰흙으로 자동차나 비행기를 만들어 놀게 한다. 블록이나 감자, 오이 등을 잘라서 쌓아 올리고 다시 부수는 활동을 한다.

둘째, 밀가루 점토에서 일반 찰흙, 고무 찰흙, 지점토, 컬러믹스 등 다양한 찰흙류를 제공하여 많은 자극과 경험을 제공한다.

셋째, 이 시기는 상상력이 많은 시기이므로 유아가 만든 작품을 설명하며 많은 말을 할 때 들어주며 칭찬과 격려를 아끼지 않는다.

넷째, 위험이 없는 재료와 용구를 주고 사용법을 알려준 후 스스로 다룰 수 있도록 하여 재료와 용구 사용법도 익히고 표현력도 길러 준다.

제4장 유아 창작 공예 활동과 교육과정

지난 3~5세 연령별 누리과정(2015)에서는 연령별 교육 내용이 과다하다는 단점과 유아가 주도적으로 놀이를 할 수 없다는 한계점을 수정, 보완하여 2019년 「2019 개정 누리과정」이 고시되었다. 「2019 개정 누리과정」은 3~5세 유치원과 어린이집에 다니는 유아에게 2020년 3월부터 공통으로 적용, 시행되었다.

「2019 개정 누리과정」은 국가 수준의 공통 교육과정으로 '유아가 경험하는 총체'임에 중점을 두고 교사와 유아가 함께 만들어 가는 교육과정의 중요성을 강조하였다. 즉 유아가 중심이 되고 놀이가 살아나는 교육과정을 추구하며 유아 · 놀이 중심 교육과정을 강조한다. 유아는 오감각을 통해 직접 경험하고 체험하는 놀이의 과정을 가진다. 이와 같은 놀이의 과정을 통해 세상을 알아가며 대상과 관계, 개념을 이해하고 표현해 나간다. 즉, 놀이는 유아에게 있어 '배움의 결과물'이 된다. 「2019 개정 누리과정」은 '놀이'의 중요성을 강조하며 '유아 주도 중심', '유아 놀이 중심' 의 유아가 중심이 되어 놀이가 살아나는 교육과정으로 설명할 수 있겠다. 「2019 개정 누리과정」에서는 '신체운동 · 건강', '의사소통', '사회관계', '예술경험', '자연탐구' 의 5개 영역과 내용으로 구성되었다(2019 개정 누리과정 해설서, 2019).

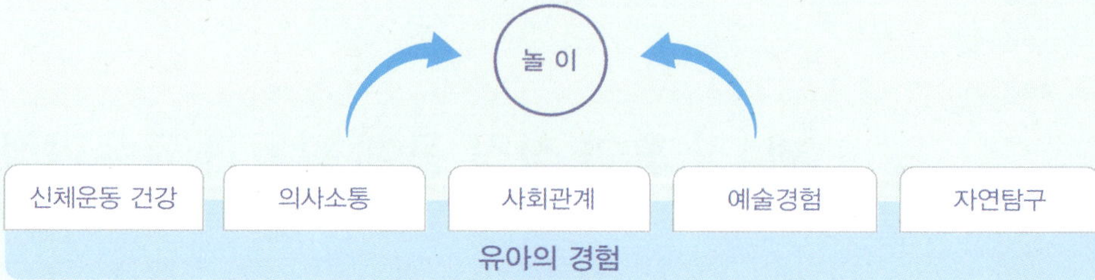

[그림 9]

본서에서는 창작 공예 활동과 관련이 되는 '예술경험'의 영역을 중심으로 살펴보고자 한다.

1) 「2019 개정 누리과정」과 유아 창작 공예 활동

(1) 예술경험 영역의 목표

예술경험 영역의 목표는 다음의 〈표 6〉과 같다.

<표 6> 예술경험 영역의 목표

아름다움과 예술에 관심을 가지고 창의적 표현을 즐긴다.
1) 자연과 생활 및 예술에서 아름다움을 느낀다.
2) 예술을 통해 창의적으로 표현하는 과정을 즐긴다.
3) 다양한 예술 표현을 존중한다.

출처: 「2019 개정 누리과정」(2019) 유치원 교육과정 고시문 (교육부 고시 제2019-189호)
서울: 교육과학 기술부·보건 복지부.

예술경험 영역의 목표는 유아가 아름다움과 자연, 생활, 예술에서 아름다움을 느끼고 음악, 움직임, 춤, 미술, 극 놀이 등의 예술에서 자신의 느낌과 생각을 창의적으로 표현하는 과정을 즐기고 다양한 예술작품을 감상하며 다른 사람의 예술 표현을 존중하는 내용으로 구성되어 있다.

(2) 예술경험 영역의 내용범주

예술경험 영역의 내용범주는 다음의 〈표 7〉과 같다

<표 7> 예술경험 영역의 내용범주

내용범주	내용
아름다움 찾아보기	자연과 생활에서 아름다움을 느끼고 즐긴다.
	예술적 요소에 관심을 갖고 찾아본다.
창의적으로 표현하기	노래를 즐겨 부른다.
	신체, 사물, 악기로 간단한 소리와 리듬을 만들어 본다.
	신체나 도구를 활용하여 움직임과 춤으로 자유롭게 표현한다.
	다양한 미술 재료와 도구로 자신의 생각과 느낌을 표현한다.
	극 놀이로 경험이나 이야기를 표현한다.
예술 감상하기	다양한 예술을 감상하며 상상하기를 즐긴다.
	서로 다른 예술 표현을 존중한다.
	우리나라 전통 예술에 관심을 갖고 친숙해진다.

출처: 「2019 개정 누리과정」(2019) 유치원 교육과정 고시문 (교육부 고시 제2019-189호)
서울: 교육과학 기술부·보건 복지부.

예술경험 영역의 내용 범주는 첫째, '아름다움 찾아보기', '창의적으로 표현하기', '예술 감상하기'의 세 가지 범주로 이루어져 있으며 각 하위내용은 '아름다움 찾아보기' 2개의 하위내용, '창의적으로 표현하기' 5개의 하위내용 '예술 감상하기'는 3개의 하위내용으로 총 10개의 하위내용으로 구성되어 있다. 이와 같은 내용은 「2019 개정 누리과정」에서 제시하는 5개 영역의 통합과 예술경험 영역 안에서 내용 범주와의 통합으로 유아가 통합적인 경험을 가지도록 구성하였다. 예술경험의 내용범주가 담고 있는 내용의 이해는 다음의 〈표 8〉과 같다.

<표 8> 예술경험의 내용 범주와 내용 이해

내용 범주	내용	내용 이해
아름다움 찾아보기	자연과 생활에서 아름다움을 느끼고 즐긴다.	유아가 자신의 주변에서 만나는 자연, 공간, 사물 등의 아름다움을 풍부하게 느끼며 즐기는 내용
	예술적 요소에 관심을 갖고 찾아본다.	유아가 주변의 자연과 생활에서 다양한 소리나 리듬 등의 음악적 요소, 색이나 형태 등과 같은 미술적 요소를 발견하고, 사물이나 동·식물의 움직임에서 아름다움을 경험하는 내용
창의적으로 표현하기	노래를 즐겨 부른다.	유아가 흥얼거리거나 친구들과 함께 소리와 박자 등을 느끼고 노랫말을 바꾸어 불러 보며 노래 부르기를 즐기는 내용
	신체, 사물, 악기로 간단한 소리와 리듬을 만들어 본다.	유아가 자신의 신체, 주변의 사물, 리듬, 악기 등을 사용하여 소리와 리듬을 창의적으로 만들어 보는 내용
	신체나 도구를 활용하여 움직임과 춤으로 자유롭게 표현한다.	유아가 자연과 생활에서 발견한 다양한 움직임을 자유롭게 표현하고 나아가 자신의 생각과 느낌을 자신의 신체나 다양한 도구를 활용하여 움직임과 춤으로 표현하는 내용
	다양한 미술 재료와 도구로 자신의 생각과 느낌을 표현한다.	유아가 자연과 생활에서 발견한 다양한 재료와 도구를 활용하여 여러 가지 방법으로 표현하는 내용이다. 자신의 경험, 느낌, 생각 등을 창의적으로 표현하는 과정을 즐기는 내용
	극 놀이로 경험이나 이야기를 표현한다.	유아가 자신의 경험, 다양한 상황, 이야기를 자유롭게 상상하며 극 놀이로 표현하는 과정을 즐기는 내용
예술 감상하기	다양한 예술을 감상하며 상상하기를 즐긴다.	유아가 자신과 또래의 작품이나 음악, 춤, 미술작품, 극 등 다양한 예술을 감상하고 자유롭게 상상하기를 즐기는 내용
	서로 다른 예술 표현을 존중한다.	유아가 자신과 또래의 작품, 음악, 춤, 미술작품, 극 등에 포함된 다양한 표현을 존중하는 내용
	우리나라 전통 예술에 관심을 갖고 친숙해진다.	유아가 우리나라 고유의 전통 음악, 춤, 미술, 건축물, 극 등에 관심을 가지고 전통 예술을 감상하며 우리나라 문화에 친숙해지는 내용

2) 예술경험 영역과 유아 창작 공예 활동

「2019 개정 누리과정」에서 제시하는 예술 경험 영역은 유아 중심, 놀이 중심의 교육과정으로 교사 주도보다는 유아가 주체가 되어 스스로 대상과 자연에서 탐색하고 자연스럽게 놀이를 통해 대상과 관계를 알아가며 대상을 이해하는 경험 중심의 교육과정이다. 개정 누리과정에서는 5개의 영역의 내용을 연령 구분 없이 3~5세 유아가 모두 경험할 수 있는 내용으로 제시하고 있다. 교사는 유아의 자율성을 바탕으로 유아가 놀이 상황과 맥락에 따라 5개의 영역을 다양한 방식으로 융통성 있게 유아의 경험과 연계하여 지원하도록 제시한다(2019 개정 누리과정 해설서, 2019).

「2019 개정 누리과정」에서 제시하는 '예술 경험 영역'을 바탕으로 유아 창작 공예 활동을 살펴보면 다음과 같다.

(1) 아름다움 찾아보기와 유아 창작 공예

'아름다움 찾아보기' 내용 범주에서는 유아가 자신의 주변에서 볼 수 있는 다양한 자연이나 사물, 사람 등의 이미지를 시각적 요소인 점, 선, 면, 색, 질감, 형 등의 조형요소와 균형, 비례, 통일, 율동 등의 조형원리로 살펴볼 수 있으며 이를 통해 대상의 관계를 다양한 미술적 매체로 표현할 수 있다. 나아가 유아는 시각적 혹은 미술적 요소와 연계하여 음악적 요소, 신체적 요소로 확장 연계하여 대상을 이해하고 표현할 수 있다. 즉, 자연의 모습, 대상의 모습, 사물의 모습, 동·식물의 모습을 눈으로 보고 아름다움을 느끼고 다양한 활동으로 표현할 수 있다. 유아는 이와 같은 활동에 있어 창작 공예 활동에서 다양한 미술적 자료가 되는 색, 형, 질감의 미술적 매체로 대상을 표현할 수 있으며 다른 영역으로 확장된 활동을 전개할 수 있다.

일례로 바람에 휘날리는 자연의 잎사귀나 꽃잎을 만져보며 나뭇잎의 녹색, 연두색을 지각하고 꽃잎의 분홍색을 지각하며 자연의 재료로 땅에 새로운 창작물을 만들어 나갈 수 있으며 휘날리는 바람을 느끼고 선으로 표현하며 창작공예활동을 통한 실제적 경험을 가질 수 있다.

(2) 창의적으로 표현하기와 유아 창작 공예

'창의적으로 표현하기' 내용 범주에서는 유아가 노래를 부르거나 악기, 신체적 도구, 극 놀이, 미술 활동 등으로 자신의 생각과 정서를 자유롭게 창의적으로 표현하는 활동이다. 유아는 다양한 활동을 하기 위해 창작 공예 활동을 적용, 활용할 수 있다. 일예로 마라카스나 작은 북, 나팔 등 악기를 만든다거나 일상의 다양한 매체를 통해 자신의 생각과 경험을 창의적으로 표현할 수 있다. 즉, 자신이 지각한 대상을 미술 매체 혹은 일상의 매체로 만들어 표상 놀이를 하면서 대상을 표현하고 이해할 수 있으며 통합적인 활동으로 전개할 수 있다.

일례로 다양한 매체를 사용하여 같은 주제라도 다양한 표현을 해 볼 수 있다. 또한 동전이 든 저금통을 흔드니 소리가 나는 것을 알고 다양한 통에 돌멩이나 동전, 콩 등 다양한 재료를 넣고 악기를 만들어 보며 악기로 간단한 소리와 리듬을 표현해 볼 수 있다. 나아가 나무를 일상의 재료와 매체를 통해 나만의 나무로 표상 놀이를 할 수 있으며 간단한 인형을 만들어 극 놀이로 자신의 이야기를 표현할 수 있다.

(3) 예술 감상하기와 창작 공예 활동

'예술 감상하기' 내용 범주에서는 유아가 다양한 예술 작품을 보고 감상하고 상상하며 나아가 예술 작품을 존중하며 전통 예술에 관심과 친숙함을 가지는 활동이다. 유아는 다양한 미술작품을 감상하여 표현할 수 있으며 감상한 작품을 똑같이 그리거나 다양한 매체로 다른 방식으로 표현할 수 있다. 나아가 동양과 서양 그림의 주제나 소재, 재료의 차이를 감상할 수 있고 현재와 과거의 작품을 통해 시대의 차이를 인식할 수도 있다. 또한 현대의 음악과 악기, 전통의 음악과 악기, 다른 나라의 음악과 악기를 이해하며 미술적 활동으로 만들어 표현할 수 있다.

일례로 전통미술을 감상하고 실질적으로 한지를 꾸겨서 나만의 장식구를 만들어 보면서 한지의 특성을 이해하고 한지 공예의 다양한 방법을 체험하며 전통 공예를 경험하고 이해할 수 있다. 나아가 현대 악기와 전통악기의 소리를 듣고 체험하며 나만의 악기를 만들어 표현할 수 있다.

3) 놀이와 유아 창작 공예 활동

(1) 놀이의 의미와 특성

「2019 개정 누리과정」에서는 '유아 중심', '놀이 중심' 교육과정으로 유아 스스로 자유롭게 참여하여 즐기는 놀이를 중심으로 교육과정을 실행하고자 한다. 유아는 놀이를 통해 개정 누리과정에서 제시하는 5개 영역의 내용을 통합적으로 경험하며 건강한 사람, 자주적인 사람, 창의적인 사람, 감성이 풍부한 사람, 더불어 사는 사람의 '유능한 인간상'으로 성장하도록 한다.

놀이는 영아기 때부터 시작되며 영아는 '놀이'를 통해 세상과 소통을 하기 시작한다. 유아기 때는 놀이를 통해 사람, 사물, 자연 등 자신의 주변 환경을 탐색, 상상, 이해해 나간다. 즉 유아기의 '놀이 경험'은 유아가 하나의 세상을 알아나가는 '의미'의 발견이며 '배움'의 시작이라고 볼 수 있다. 이에 개정누리과정에서는 '놀이'가 유아의 삶이자 배움의 방식임을 강조하며 유아가 주도적으로 놀이를 통해 세상과 교류하며 배움을 가지는 교육과정을 중시하고 있다.

개정 누리과정에서 제시하는 놀이의 주요 특성을 〈표 9〉를 통해 살펴보면 다음과 같다.

<표 9> 놀이의 특성

놀이의 특성	
놀이는 자유롭다	• 목적으로부터의 자유 • 규칙으로부터의 자유 • 사실로부터의 자유 • 시간과 공간의 경계로부터의 자유
놀이는 주도적이다	• 자발적 참여 • 능동성 • 내재적 동기
놀이는 즐겁다	• 재미 • 몰입 • 감정의 해소 • 상상과 호기심 • 유머

출처: 「2019 개정 누리과정」(2019). '놀이 이해 자료' (발간등록 번호 11-1342000-000523-01)
서울: 교육과학기술부·보건 복지부.

'놀이의 특성'은 보편적으로 '자유로움', '주도성', '즐거움'의 특성을 가진다. 즉, 놀이는 목적을 가지고 계획된 활동에서 제한받기보다는 자유롭게 활동하며 정해진 규칙을 바꾸거나 파기하거나 새로운 규칙을 만들어 나간다. 놀이를 통해 현실에서 보이는 사실을 넘어 상상과 자유로움을 가질 수 있다. 또한 놀이는 주도적이며 유아의 자발성, 능동성, 내재적 동기, 즉흥적 전개와 같은 특성을 가진다. 나아가 놀이는 재미, 몰입, 기쁨, 감정의 해소, 유머 등의 정서적 즐거움을 가져다준다.

개정 누리과정에서 놀이의 '의미와 특성'을 〈그림 10〉과 같이 제시하고 있다.

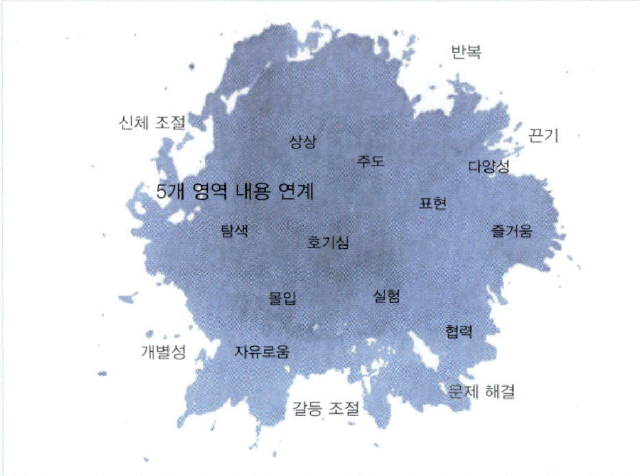

출처: 「2019 개정 누리과정」 (2019). '놀이 이해 자료'(발간등록 번호 11-1342000-000523-01)
서울: 교육과학기술부·보건 복지부.

[그림 10] 놀이의 의미와 특성

놀이의 '의미와 특성'은 유아가 놀이를 통해 다양한 경험을 하며 배움으로써 그 의미와 가치를 발견할 수 있다. 유아는 놀이를 통해 상상, 주도, 표현, 다양성, 즐거움, 몰입, 실험, 협력, 탐색, 호기심 등의 경험을 가지며 이는 곧 개정 누리과정에서 제시하는 5개의 영역 내용에 해당한다. 나아가 '놀이 경험'은 유아가 살아가는 데 필요한 지식, 기술, 태도, 가치가 되기도 한다.

(2) 놀이와 유아 창작 공예 활동

놀이와 유아 창작 공예 활동의 관련성을 살펴보면 다음과 같다. 유아 창작 공예 활동은 놀이의 '의미와 특성'에서 보여주는 경험적 활동과 연관되는 부분이 많다.

첫째, 유아는 오감각을 통해 대상과 사물을 이해하고 다양한 조작적 활동을 통해 물질이나 재료를 접하며 성질과 현상을 이해하고 나아가 다양한 표상이 가능하다.

둘째, 유아는 창작 공예 활동을 통해 재미와 몰입을 경험하며 자신의 상상력과 호기심을 활동 안에서 표현하며 즐거움을 가질 수 있다.

셋째, 유아는 창작 공예 활동을 통해 자연물을 비롯한 다양한 매체와 재료를 탐색하고 미술적 사고에 의해 실험하며 활동 안에서 다양한 문제해결을 가질 수 있다.

넷째, 유아는 창작 공예 활동을 통해 만지고, 찢고, 오리고, 붙이는 과정에서 소근육 등의 신체 발달을 하며 각 유아의 개별적인 특성을 살펴볼 수 있다.

다섯째, 유아 창작 공예 활동은 다양한 매체와 자료를 가지고 유아들의 관심사를 협력하여 만들어 나갈 수 있는 풍부한 놀이의 경험을 제공해 줄 수 있다.

여섯째, 유아 창작 공예 활동은 개정 누리과정에 제시하는 5개의 영역과 통합하여 놀이로 경험할 폭넓은 기회를 제공하며 나아가 '예술 경험'의 내용 범주를 통합하여 활동할 수 있는 놀이와 연계된 경험을 제공할 수 있다.

이와 같이 유아 창작 공예 활동은 다양한 창작 활동과 통합적 경험 및 놀이 경험을 제공하며 개정 누리과정에서 추구하는 건강한 사람, 자주적인 사람, 창의적인 사람, 감성이 풍부한 사람, 더불어 사는 사람의 '인간상'을 실현하고 유능한 유아로 성장시킬 수 있는 놀이 활동을 제공해 준다.

개정 누리과정에서 유아는 '놀이', '일상생활', '활동'으로 구성된 교육과정 편성에 의해 놀이는 일과 구성의 단위로서 실내에서 이루어지는 놀이와 바깥 놀이를 할 수 있다. 개정 누리과정은 교사가 미리 계획하여 실행하는 것을 지양한다. 즉 교사가 선계획하여 「계획」–「실행」–「평가」–「계획」으로 이어지던 기존의 '선형적' 과정을 지양하며 '실행된 교육과정'을 담는 것을 강조하고 '만들어진 교육과정'이 아닌 '만들어가는 교육과정'에 의미를 둔다.

유아는 일상생활의 경험한 내용이나 사건, 관계, 대상과의 상호작용, 관심사 등을 통해 다양한 놀이를 해 나간다. 이와 같은 놀이 안에는 대상을 표현하기도 하고, 매체를 만져서 느끼기도 하며, 다양한 재료와 방법으로 표현하는 활동과 연결될 수 있다. 즉 창작 활동과 연결되는 부분이 많으며 창작 활동은 유아에게 몰입, 상상력, 재미, 즐거움 등 정서적 만족감을 느끼게 한다.

제5장 유아 창작 공예 활동을 위한 교사론

개정 누리과정에서는 유아 · 놀이 중심 교육과정이 실현될 수 있도록 교육과정 운영에 대한 교사의 자율성을 강조한다. '자율성'이란 학급의 고유한 특성이 드러나도록 유아의 놀이를 중심으로 교육과정을 운영하는 것을 의미한다(놀이 실행 자료, 2019). 즉 개정 누리과정에서는 교사의 자율성을 지원하며 '유아와 교사가 동시에 주체'가 되며 '놀이'가 중심이 되는 교육과정을 강조한다. 이와 같이 변화된 개정 누리과정에서 요구되는 교사의 역할은 첫째, 유아 · 놀이 중심 교육과정을 이해하고 실천하는 역할, 둘째, 놀이를 통한 유아의 배움을 지원하는 역할, 셋째, 놀이와 배움을 기록하고 평가하는 역할, 넷째, 함께 배우며 성장하는 역할로 제시하고 있다. 개정 누리과정에서 요구하는 교사의 역할을 바탕으로 유아 창작 공예 활동을 위한 교사의 역할을 살펴보면 다음과 같다.

1) 동기유발자의 역할

교사는 유아가 다양한 놀이를 통해 창작활동을 할 수 있도록 동기를 유발해야 한다.

유아는 자연물, 인공물, 대상, 현상을 통해 스스로 놀이를 찾으며 다양한 재료와 매체를 통해 창작 활동을 연결하여 놀이를 진행해 나갈 수 있다. 이때 교사는 유아들에게 다양한 동기를 부여하며 유아가 스스로 내적 동기에 의해 창작 의욕을 가질 수 있도록 돕는 역할이 필요하다. 즉 교사가 유아에게 동기를 부여함으로써 유아 스스로 흥미를 느낄 수 있도록 해야 한다. 유아들의 흥미는 주위의 여러 사람과 개개인의 내적 이미지 또는 여러 동기들의 상호작용으로 발생한다. 따라서 유아의 놀이 중심 활동 속에서 교사는 유아의 흥미를 바탕으로 유아가 스스로 창작 활동을 할 수 있게 유도하는 동기유발자의 역할이 필요하다.

2) 반응자의 역할

교사는 유아가 놀이를 통해 창작 활동을 진행할 때 언어적, 비언어적으로 반응하는 역할이 필요하다. 유아의 미적 발달을 촉진하기 위한 교사의 반응적 역할은 크게 '언어적 반응', '비언어적 반응'을 살펴볼 수 있다. 교사의 '언어적 반응'은 유아가 놀이와 연계된 창작 공예 활동을 진행할 때 칭찬과 격려를 통해 반응해 주는 것이다. 칭찬할 때는 막연히 하는 것이 아니고 정확하게 무엇을 잘했으며, 어제보다는 무엇이 나아졌다는 구체적인 예를 제시해 주어야 한다. 또한 교사는 언어적 반응을 통하여 유아가 창작 활동을 할 때 경험하는 자연물이나 구조화된 재료나 매체를 접할 때, 혹은 만든 창작품이나 미술품을 보면서 미적 요소와 원리를 찾을 수 있도록 언어적 촉진을 통해 심미감을 길러줄 수 있도록 하여야 한다. 교사의 '비언어적 반응'은 유아가 놀이와 연계된 창작 활동을 진행할 때 표정, 몸짓, 적극적 경청을 통해 반응해 주는 것이다. 교사의 긍정적인 비언어적 반응을 통해 유아는 활동의 흥미, 욕구, 자기주도, 정서적 지원 및 자신감을 가지며 적극적인 창작 활동을 전개할 수 있게 된다.

3) 촉진자로서의 역할

교사는 유아가 놀이를 연계하여 창작 공예 활동을 전개해 나갈 때 유아의 활동을 촉진시켜 주어야 한다. 유아의 놀이과정 중에 창작 활동으로 연결되어 좀 더 확대된 활동으로 전개할 수 있도록 다양한 재료와 매체를 제시해 주고 다양한 창작 활동의 방법을 제공해 주므로 유아의 창작 공예 활동을 촉진시켜줄 수 있다. 나아가 교사는 '교사와 유아', '유아와 유아' 간의 상호 작용을 촉진시켜 창작 공예 활동을 하는 데 적합한 환경을 조성하고 학습 의욕이나 동기가 생기도록 촉진자로서의 역할이 요구된다. 즉, 교사에게는 유아의 다양한 놀이를 창작 활동과 연계하여 새로운 경험을 촉진시키는 역할이 필요하다.

4) 관찰자로서의 역할

교사는 유아의 일과 중 놀이, 일상생활, 활동 속에서 그들을 자세히 관찰하고 그들의 놀이 활동 경험을 바탕으로 창작 공예 활동으로 연계 혹은 연장하여 확대된 경험을 가질 수 있도록 하여야 한다. 또한 유아가 놀이와 연계된 창작 공예 활동을 진행할 때 필요한 재료와 도구 등을 관찰하여 지원할 수 있도록 해야 한다. 교사는 민감성을 가지며 유아의 놀이 활동과 경험을 관찰하므로 유아들이 알게 되는 관계나 배움 등을 적절한 언어적 지원과 상호작용을 통해 이해할 수 있도록 하여야 한다. 나아가 유아의 놀이 활동 속에서 창작 공예 활동으로 연결되었을 때 자세히 관찰하여 상황에 맞게 격려, 칭찬, 미소, 공감 등을 통해 정서적 지원을 해 주어야 한다. 즉 교사는 유아가 놀이와 창작 공예 활동 속에서 어떤 놀이를 전개하며 경험하는지, 어떻게 놀이의 활동을 창작 활동과 연계하는지, 확대된 창작 활동은 어떻게 전개하는지, 어떤 자료를 선택하여 사용하는지, 유아들 간에 어떤 상호작용을 하는지 등에 관하여 주의 깊은 관찰자가 되어야 한다. 나아가 교사는 유아의 활동과 경험을 자세히 관찰하여 기록함으로써 나중에 평가하는 자료로 만들어야 한다.

5) 창의성을 증진 시키는 역할

교사는 유아의 다양한 활동 속에서 자신의 감각과 능력을 유아에게 요구하거나 동일시해서는 안 된다. 유아가 스스로 원하는 활동으로 이끌어줄 수 있어야 한다. 교사는 유아가 다양한 창작 활동을 통해 심미적이며 창의적 감수성을 키울 수 있도록 하여야 한다. 우선 유아의 창의성을 증진시키기 위해서 교사는 다음과 같은 자질과 역할이 필요하다. 첫째, 교사는 스스로 창의적이며 감수성을 풍부히 가져야 한다. 둘째, 교사는 감정이입 능력을 갖춰야 한다. 셋째, 교사는 진취적이고 미래지향적 사고를 해야 한다. 넷째, 교사는 유아가 이끄는 활동에 다양한 재료와 도구를 제공하여 창작 의욕을 가질 수 있도록 지원하여야 한다. 다섯째, 교사는 유아에게 확산적 사고를 돕는 질문을 던져 유아가 스스로 많은 사고를 할 수 있도록 도와야 한다. 여섯째, 교사는 유아에게 주변 환경, 사물, 현상, 관계에 대해 적극적인 관심을 가질 수 있도록 권해야 한다.

6) 놀이 공간과 자료를 지원하는 역할

교사는 유아가 놀이와 창작 공예 활동을 할 수 있도록 공간과 다양한 재료 및 자료를 제공하는 환경적 지원이 필요하다. 교사가 유아에게 다양한 재료와 매체 등을 제시해 주므로 유아의 호기심, 탐구, 재미, 몰입, 상상력, 실험 등의 놀이의 특성이 창작 공예 활동에 발현되도록 하여야 한다. 즉 유아에게 환경적 지원을 할 때는 놀이와 연장되어 무엇인가를 만들거나 표현하고 싶도록 다양한 재료와 매체를 제시해주므로 유아 스스로 호기심을 가지고 탐구하며 몰입할 수 있도록 지원해 주어야 한다. 이와 같은 과정에서 유아는 심미성, 창의성, 주도성, 감수성 등을 키울 수 있다. 유아에게 지원되는 환경적 공간은 실내, 실외 공간, 유아 기관 밖 지역사회 공간까지 고려하여야 한다. 또한 교사는 유아가 스스로 놀이 공간을 찾아내고 만들 수 있도록 하며 놀이 공간을 새롭게 만들어 확장할 수 있도록 지지해 주어야 한다. 나아가 교사는 유아의 연령, 흥미, 기관의 교육철학, 물리적 구조 등을 고려하여 자율성을 가지고 공간을 구성하며 유아가 다양한 활동으로 전개할 수 있도록 융통성 있는 공간을 구성해야 한다. 또한 유아에게 자료는 세상을 만나고 자신의 감정과 생각을 표상하는 매개이다. 유아는 다양한 놀이 자료를 풍부하게 사용하고 자신만의 방식으로 재창조하는 과정을 통해서 사물을 탐색, 심미적인 경험, 또래와의 상호작용, 성취감 등을 얻을 수 있다(놀이 실행 자료, 2019). 그러므로 교사는 유아의 놀이 활동 중 확장된 창작 공예 활동 시 연관된 자료 제공, 자연물이나 자연 현상, 일상의 다양한 사물 등 새로운 자료 등을 지원해 주어야 한다.

제6장 유아 창작 공예 활동을 위한 환경

개정 누리과정에서 제시하는 교육환경은 유아의 하루 일과 '놀이', '일상생활', '활동'이 이루어지는 '실내 공간', '실외 공간', '기관 밖 지역사회 공간'으로 구성된다. 개정 누리과정에서 제시하는 유아의 환경적 공간은 유아의 흥미와 놀이 흐름에 따라 조정된 환경을 중요시한다. 따라서 교사는 유아의 연령, 원아의 수, 흥미, 관심도, 놀이 성향 등을 고려하여 자율성을 가지며 융통성 있게 공간을 구성하여야 한다. 또한 유아의 놀이 활동을 통해 스스로 공간을 찾아내거나 만들거나 바꿀 수 있도록 개방된 환경을 지원해 주어야 한다. 과거 흥미 영역별로 공간을 배치하는 것은 아니지만 기존에 사용하던 생활 주제에 관련된 흥미 영역별, 생활 주제별 자료들은 잘 활용하여 놀이 환경에 확대, 응용, 적용하도록 한다. 유아가 놀이와 연계된 혹은 확대된 창작 공예 활동을 하고자 할 때 살펴볼 환경과 자료는 다음과 같다.

1) 유아 창작 공예 활동을 위한 환경

유아가 놀이와 연계된 창작 공예 활동을 하고자 할 때 창작 공예 활동은 우선 실내 공간, 실외 공간, 지역사회 공간에서 이루어질 수 있다. 다양한 자연물이나 일상의 물건, 미술적 자료 등을 통하여 다양한 창작 공예 활동을 할 수 있다. 우선 유아가 창작 공예 활동을 하기 위한 물리적 환경은 안전하여야 하며 유아에게 주어지는 자료도 물리적으로 안전성을 지녀야 한다. 또한, 밝고 따뜻하며 깨끗하여 신체적으로나 심리적으로 안정감을 느낄 수 있는 분위기의 심리적 환경이어야 한다. 창작 공예 활동을 위한 환경은 유아에게 놀이와 연계된 조형 활동을 통해 자신을 둘러싼 환경을 탐색하고 다양한 매체를 이용해 자기 생각이나 느낌을 표현하고 감상할 수 있는 환경이어야 한다. 나아가 유아는 자연물이나 구조화된 자료나 매체를 통해 탐색하고 실험하며 자유롭게 자신을 표현할 수 있다. 따라서 창작 공예 활동을 위한 공간은 유아의 흥미, 상상력, 탐색, 관찰, 실험, 몰입, 다양성, 표현, 협력 등 놀이의 의미와 특성이 잘 발현되는 공간이기도 하다. 나아가 미술적 자료와 매체의 사용은 유아의 신체조절에 도움을 주며 미술적 사고를 통한 문제해결력과 심리적 갈등 및 긴장감을 해소해 줄 수 있는 교육적 환경이 된다. 유아가 창작 공예 활동을 위한 기본 설비는 작업용 책상, 재료 정리장, 게시판, 작품 건조대, 청소도구 등이 필요하다.

작업용 책상

작업용 책상은 다양한 미술 자료를 탐색하거나 그리기, 칠하기, 만들기 등의 표현 활동을 할 수 있도록 제작되어야 한다. 책상은 대부분 원, 반원, 직사각형의 일반 책상을 이용한다. 보통 책상의 길이는 15cm, 폭은 75cm 정도가 적당하다. 작업용 책상은 작업을 할 때 유아의 안전과 위생을 고려하여 모서리가 둥글게 처리되어야 하며 표면은 쉽게 닦을 수 있는 재질로 만들어진 것이 적절하다. 책상에 비닐을 덮어 사용하면 책상의 손상을 막을 수 있다. 실외에 작업용 책상을 마련해 줄 때는 물 세척이 가능하며 기온 변화에 내구성이 강한 재질을 선택하도록 한다 (이숙재 외, 2002).

재료 정리장

창작 공예 활동에서는 놀이와 연계, 확장할 수 있는 다양하고 풍부한 재료가 구비되어 있어야 한다. 유아들이 일상의 삶에서 볼 수 있는 자연물, 사물, 물건, 미술적 자료 등이며 다양하고 풍부한 재료들을 손쉽게 찾아서 사용하고 또 정리 정돈할 수 있는 재료 정리장이 필요하다. 유아들은 주도적인 놀이 과정에서 손쉽게 재료를 꺼내어 활동함으로써 놀이와 창작 활동을 적극적으로 할 수 있다. 재료 정리장은 다양한 크기의 재료를 보관할 수 있도록 선반의 높이를 조정할 수 있는 형태가 바람직하다. 재료 정리장은 바퀴가 부착되어 이동이 가능해야 하나 이동 후 정리장이 밀리지 않도록 바퀴 잠금장치가 되어 있어야 한다. 정리장의 높이는 유아의 앉은 눈높이에 맞추어서 제작하며, 낮은 개방식 선반의 형태와 문이 없는 재료 정리장이 적합하다. 재료를 보관할 때는 유아가 활동 과정에서 쉽게 찾고 정리할 수 있도록 미술 재료의 자리 표시를 그림이나 사진을 첨가하여 표시해둔다.

게시판

유아들의 놀이와 창작 활동과 관련된 자료를 놓은 게시판이 필요하다. 유아들이 활동한 사진이나 작품 등을 게시판에 제시해 주어 자신들의 놀이 활동 및 창작 공예 활동을 다시 한번 확인하거나 연장하여 활동할 수 있도록 한다. 따라서 게시판에 유아의 활동을 촬영한 사진이나 창작물을 전시함으로 활용할 수 있다.

작품 건조대

유아들이 창작 공예 활동을 한 작품을 말리는 건조대가 필요하다. 활동한 작품을 건조대에 말림으로 유아들의 작품을 소중히 여기며 가치 있게 여기기 태도를 가질 수 있게 한다. 작품 건조대는 옷걸이대나 철사 옷걸이, 빨래 집게 등을 활용하여 사용할 수도 있다.

청소도구

유아들의 활동이 끝난 후에는 스스로 정리 정돈하여 활동의 마무리를 깨끗이 하도록 한다. 빗자루, 쓰레기통, 스펀지, 걸레, 쓰레받기 등을 한곳에 비치하여 유아가 스스로 정리 정돈하는 태도를 가질 수 있게 한다.

2) 유아 창작 공예 활동을 위한 재료와 용구

창작 공예 활동을 위한 기본 재료와 용구는 유아들이 놀이 과정에 따라 자유롭게 창작 공예 활동을 할 수 있도록 다양하게 준비해 놓는다. 재료와 용구는 유아들이 사용하기에 안전하여야 하며, 가격이 저렴해야 하고, 주변에서 쉽게 구할 수 있어야 한다. 기본적인 재료 이외에도 주변에서 구할 수 있는 일상생활용품과 자연물 등을 준비할 수 있다. 재료와 용구는 유아들이 원할 때 언제든지 사용할 수 있어야 하며 쉽게 꺼내어 쓸 수 있도록 배치하고 유아가 스스로 사용하고 정리 정돈할 수 있게 한다.

(1) 기본 재료

① 각종 종이류

색종이, 골판지, 주름지, 색상지, 한지, A4용지, 하드보드지, 셀로판지, 포장지, 신문지, 화장지, 도화지, 검은 종이, 두꺼운 도화지, 펠트지, 시트지, 화선지, 오당지, 육당지, 은박지, 펄지, 트레이싱지 등

[그림 11]

② 색칠하기 재료

크레파스, 파스텔, 분필, 수채화 물감, 아크릴 물감, 유화 물감, 스테인드글라스 물감, 지점토 물감, 포스터물감, 수성 사인펜, 유성 사인펜, 매직펜, 먹물, 목탄 등

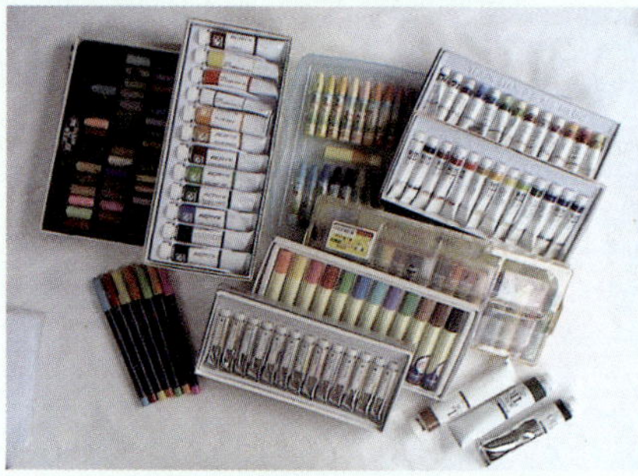

[그림 12]

③ 점토와 소조 재료

밀가루 점토, 화장지 점토, 톱밥 점토, 땅콩버터 점토, 찰흙, 지점토, 컬러믹스, 매직 클레이, 고무찰흙, 석고 가루, 석고 붕대 등

[그림 13]

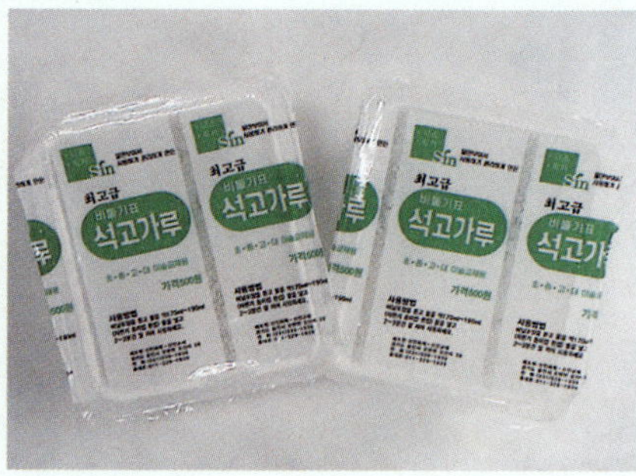

[그림 14]

④ 접착제와 접착 도구

딱풀, 물풀, 오공본드, 밀가루 풀, 셀로판테이프, 양면테이프, 종이테이프, 마스킹 테이프, 스테이플러, 목공 본드, 스프레이 접착제, 글루건, 공업용 본드, 순간접착제 등

[그림 15]

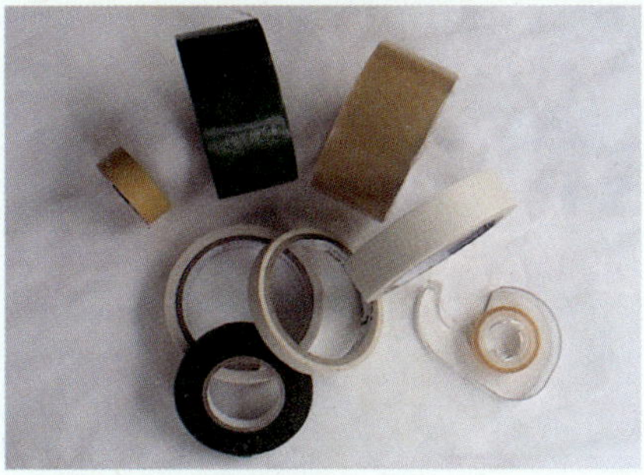

[그림 16]

⑤ 자르는 도구

안전 가위, 펀치, 칼, 핑킹가위, 톱 등

[그림 17]

⑥ 점토 용구

밀대, 송곳 주걱, 쇠 조각도, 긁어내기 주걱, 빗 주걱, 칼 주걱, 찰흙 덩어리를 자를 때 쓰이는 철사나 낚싯줄, 마늘 다지기, 고기 다지기, 빵틀 등

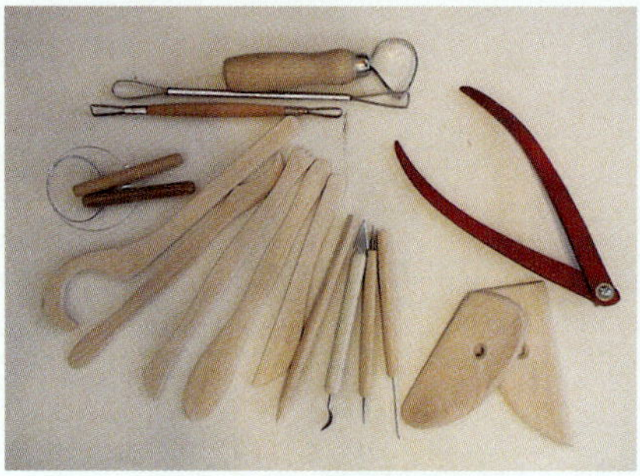

[그림 18]

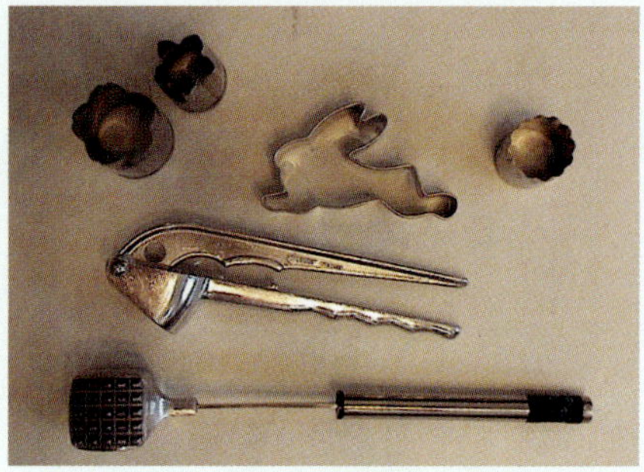

[그림 19]

⑦ 꾸밀 수 있는 재료

비즈, 단추, 줄 구슬, 실, 스팽글, 리본 끈, 장식용 술, 꽃심, 장식용 깃털 등

[그림 20]

[그림 21]

⑧ 자연물

낙엽, 도토리, 곡류, 마른 꽃, 솔방울, 씨, 조개껍데기, 소라 껍데기, 조롱박, 나뭇가지 등

[그림 22]

⑨ 직물류

아세테이트, 펠트 천, 헌 장갑, 헌 양말, 레이스, 가죽, 면 등

[그림 23]

⑩ 재활용품

이쑤시개, 종이컵, 꽂이, 음료수 통, 필름통, 비닐봉지, 쿠킹 호일, 기름종이, 계란판, 아이스크림 막대기, 일회용 숟가락, 종이 접시, 종이봉투, 종이 상자, 일회용 접시, 성냥개비, 옷걸이, 병뚜껑 등

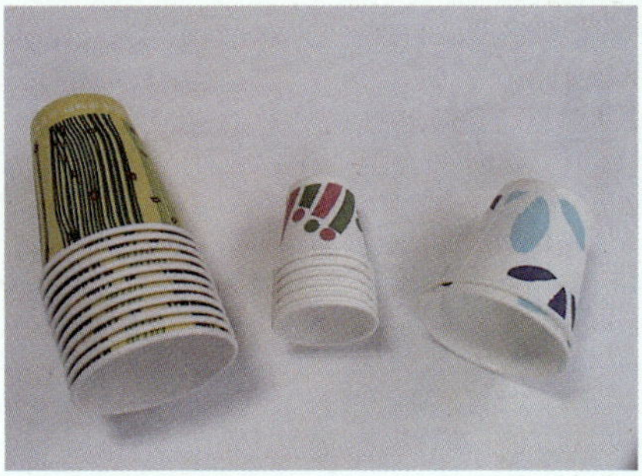

[그림 24]

[그림 25]

⑪ 기 타

백업, 스티로폼, 뽕뽕이, 모루, 래커, 꽃철사, 옥수수대, 수수깡, 철사, 노끈, 털실, 스펀지, 클립, 마카로니, 빵끈, 휴지속심 등

[그림 26]

[그림 27]

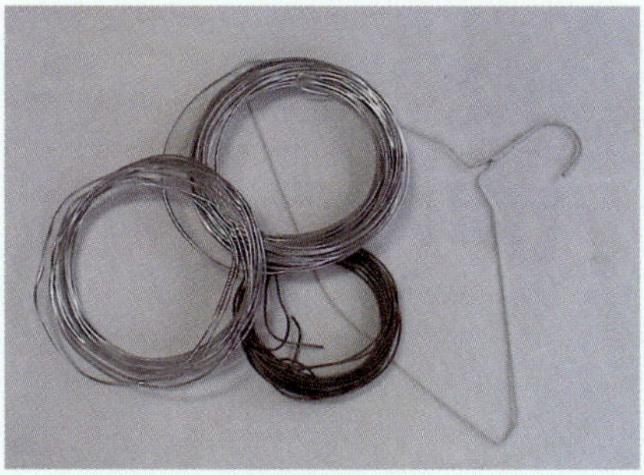

[그림 28]

[그림 29]

[그림 30]

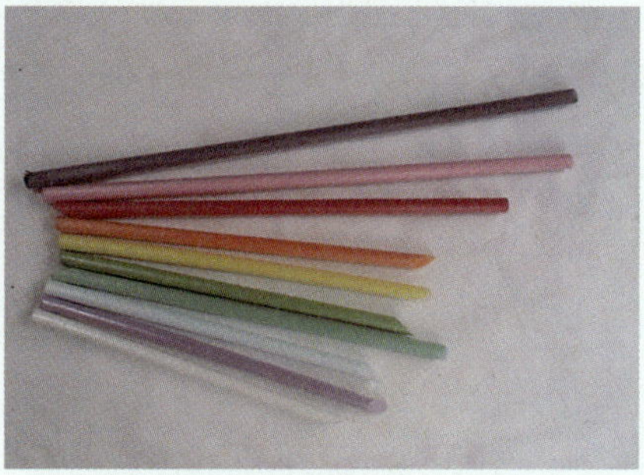

[그림 31]

[그림 32]

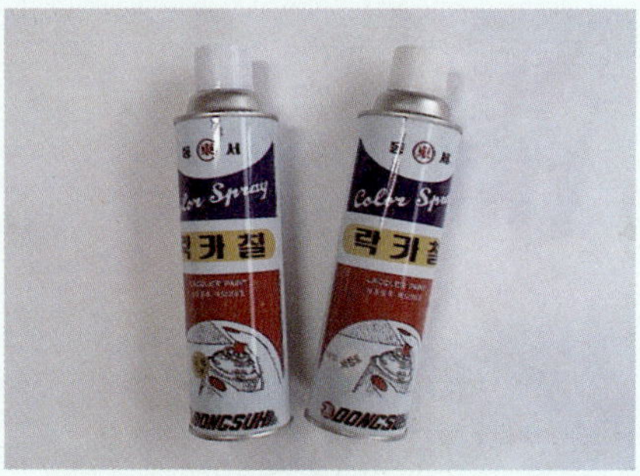

[그림 33]

(2) 종이 재료

종이는 창작 공예 활동에서 가장 기본적인 재료이다. 창작 공예 활동에 사용할 수 있는 종이는 도화지, 색종이, A4용지, 색상지, 두꺼운 도화지, 검은 종이, 셀로판지, 모조지, 신문지, 모래종이, 화장지, 벽지, 포장지, 화선지 등 그 종류가 다양하다.

교사는 유아에게 늘 흰색의 종이만 사용하게 하지 말고 다양한 색깔의 종이를 제시하여 유아의 흥미를 자극하여야 한다. 또한, 종이의 크기와 모양에도 변화를 주어 창의성을 발휘할 수 있도록 하여야 한다. 예를 들어, 16절 종이와 8절 종이 외에 아주 작은 종이나 긴 종이, 하트 모양 종이, 원 모양 종이로 바꾸어 제공한다. 또는 종이에 구멍을 뚫어서 제공하거나 간단한 기하학적 도형이 그려진 종이를 주어서 이것을 활용하여 창의적인 표현을 해보게 한다.

색종이는 자주 사용하는 것이므로 편리하게 사용하려면 별도의 색종이 집을 마련하면 편리하다. 색종이 집은 코팅지를 코팅하여 주머니를 만들거나, 원통형의 과자 통을 여러 개 모아 색깔별로 나누어 제공하면 유아들이 사용하기에 편리하다. 색종이는 1/4 크기로 잘라서 사용하면 유아의 손 크기에 맞아서 사용하는 데 훨씬 편리하다.

(3) 그리기 재료

① 크레파스

유아들이 그리기 재료 중 가장 많이 사용하는 것이 크레파스이다. 우선 크레파스는 질이 좋아야 한다. 유아가 그림 그리기에서 성취감을 느낄 수 있도록 크레파스의 색깔이 한결같고 변함이 없어야 한다.

크레파스는 색깔별로 작은 상자나 우유팩 등의 용기에 담아 제공하며, 용기의 바깥쪽에는 색깔 종이를 작게 붙여서 글씨와 함께 제공하여 꺼내 쓰기 편하게 한다. 또한, 크레파스는 안전해야 한다. 어린 유아들은 크레파스를 입으로 탐색하는 경우가 있기 때문에 손에 잘 묻어나지 않고 독성이 없는 것을 구입하는 것이 좋다.

② 색연필

색연필은 손에 잘 묻지 않고, 크레파스보다 부드럽고 가늘게 표시되기 때문에 유아들이 선호한다. 색연필은 색연필 꽂이를 우유팩이나 테이프 속심, 입구가 안전하게 마무리된 빈 깡통 등에 넣어 제공한다.

③ 연 필

연필은 가장 보편적인 그리기 재료이다. 필기구는 HB를 사용하고 스케치나 일반적인 그림에는 4B 이상을 사용한다. 연필은 지우개로 쉽게 지울 수 있어서 그림을 그리기에 적합한 재료이다. 지우개는 생고무를 가공하여 만든 것으로 단단한 것과 부드러운 것이 있다.

④ 파스텔

파스텔은 색조 가루를 그대로 화면에 칠하는 재료로서 손이나 지우개로 쉽게 지우거나 흐리게 만들 수 있다. 그러나 접착력이 약해 완성 후 정착액을 뿌려 고착시켜야 한다. 파스텔을 사용할 때는 잘 칠해지며 표면이 거친 종이를 사용한다. 그림의 부드러운 효과를 위해서는 손이나 헝겊 등으로 문지르고, 섬세한 부분의 혼색을 위해서는 연필을 사용하기도 한다.

⑤ 목 탄

목탄은 6세 정도가 되어야 사용이 가능한데, 데생에 가장 흔히 사용되며 명암의 변화를 효과적으로 표현할 수 있다. 선과 면이 섞여 이루어진 회색의 다양한 색조를 발견하는 기회를 제공할 수 있고 부드러운 효과가 뛰어나며 섬세한 표현보다는 자신의 느낌이나 감정을 나타내기에 적합한 재료이다. 건조한 재료의 성질 때문에 갱지나 목탄지를 사용하는 것이 좋다.

식빵이나 부드러운 거즈 손수건, 지우개에도 쉽게 지워지므로 사용하기 편리한 반면 숯가루가 잘 묻어나기 때문에 완성 후에는 정착액을 뿌려야 한다.

⑥ 사인펜과 매직펜

사인펜이나 매직펜은 모든 재료의 표면에 선명하게 그릴 수 있고, 부러지지 않아 손의 조절 능력이 부족한 유아들에게 적합한 재료이다.

사인펜은 빨리 증발되는 단점이 있으므로 사용 후에는 뚜껑을 꼭 닫도록 하고 뚜껑이 분실되지 않도록 한다. 어린 유아에게는 쉽게 지울 수 있는 수성펜을 제공해 주고 펜의 사용이 익숙해진 유아에게는 유성펜을 제공한다.

(4) 물감 재료

① 물감류

물감의 종류에는 수채화 물감, 포스터 물감, 아크릴 물감, 동양화 물감, 스테인드 글라스 물감, 지점토 물감, 유화 물감 등이 있다.

- **수채화 물감** - 수용성이므로 사용하기 편하고 종이에 대한 접착력이 우수하며 은은한 윤기를 지닌 색채를 가지고 있다. 색의 농도 조절은 물로 하며, 덧칠이나 혼색이 가능하다.
- **포스터 물감** - 불투명 그림물감으로 광택이 없고 안료 자체의 순도가 높아 발색력이 뛰어나며 물에 잘 용해되므로 칠하기 부드러워 디자인할 때 많이 사용된다.
- **아크릴 물감** - 날씨 변화에 견딜 수 있도록 개발된 것으로 에멀젼 수지를 사용하며 만든 화구로 접착력이 강하고 건조 속도가 빠르며 내구성이 있다. 수채화, 유화, 과슈 등의 회화기법을 다양하게 표현할 수 있다. 창작물을 만들어 칠할 때 빨리 마르며 수성이라 사용하기 편리하다. 아크릴 물감은 빨리 건조되어 창작 활동 후 채색 시 편하게 사용할 수 있다.
- **전통 물감** - 전통 회화에서는 채색 재료는 주로 광물성이다. 이를 분쇄하여 아교와 섞어 굳힌다. 굳히는 형태에 따라 봉채, 접시채가 되는데, 이것이 전통적으로 가장 많이 사용 되어 왔다. 색료가 되는 원료는 흙, 돌, 동물성, 식물성, 금속 등이 있다. 채색 방법은 투명과 불투명 기법이 모두 가능하다.

② 붓

붓은 짧은 길이의 나무 손잡이로 된 붓이 유아에게 적절하다. 그리고 붓을 사용하고 다른 색깔을 사용하고자 할 때 보통 붓을 빨아서 다른 색깔에 사용하지만, 유아들은 이런 과정이 쉽지 않으므로 한 가지 색깔의 물감에 하나의 붓만 사용하도록 꽂아서 제공한다. 이때 각 붓의 사용 물감 색을 지적해 주기 위해 붓의 손잡이에 색종이로 표시해 준다. 유아들이 처음 사용하는 붓은 큰 붓이 적당하나 유아의 발달 수준을 고려하여 경우에 따라 가는 붓, 납작한 붓, 둥근 붓 등 다양한 종류를 제공하는 것도 효과적이다. 붓을 보관할 때는 붓털이 위쪽으로 가게 하거나 가지런히 눕혀 보관한다. 때로는 붓의 대용품으로 스펀지, 면봉, 깃털, 칫솔, 빗, 스포이트 등을 준비해 준다.

- **수채화 붓 -** 수채화 붓은 부드러우면서도 물을 묻혔을 때 탄력이 좋아야 한다.
- **유화용 붓 -** 유화용 붓은 기름을 사용하기 때문에 변형이 쉬워 관리를 잘해야 한다. 평 붓, 둥근 붓, 펜붓 등이 있다. 색상과 명도에 따라 여러 자루를 사용하는 것이 좋다. 그리고 사용 후에는 붓에 남아 있는 물감을 깨끗이 닦아 두어야 탄력을 잃지 않는데, 먼저 휴지나 헝겊 등으로 닦은 다음 석유나 미지근한 비눗물로 빨아서 잘 말려야 한다.
- **전통 붓 -** 전통 붓은 재질에 따라 명칭과 탄력이 다르다. 강호필, 유호필, 겸호필 등이 있다. 사용 후에는 찬물로 깨끗이 헹구고 붓걸이에 걸어 바람이 잘 통하는 곳에 둔다.
- **나이프 -** 유화용 나이프에는 물감을 덜어 섞는 데 사용하는 팔레트 나이프와 붓 대신 화포에 물감을 바르는 페인팅 나이프가 있다. 나이프를 사용하여 칠하면 붓질과는 다른 재질감을 얻을 수 있다(이윤구, 1998).

③ 핑거 페인트

손가락 그림물감인 핑거 페인트는 사거나 만들 수 있다. 반질반질한 손가락 그림용 종이는 매우 비싸기 때문에 대안으로 밀가루로 풀을 쑨 다음, 식용 색소나 포스터 물감을 넣어서 핑거 페인트를 만들 수 있다. 어린 유아들의 감각 경험을 촉진시켜 줄 수 있는 좋은 재료이다. 책상에 커다란 비닐을 깔고 그 위에 적당량의 핑거 페인트를 놓은 후 작업을 한다. 식용 색소를 타거나 로션을 사용하면 유아들이 즐기는 손가락 그림에 많은 변화를 줄 수 있다.

(5) 점토 재료

점토는 다양한 형태의 창작 공예 활동을 할 수 있는 재료이다. 점토는 만지고 두들기고 주물거릴 수 있는 특성이 있어 유아들의 소근육과 감각 능력을 촉진시켜 준다. 교사는 책상의 표면을 쉽게 닦을 수 있도록 준비하고, 점토 작업을 할 때 점토의 크기는 사과 크기 정도만 제공한다.

① 찰 흙

찰흙은 자연 재료로 땅에서 파낸 흙을 말한다. 유아가 직접 손으로 조작하면서 원하는 여러 가지 모양을 만들 수 있다. 찰흙 활동 시, 모양을 만들고 금이 가기 시작하면 물을 축여주면서 작업을 한다. 찰흙을 보관할 때에는 단단하게 뭉쳐서 뚜껑이 잘 닫히는 플라스틱에 보관한다. 완성된 작품은 그늘에 말린다.

② 밀가루 점토

밀가루 점토는 교사가 밀가루로 만들어 줄 수 있으며, 위생적이고 안전하여 어린 유아들에게 적합한 재료이다. 또한, 밀가루 점토는 교사와 유아가 함께 만들 수 있으므로 색깔과 질감을 다양하게 변화시킬 수 있다. 밀가루 반죽은 쉽게 상할 수 있으므로 비닐 봉지나 그릇에 넣어 밀폐시킨 후 냉장 보관한다.

<표 10> 밀가루 점토 만드는 방법

표현 방법	
재료	만드는 방법
밀가루 4컵 물 1과 1/2컵 소금 1컵 식용유 1큰 숟가락 식용 색소 2봉지 정도	① 밀가루, 소금, 물을 손으로 섞는다. ② 부드럽게 될 때까지 약 5분간 반죽한다. ③ 식용색소를 넣어 밀가루 반죽을 만든다. ④ 식용유를 넣어서 잘 붙지 않게 반죽을 부드럽게 한다.

밀가루 반죽 시 소금을 넣는 것은 어린 유아가 입에 넣으면 짜게 느껴서 먹지 못하게 하기 위함이다. 또한, 식용유를 넣으면 손에 달라붙지 않아 자유롭게 표현할 수 있다.

③ 종이 점토

종이 점토는 신문지나 화장지를 묽은 밀가루 풀에 섞어 만든 것이다. 종이 점토는 풀과 섞여져서 마르면 아주 단단해지는 성질을 가지고 있다. 풀을 너무 많이 섞을 경우 손에 달라붙고 말리는 과정에서 썩을 염려가 있으므로, 반드시 묽은 풀에 반죽하도록 한다.

④ 고무 찰흙

고무 찰흙은 유토라고 불리는데, 점토 대신에 사용할 수 있는 또 다른 재료로 문방구에서 구입할 수 있다. 고무 찰흙은 굳지 않기 때문에 여러 번 사용할 수 있어서 편리하지만 값이 비싸기 때문에 충분한 양을 가지고 작업을 할 때는 어려움이 있다(이정우 · 임수진, 2003).

⑤ 컬러믹스와 매직 클레이

컬러믹스와 매직 클레이는 색의 혼합이 가능하며 다양한 혼색을 만들 수 있는 장점을 가진다. 그 외 천사 점토는 매우 무게가 가볍고 부드러운 촉감을 지니며 사용 후 밀봉만 잘하면 오랫동안 사용할 수 있는 장점이 있다.

(6) 점토 용구류

점토 용구는 점토판, 밀대, 송곳 주걱, 쇠 조각도, 긁어내기 주걱, 빗주걱, 칼주걱, 철사나 낚싯줄이 있다. 밀대는 찰흙 덩어리를 편평하게 밀 때 사용한다. 송곳 주걱은 그림을 그리거나 글씨를 쓸 때 사용한다. 쇠 조각도는 흙판을 오리거나 잘라낼 때 사용한다. 긁어내기 주걱은 찰흙을 도려내거나 긁어 낼 때 사용한다. 빗주걱은 흙물을 묻힐 때 사용한다. 칼주걱은 찰흙을 자르거나 다듬을 때 사용한다. 철사나 낚싯줄은 찰흙 덩어리를 자를 때 사용한다. 5조 도구는 찰흙이나 지점토, 컬러믹스에 섬세한 표현을 할 때 사용한다.

또한, 주방에서 사용하는 마늘 다지기, 고기 다지기, 빵틀도 응용하여 사용할 수 있다. 마늘 다지기에 찰흙 덩어리를 넣고 누르면 찰흙이 마늘 다지기의 구멍 사이로 길게 나오는데, 이와 같은 방법으로 머리카락이나 긴 끈과 같은 모양을 만들 수 있다. 고기 다지기 용구는 찰흙을 두들기거나 찍을 수 있다. 빵틀은 찰흙에 눌러 모양을 낼 수 있다.

교사는 유아가 점토의 특성을 이해하고 다양한 도구를 사용하게 하여 도구 사용법과 소근육을 길러줄 수 있도록 한다.

(7) 가위류

가위는 창작 공예 활동 때 가장 많이 사용하는 도구이다. 유아들이 눈과 손의 협응력과 소근육 발달이 이루어져야 가위를 자유롭게 사용할 수 있으므로 가위를 사용하기 전에 충분한 이야기를 나누고 시범을 보여주어 안전하게 사용하도록 지도한다.

유아용 가위는 약 13cm 정도 길이로 끝이 날카롭지 않고 뭉툭하여야 한다. 가위는 맞물림이 잘 조립되어 있어서 유아가 쉽게 자를 수 있어야 하며, 요구르트 병이나 계란판 등으로 가위 꽂이를 만들어 제공한다.

(8) 접착제와 접착 도구

접착 도구에는 물풀, 딱풀, 밀가루 풀, 셀로판 테이프, 양면 테이프, 투명 테이프, 공업용 본드, 글루건, 스프레이 접착제, 오공본드, 목공용 본드, 순간 접착제 등이 사용된다. 재료에 따라 적절한 접착제와 접착 도구를 사용해야 한다. 종이류는 풀로, 하드보드지와 곡식류는 오공본드로 붙인다. 수수깡과 스티로폼은 스티로폼용 본드를 사용한다. 종이류와 플라스틱을 붙일 때는 투명 테이프를 사용한다.

어린 유아들은 오공본드를 스스로 짜기가 어려우므로 물에 풀리는 접착제가 적당하다. 녹말 풀, 밀가루 풀은 그릇에 담아 제공하는 것이 좋다. 또한, 오공본드는 고착력을 높이기 위해 밀가루 풀과 섞어 쓸 수 있다. 이 재료는 완전히 마른 후에는 투명해지기 때문에 풀 자국이 남지 않아 작업이 서투른 유아를 위해서 사용할 수 있다.

유아를 위해서 교사가 병뚜껑이나 마분지 조각에 풀을 나누어 주고 손가락, 아이스크림 막대, 면봉 등을 이용하여 사용하게 한다. 풀은 젖은 상태에서 닦아내야 하며, 풀 옆에 항상 젖은 스펀지나 수건을 준비해 주어 손에 묻은 풀을 쉽게 닦을 수 있도록 준비한다. 풀을 사용할 때는 풀 판을 사용하도록 격려하여 책상이나 종이에 풀이 달라붙지 않도록 한다.

투명 테이프는 종이류나 플라스틱류에 잘 붙어 유아들이 손쉽게 사용할 수 있다. 테이프 케이스에 자르는 날이 부착되어 있는 경우, 유아가 테이프를 자르면서 손을 다칠 우려가 있으므로 안전에 주의하고, 교사가 유리판이나 책받침 등에 붙여주고 떼어서 사용하도록 한다.

스테이플러는 종이류나 헝겊을 붙일 때 사용하는데 4세 정도까지는 힘이 부족하여 누르기가 어려우므로 손가락을 넣어 누르는 일이 없도록 안전한 사용법을 익히도록 지도한다.

참고 문헌

교육부 (1998). 유치원 교육 과정. 서울 : 대한교과서주식회사.

교육부 (1999). 유치원 교육 과정 해설. 서울 : 대한교과서주식회사.

김선현 (2003). 흙동이와 찰흙 놀이해요. 서울 : 이론과실천.

김용래 (2000). 교육심리학. 서울 : 문음사.

김정 (1982). 아동 회화의 이해. 서울 : 창지사.

김정 · 조정숙 (2003). 유아미술교육. 서울 : 한국방송통신대학교 출판부.

김정규 · 이광자 · 정갑순 · 조정숙 · 방인옥 · 김은희 (2000). 창의적인 유아 미술활동. 서울 : 동문사.

김춘일 (1988). 미술과 교육론. 서울 : 갑을출판사.

김혜금 (2002). 주제 중심 유아 창작 공예. 서울 : 창지사.

문순애 · 김경미 (2005). 유아 창작 공예. 서울 : 동문사.

박은덕 (2000). 은덕이의 입체 조형 실기. 서울 : 양서원.

______ (2002). 은덕이의 응용 디자인 놀이. 서울 : 양서원.

백중열 (2003). 뇌 과학과 미술교육. 미술교육이론의 탐색. 서울 : 예경.

신명희 외 8인 (2013). 서울 : 학지사.

신민섭 · 김수경 · 김용희 · 김주현 · 김향숙 · 김진영 · 류명은 · 박혜근 · 서승연 · 이순희 · 이혜란 · 전선영 · 한수정 (2003). 그림을 통한 아동의 진단과 이해. 서울 : 학지사.

엄정례 · 조경서 (2001). 유아를 위한 창작 공예. 서울 : 정민사.

염태진 (1990). 유아 교육을 위한 창작 공예. 서울 : 창지사.

오종숙 (2001). 유아미술교육의 이론과 실제. 서울 : 양서원.

오현숙 (2001). 신나는 어린이 미술 표현 교실. 서울 : 예경출판사.

이경희 · 이순옥 · 이옥임 · 이태영 · 임미혜 · 정정옥 (2004). 신유아교육개론. 서울 : 교육아카데미.

이규선 · 김동영 · 전성수 (1996). 미술교육학 개론. 서울 : 교육과학사.

이근매 · 최외선 (2003). 유 · 아동 발달을 돕는 미술 치료의 실제. 서울 : 교육과학사.

이길종 (1981). 아동 미술에 있어서 조소의 발달 과정. 춘천교육대학교 논문 제21집.

이숙재 · 이봉선 · 김경란 (2002). 유아미술교육. 서울 : 창지사.

이숭녕 · 김석주 (1984). 국어 대사전. 서울 : 동아출판사.

이윤경 · 김선영 · 김성희 · 김지은 · 나종혜 · 문혁준 · 신인숙 · 안선희 · 천희영 · 최은미 · 황혜신 · 황혜정 (2003). 유아교육개론. 서울 : 창지사.

이윤구 (1998). 미술실에서 미술관까지. 서울 : 두산동아.

이정욱 · 임수진 (2003). 탐색 · 표현 · 감상의 통합적 유아미술교육. 서울 : 정민사.

이정환 (2002). 유아를 위한 조형 미술 활동. 서울 : 창지사.

이현아 (2008). 유아의 마음을 읽는 유아미술교육. 서울 : 창지사.

이현아 (2009). 유아동 미술교육. 서울 : 태영 출판사.

이희경 (2005). 유아교육학 개론. 서울 : 동문사.

조동균 (2004). 시각뇌의 기제와 미술교육. 미술교육논총, 제18권 2호, pp.25-44.

조복희 (2003). 유아발달. 서울 : 교육과학사.

조정숙 · 전인옥 (2003). 유아교육개론. 서울 : 한국방송통신대학교 출판부.

한국미술교과교육학회 (1999). 유아미술 교육학. 서울 : 학문사.

한임순 (1999). 최신 유아교육개론. 서울 : 동문사.

2019 개정 누리과정: 해설서 (2019) (발간등록번호 11-1342000-00522-01) 서울: 교육과학 기술부 · 보건 복지부.

2019 개정 누리과정: 유치원 교육과정 고시문 (2019) (교육부 고시 제2019-189호) 서울: 교육과학 기술부 · 보건 복지부.

2019 개정 누리과정: 놀이 이해 자료 (2019) (발간등록 번호 11-1342000-000523-01) 서울: 교육과학 기술부 · 보건 복지부.

2019 개정 누리과정: 놀이 실행 자료 (2019) (발간등록 번호 11-1342000-000524-01) 서울: 교육과학 기술부 · 보건 복지부.

日本造形教育研究會 (平年). みんなおいでよ. 開隆堂出版株式會社.

日本童美術研究會 (平年). 新 しい畵 工作. 東京書籍株式會社.

日本童美術研究會 (平年). かたさや いゐの たのしち. 日本文敎出版 株式會社.

Anthony Browne(2003). 서애경(2004)역. **행복한 미술관**. 서울 : 웅진 주니어.

Arnheim, R. (1969). Visual Thinking. 김정오 역(2004). **시각적 사고**. 서울 : 이화여대 출판부.

Barnes, R. (1987). *Teaching Art to Young Children 4～9*. London : Allen & Unwin.

Brittain, W. L. (1979). *Creativity, art, and the young child*. NT : Macmillan.

Chugani, H. T. (1991). Imaging human brain development with positron emission tomography. *Journal of Nuclear*, *32*, 6–23.

Edwards(1999). *The new drawing on the right side of the drain*. 강은엽 역(2000). **오른쪽 두뇌로 그림 그리기**. 서울 : 나무숲.

Eisner, E. W. (1972). *Educating artistic vision*. 서울교육대학교 미술교육연구회 역(2003). **새로운 눈으로 보는 미술교육**. 서울 : 예경.

Gardner, H. (1983). *Frames of mind*. 이경희 역(1998). **마음의 틀**. 서울 : 문음사.

Henson, K. T. & Eller, B. F. (1999). *Education psychology for effective teaching*. New York : Wadsworth.

Lowenfeld, V. & Brittain, W. L. (1964). *Creative and medtal growth*. 서울교육대학교 미술교육연구회 역(2004). **인간을 위한 미술교육**. 서울 : 미진사.

Robert Snowden, Perter Thompson, Tom Troscianko (2012). *Basic vision an Introduction to Visual Perception*. 오성주 역(2013). **시각심리학의 기초**. 서울 : 학지사.

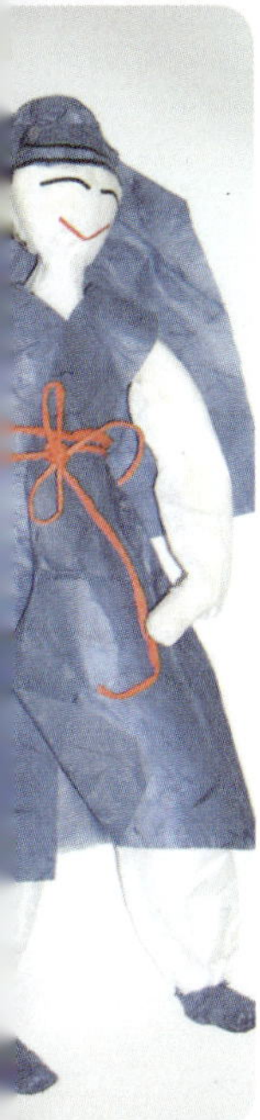

Part Ⅱ

실제편 - 기초

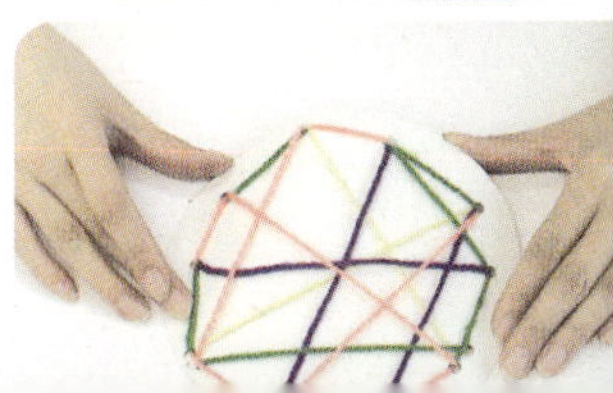

① 콜라주

포도송이

종이 콜라주

관련주제 여름

활동목표

- 포도 모양에 대해 알아본다.
- 소근육을 발달시킬 수 있다.
- 재료를 이용하여 다양한 것을 만들 수 있다.

활동자료

- 색 지끈(초록색, 보라색), 색지, 가위, 오공본드, 물풀, 딱풀, 색종이, 한지 색종이

유의사항

- 지끈이 잘 말리지 않으므로 지끈이 종이에 완전히 붙을 때까지 꼭 눌러준다.
- 초록색 색지를 나뭇잎 모양으로 자른 뒤 유아들이 이용할 수 있도록 하면 시간을 절약할 수 있다.

활동방법

포도송이 만들기

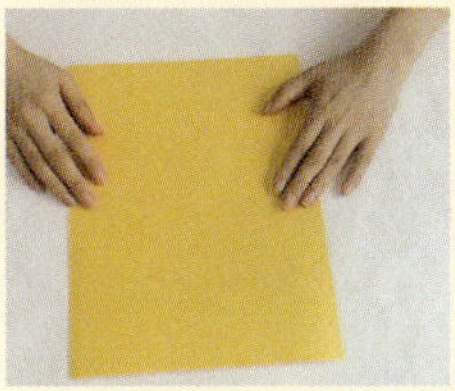

① 준비한 직사각형의 색지를 놓는다.

② 준비한 여러 가지 지끈을 10cm 가량씩 자른다.

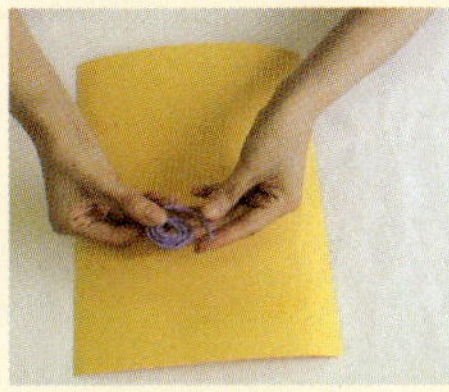

③ 자른 지끈을 동그란 모양으로 돌돌 말아 준다.

④ 포도 모양으로 만든 지끈을 오공본드로 색지에 붙인다.

잎사귀 만들기

① 잎사귀를 만들 초록색 색지를 자른다.

② 잎 모양으로 자른 종이를 반으로 접는다.

③ 반대 방향으로 지그재그로 접어 잎맥을 만들어 준다.

④ 만든 잎사귀를 종이에 붙인다.

포도 줄기

① 초록색 지끈을 자른다.

② 지끈을 곡선으로 구부린다.

③ 오공본드로 종이에 붙인다.

참고작품

光

잡곡 콜라주

시골집

관련주제 집

활동목표

- 여러 가지 잡곡을 접할 수 있는 기회를 갖는다.
- 잡곡을 이용하여 자신의 생각을 표현할 수 있다.
- 다양한 재료를 사용할 수 있다.

활동자료

- 여러 가지 잡곡(조, 팥, 백두, 흑두, 들깨, 보리, 기장), 오공본드, 색지, 연필

유의사항

- 잡곡이 섞이지 않도록, 먼저 붙인 잡곡이 다 마른 뒤 다른 잡곡을 붙여준다.

활동방법

① 여러 가지 잡곡들을 준비한다.

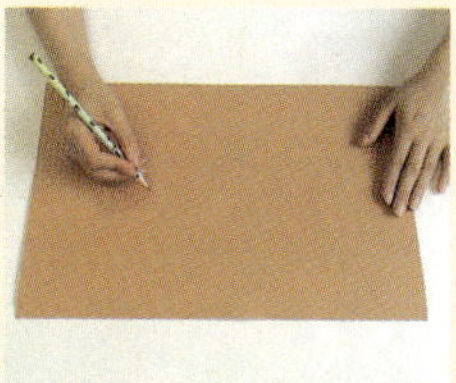

② 종이에 집 모양의 밑그림을 그려 넣는다.

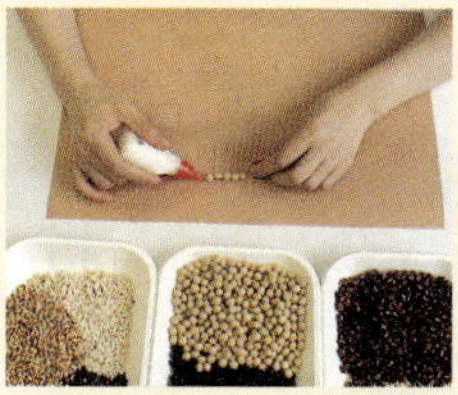

③ 오공본드를 밑그림대로 종이에 칠한다.

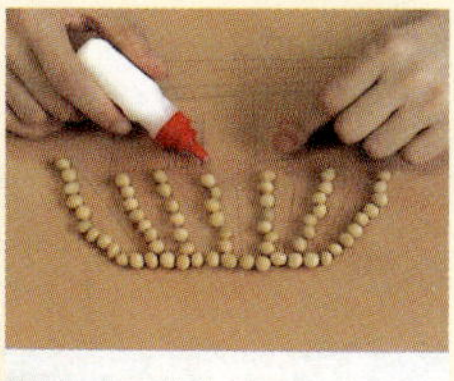

④ 지붕에 백두를 붙인다.

⑤ 기장을 나머지 지붕에 붙인다.

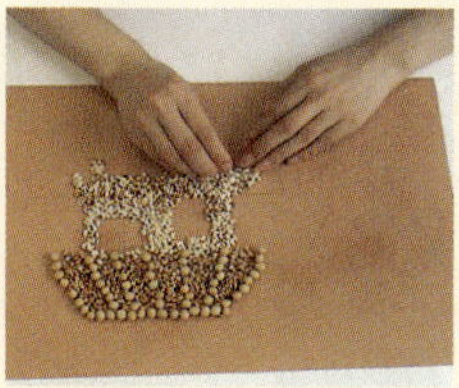

⑥ 벽을 보리로 붙여준다.

⑦ 담을 팥으로 붙인다.

완 성

참고작품

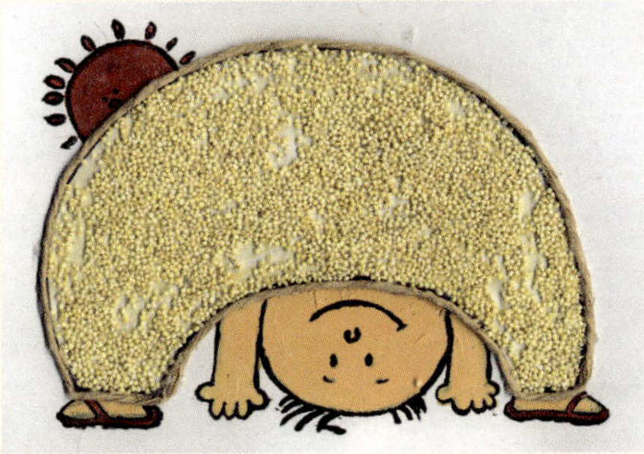

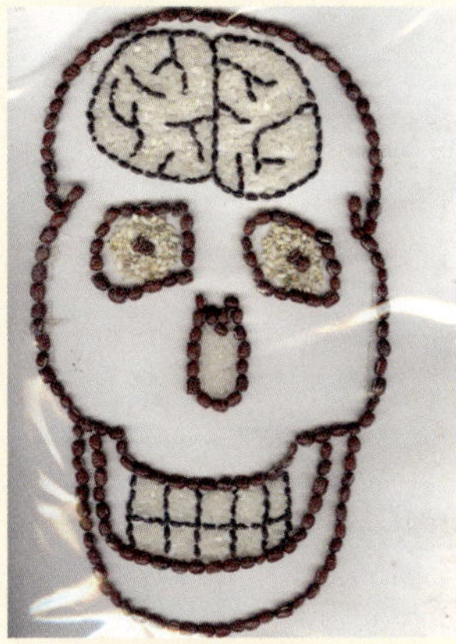

색모래 콜라주

알라딘 램프

관련주제 마술

활동목표

→ 모래를 이용하여 자신의 생각을 표현한다.

→ 모래를 떨어뜨리면서 소근육의 힘을 기른다.

활동자료

→ 색모래, 오공본드, 가위, 색상지, 크레파스

유의사항

→ 색모래가 유아의 눈에 들어가지 않도록 주의시킨다.

→ 원하는 색모래를 뿌리고 나서 조금 말린 후에 다른 색모래를 뿌리도록 한다

활동방법

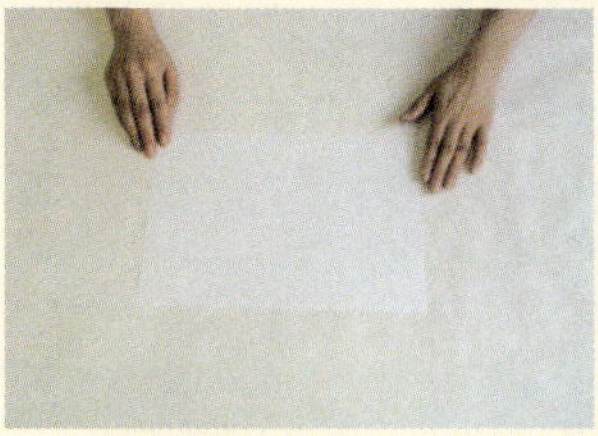

① 종이를 준비한다.

② 밑그림을 그린다.

③ 오공본드를 이용하여 원하는 모양을 만들어 준 뒤, 색모래를 뿌려주면서 붙인다.

④ 모래를 뿌릴 때는 관련 주제와 어울리는 색으로 뿌린다.

완 성

참고작품

색빨대 콜라주

나무와 꽃

관련주제 우리나라

활동목표

→ 소근육 발달을 돕는다.

→ 다양한 재료를 접해 본다.

활동자료

→ 여러 가지 색빨대, 오공본드, 가위, 색상지

유의사항

→ 빨대를 가위로 자를 때 빨대가 튀지 않도록 봉지 속에 넣고 자른다.

→ 빨대를 잘라 붙일 때 가로 혹은 세로로 붙이는 등 다양한 방법을 찾아본다.

활동방법

① 직사각형 색상지를 바닥에 놓는다.

② 빨대를 이용하여 나무의 기둥을 만든다.

③ 빨대를 잘게 잘라 나뭇잎으로 만든다.

④ 오공본드를 빨대에 바른다.

⑤ 빨대를 잘게 잘라 만든 나뭇잎을 종이에 붙인다.

⑥ 초록색 빨대를 이용하여 작은 나무를 만든다.

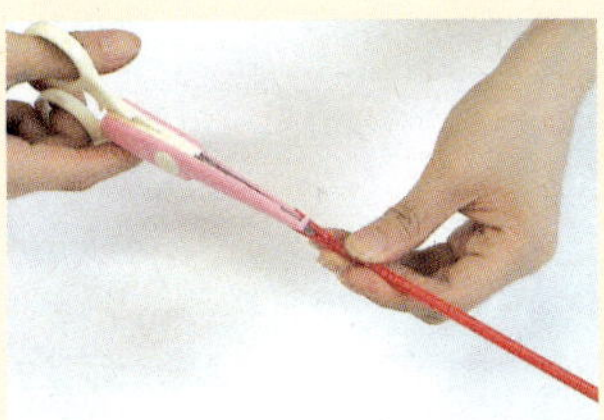

⑦ 빨간색 빨대에 칼집을 준 후, 잘게 잘라 위로 젖혀 꽃 모양을 만든다.

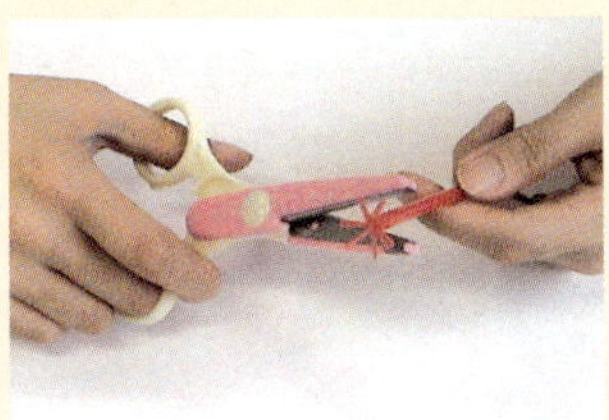

⑧ 꽃의 밑 부분을 자른다.

⑨ 자른 꽃을 붙여 준다.

⑩ 구름을 만들 색빨대를 잘라 붙인다.

완 성

참고작품

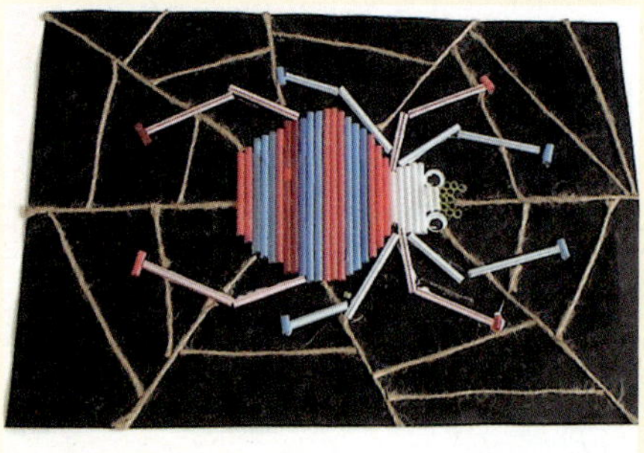

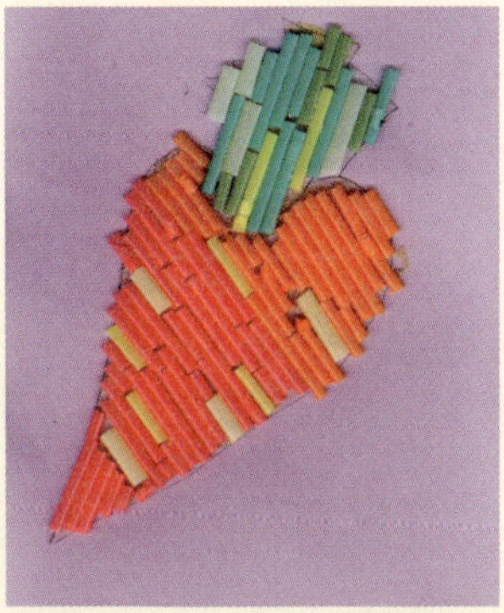

기타
콜라주

참고작품

② 인형 만들기

접시 인형

삼돌이

관련주제 나와 유치원

활동목표

- 얼굴의 구조를 알 수 있다.
- 다양한 재료를 사용하는 경험을 갖는다.
- 재료의 다양한 이름을 안다.

활동자료

- 색종이, 가위, 모루, 인형 눈, 종이 접시, 뽕뽕이, 오공본드

유의사항

- 머리카락을 만들어 놓은 모루가 잘 떨어지므로 완전히 붙을 때까지 누르고 있는다.

활동방법

① 모루를 말아서 머리카락을 만들어 접시에 붙여준다.

② 인형의 눈을 붙여준다.

③ 뽕뽕이를 코가 있어야 할 위치에 붙여준다.

④ 색종이를 입 모양으로 오려서 접시에 붙인다.

완 성

참고작품

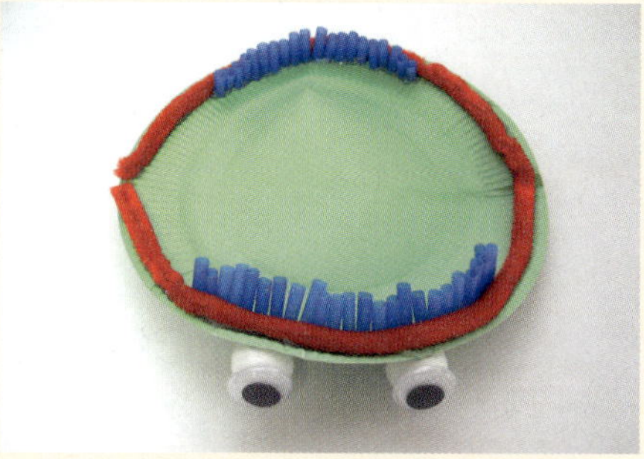

봉투 인형

생쥐

관련주제 동물

활동목표

→ 재활용품을 이용하는 습관을 기른다.

→ 쥐의 생김새에 대해 안다.

→ 다양한 만들기 방법을 안다.

활동자료

→ 색종이, 인형 눈, 가위, 오공본드, 서류 봉투, 털실, 뽕뽕이, 리본, 색지

유의사항

→ 아이스크림 접기를 해서 안으로 집어넣을 때 교사가 도움을 준다.

→ 오공본드로 붙일 때 본드가 충분히 마른 뒤에 다른 작업을 한다.

→ 만든 봉투 인형을 이용해서 동물 인형극을 해 볼 수 있다.

활동방법

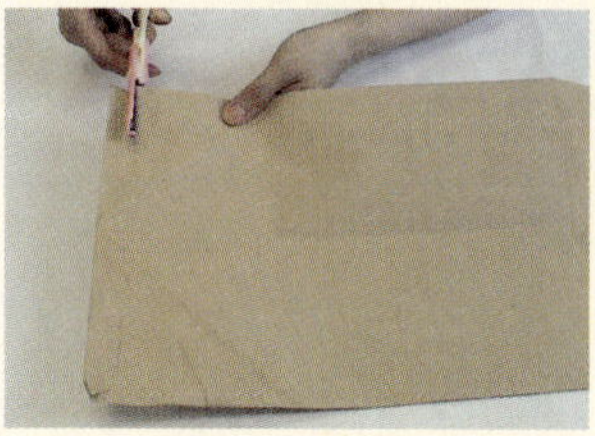

① 서류 봉투의 막힌 부분을 오려낸다.

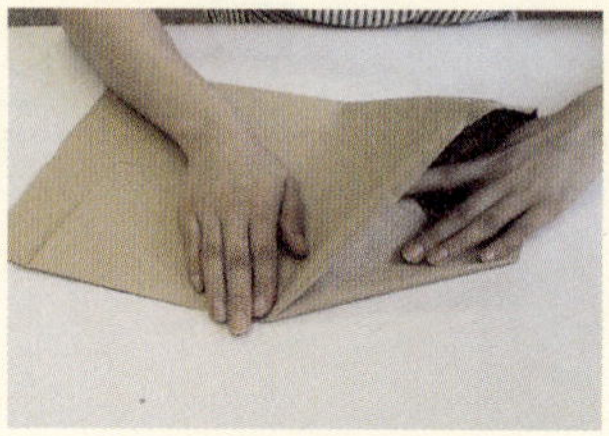

② 한쪽을 아이스크림 접기 방법으로 접는다.

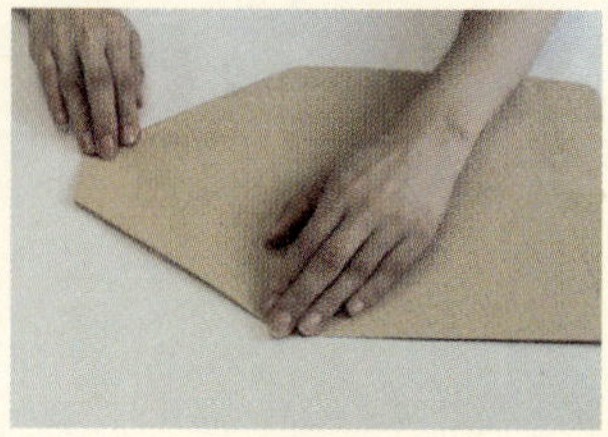

③ 접은 곳을 안으로 넣는다.

④ 안으로 종이를 넣은 상태에서 반으로 접었다 편다.

⑤ 인형 눈과 뽕뽕이를 붙여 얼굴을 표현한다.

⑥ 털실로 수염을 만들고, 색종이로 귀를 만들어 붙인다.

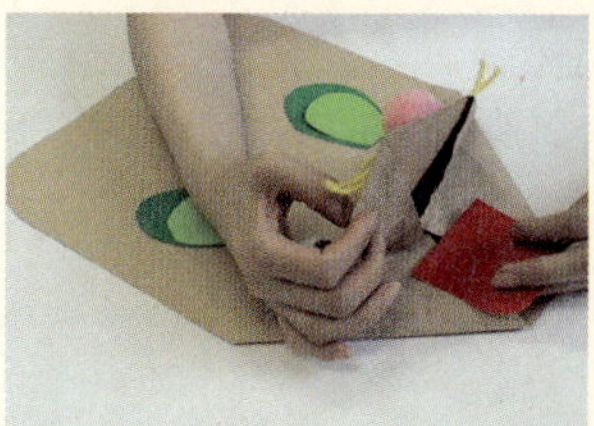

⑦ 봉투를 벌려서 색종이로 입을 표현한다.

완 성

봉투 인형

너구리

관련주제 동물

활동목표

→ 너구리의 생김새에 대해 안다.

→ 서류 봉투를 이용해 다양한 인형을 만들 수 있다.

활동자료

→ 색종이, 인형 눈, 가위, 오공본드, 서류 봉투, 털실, 뽕뽕이, 고무줄, 신문지

유의사항

→ 너구리의 생김새에 대해서 충분히 상호 작용을 한 후 작업을 한다.

→ 신문지를 넣은 후 서류 봉투를 묶을 때 깨끗하게 고정시킨다.

활동방법

① 신문지를 구겨서 서류 봉투에 넣는다.

② 고무줄로 봉투의 입구를 막는다.

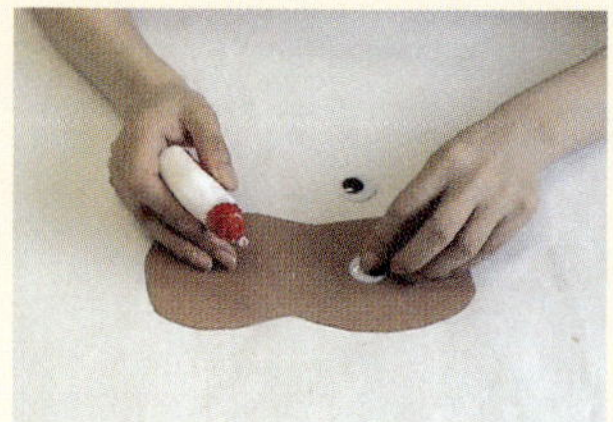

③ 색지와 인형 눈을 이용하여 너구리의 눈을 만든다.

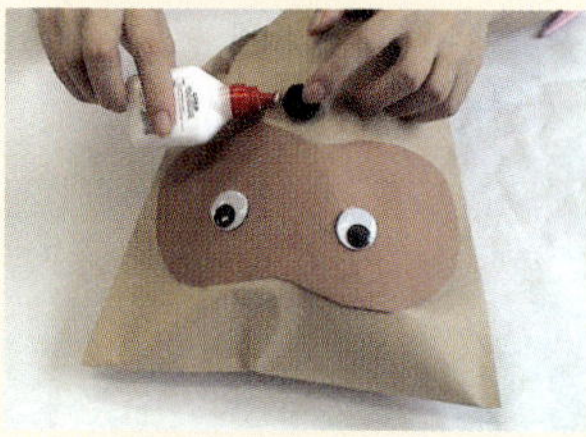

④ 봉투에 눈을 붙이고 검정색 뽕뽕이를 붙여 코를 만든다.

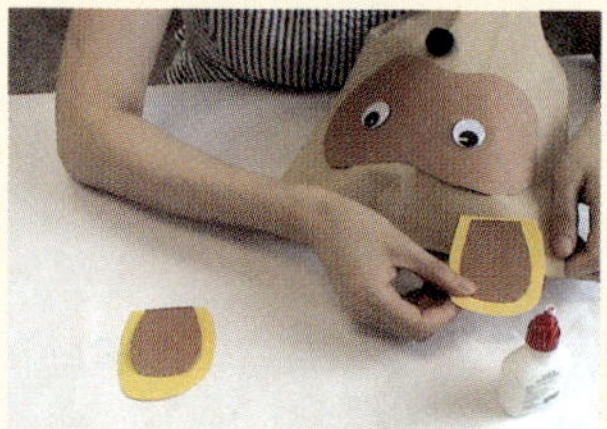

⑤ 색지로 귀를 만들어 봉투에 붙인다.

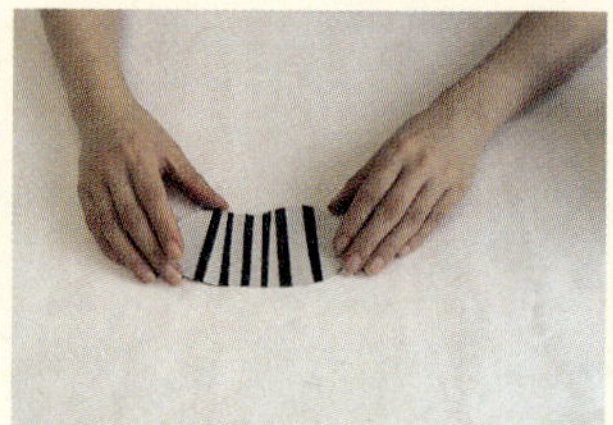

⑥ 타원형으로 자른 회색 색지에 검정색 종이를 잘라 붙여서 입을 표현한다.

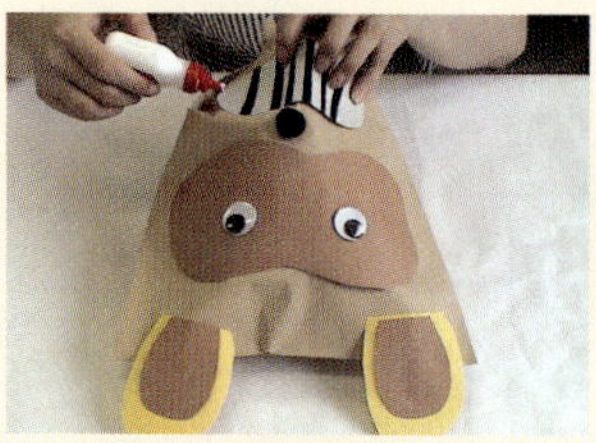

⑦ 봉투에 입을 붙인다.

완 성

봉투 인형

새롬이

관련주제 나의 친구

활동목표

→ 편지 봉투를 이용해서 인형을 만들어 볼 수 있다.

→ 다양한 얼굴의 표정을 알아볼 수 있다.

→ 만든 인형을 이용해 인형극을 할 수 있다.

활동자료

→ 색종이, 인형 눈, 편지 봉투, 뿅뿅이, 오공본드, 가위, 털실, 리본

유의사항

→ 사람의 얼굴에 대해서 충분히 상호 작용한 후 만들기를 시작한다.

→ 봉투의 모양과 크기에 맞는 다양한 동물을 생각해 본다.

활동방법

① 편지 봉투를 반으로 접는다.

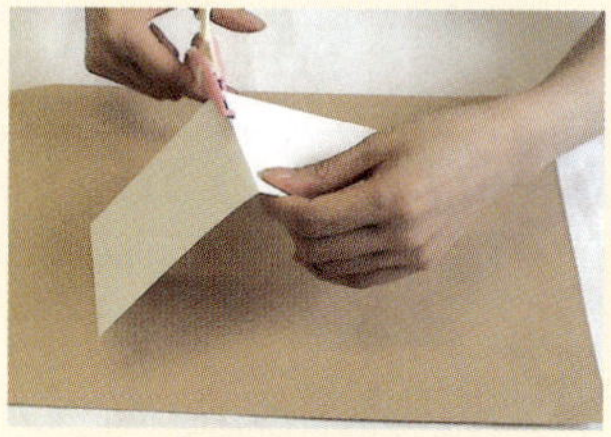
② 편지 봉투를 반으로 자른다.

③ 봉투에 인형 눈을 붙인다.

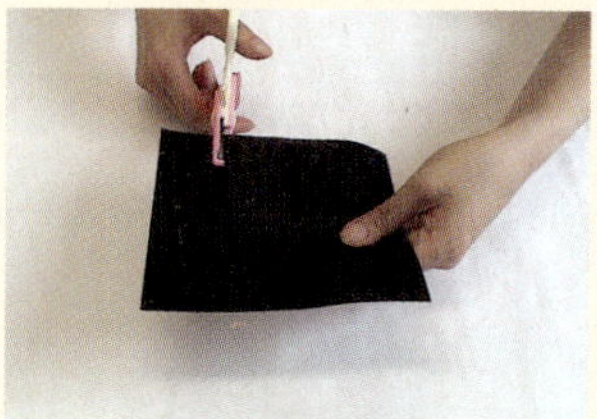
④ 검정색 색종이로 머리를 만든다.

⑤ 봉투에 머리를 붙인다.

⑥ 빨간색 색종이로 입을 만들어 붙인다.

완 성

참고작품

종이컵 인형

엄 마

관련주제 우리 가족

활동목표

→ 종이컵을 이용하여 인형을 만들 수 있는 방법을 안다.

→ 부모님께 감사하는 마음을 가진다.

활동자료

→ 색종이, 인형 눈, 종이컵, 가위, 오공본드, 빨대, 스티로폼 공, 고무줄, 털실

유의사항

→ 종이컵에 구멍을 뚫을 때 다치지 않도록 주의한다.

→ 빨대를 고무줄로 고정시킬 때 교사가 도와준다.

→ 목이 되는 빨대는 색깔을 달리하여 종이컵 가운데로 나올 수 있도록 한다.

→ 빨대의 접히는 부분이 종이컵 밖으로 나오게 하여 팔을 표현한다.

활동방법

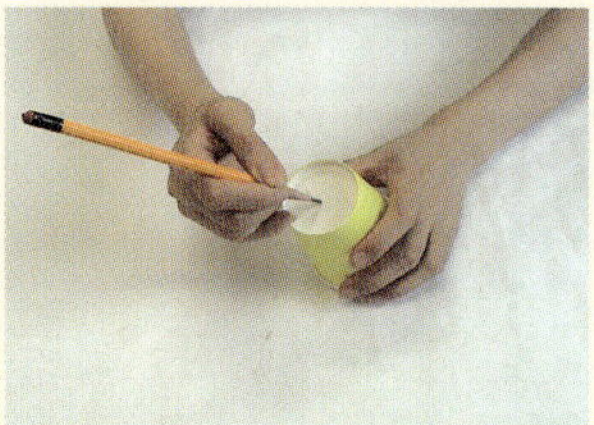

① 종이컵 바닥 중앙에 연필로 구멍을 뚫는다.

② 종이컵 몸통에 양쪽으로 같은 위치에 연필로 구멍을 뚫는다.

③ 빨대 3개를 고무줄로 묶는다.

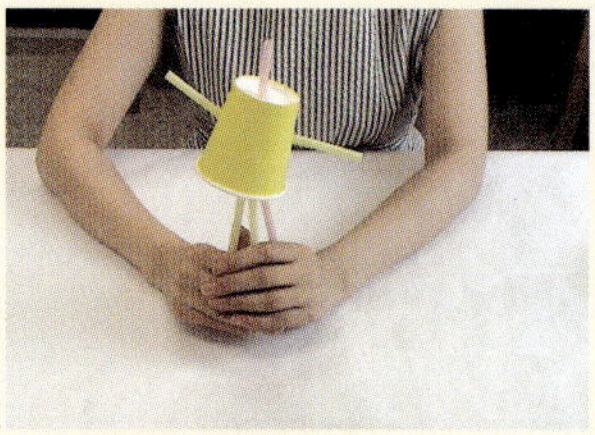

④ 3개의 빨대를 종이컵 구멍에 하나씩 끼운다.

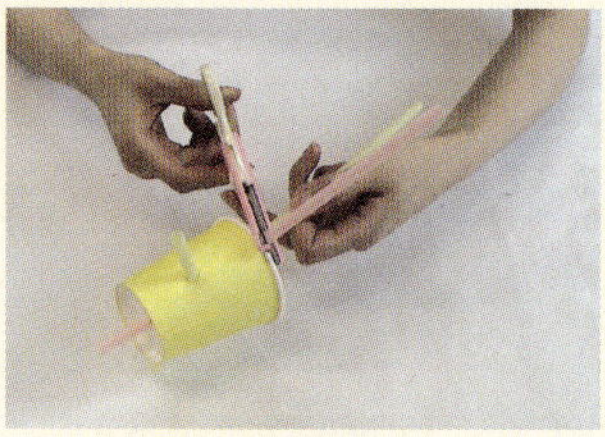

⑤ 가운데 꽂은 빨대의 아래 부분을 잘라낸다.

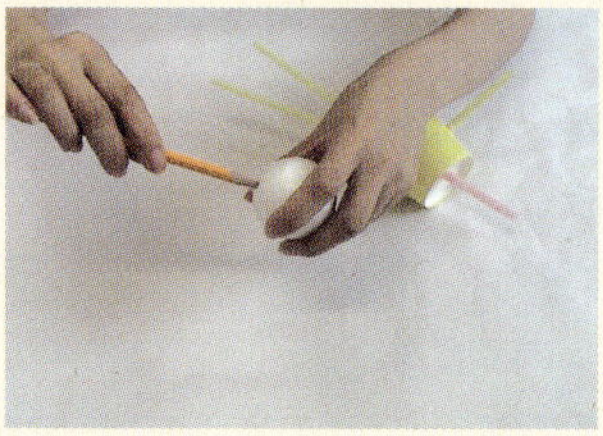

⑥ 스티로폼 공에 연필로 구멍을 뚫는다.

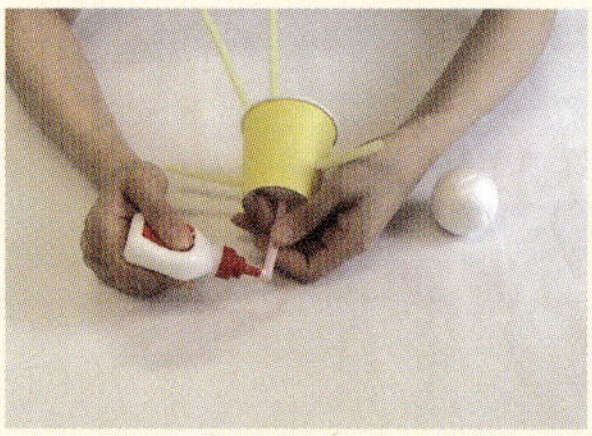

⑦ 중앙에 꽂은 빨대에 오공본드를 바르고, 스티로폼 공의 구멍에 끼운다.

⑧ 스티로폼 공에 인형 눈과 털실로 머리카락을 만들어 붙인다.

⑨ 색종이로 종이컵 인형의 앞치마를 만들어 붙인다.

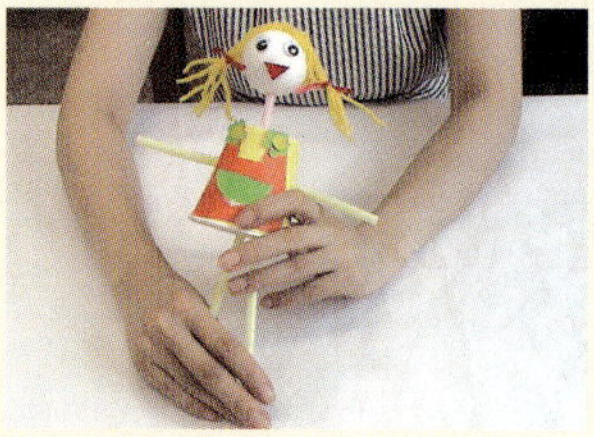

완 성

참고작품

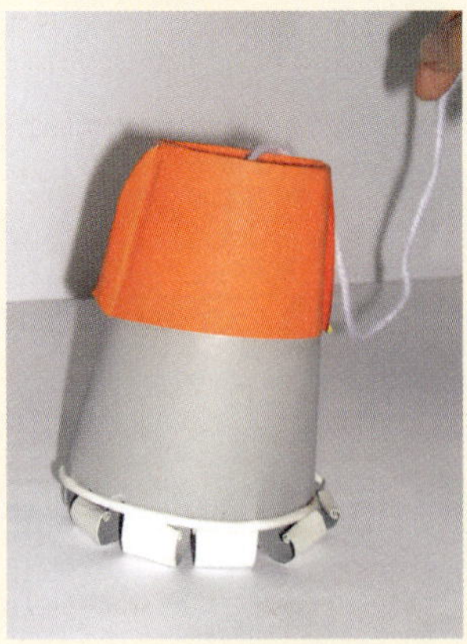

철사 인형

한복 입은 소녀

관련주제 우리나라

활동목표

- 꽃철사를 이용하여 인형을 만들어 볼 수 있다.
- 꽃철사를 구부림으로써 신체의 움직임을 이해할 수 있다.
- 우리나라 전통 옷에 대해 안다.

활동자료

- 한지 색종이, 인형 눈, 가위, 오공본드, 물풀, 스티로폼 공, 털실, 꽃철사, 화선지

유의사항

- 꽃철사에 찔리지 않도록 주의한다.
- 사람의 관절에 대해서 충분한 이야기를 나눈 뒤 작업에 들어간다.
- 화선지가 잘 붙게 하기 위해서 물풀을 사용한다.

활동방법

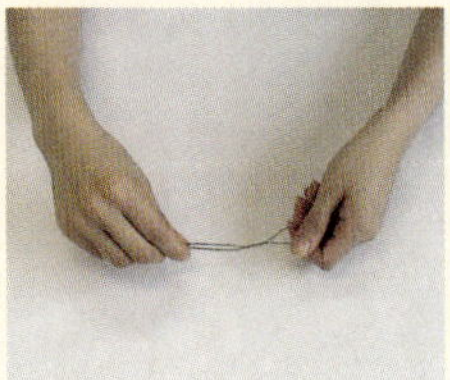

① 꽃철사 한 줄을 반으로 접어서 꼬아본다

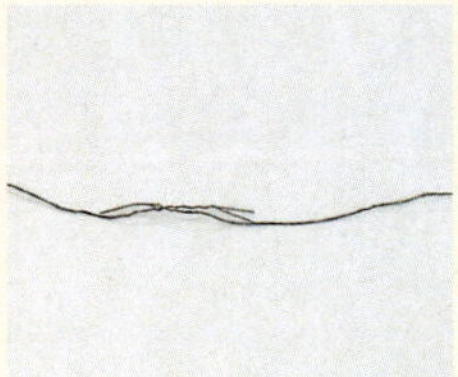

② 하나를 더 꼬아서 두 줄을 연결하여 팔을 표현한다.

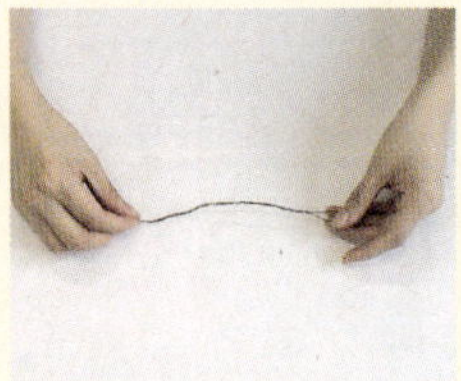

③ 다른 꽃철사를 반으로 접어서 꼬아본다.

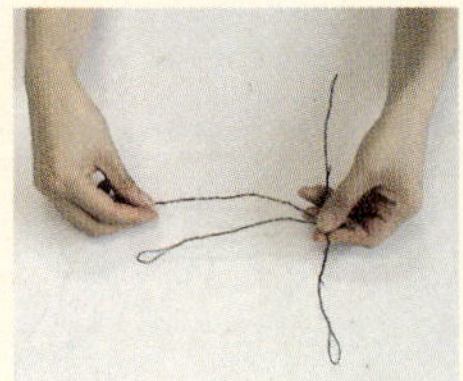

④ 팔을 표현한 꽃철사에 ②의 철사를 다리 모양이 되도록 연결한다.

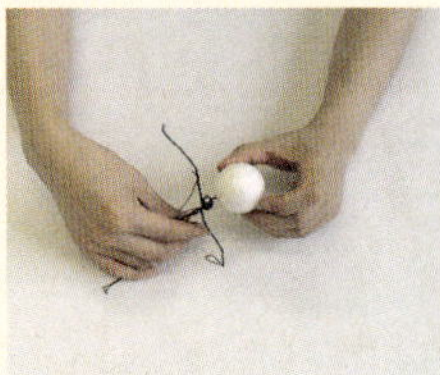

⑤ 스티로폼 공을 꽃철사에 붙인다.

⑥ 하얀색 화선지를 길게 오려서 물풀을 칠한다.

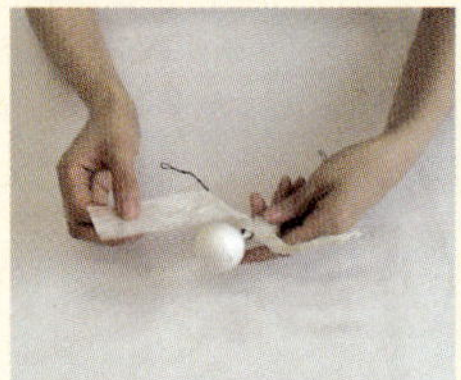

⑦ 화선지를 꽃철사에 전체적으로 말아준다.

⑧ 파란색 한지 색종이를 접어 치마를 만들어 꽃철사에 입힌다.

⑨ 분홍색 한지 색종이를 오려서 저고리를 만들어 꽃철사에 입힌다.

⑩ 인형 눈을 붙이고 색종이로 입을 만들어 붙인다.

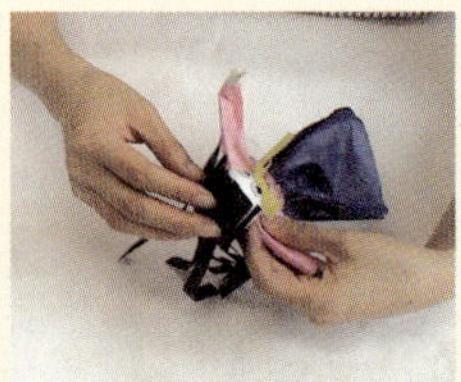

⑪ 검정색 한지 색종이로 머리를 만든다.

완 성

참고작품

숟가락 인형 왕눈이

관련주제 동물

활동목표

- 다양한 재료를 이용하는 경험을 갖는다.
- 개구리의 생김새에 대해 안다.
- 소근육 발달을 도와준다.

활동자료

- 색종이, 인형 눈, 일회용 숟가락, 다양한 리본, 모루, 뽕뽕이, 오공본드, 가위

유의사항

- 개구리 작품에서 남겨진 모루가 손의 역할을 하므로 적당히 여유 있게 남겨 놓는 것이 좋다.
- 다양한 숟가락을 이용하여 여러 종류의 동물을 만들어 본다.

활동방법

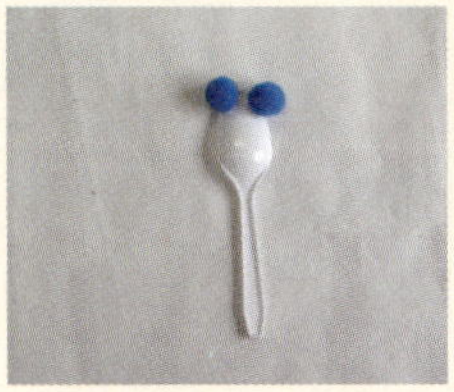

① 일회용 숟가락에 뽕뽕이를 붙인다.

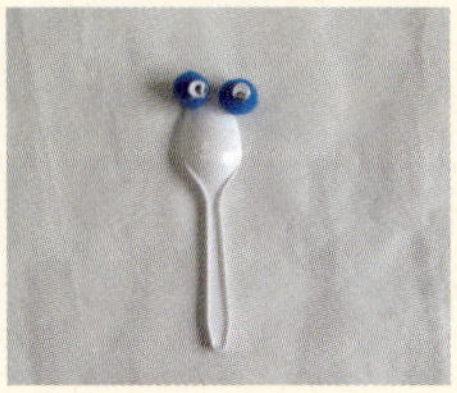

② 뽕뽕이 위에 인형 눈을 붙인다.

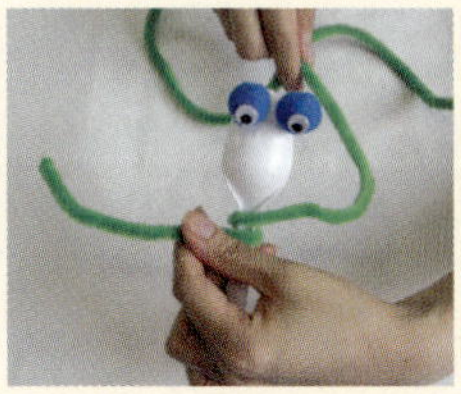

③ 초록색 모루를 이용하여 숟가락 부분을 말아서 몸통을 표현한다.

완 성

참고작품

기타 인형

참고작품

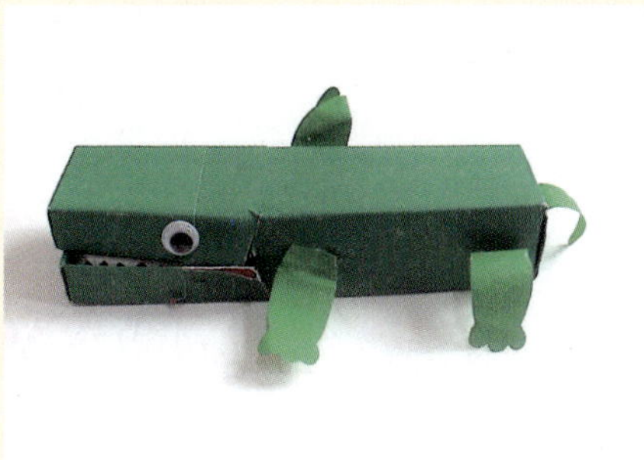

③ 모빌

종이 모빌 바다 속 풍경

관련주제 자연

활동목표

- 움직이는 모빌의 개념을 안다.
- 가위를 다양하게 사용해 볼 수 있다.
- 바닷속 모습을 상상할 수 있다.

활동자료

- 색상지, 색종이, 가위, 오공본드, 연필

유의사항

- 바닷속 모습을 상상해보고 모빌을 구성한다.
- 색지를 달팽이 모양으로 오릴 때 균형 잡히게 오린다.
- 낚싯줄을 이어서 벽에 장식할 수 있다.
- 다양한 주제로 만들 수 있다(꽃동산, 공룡 나라, 동물원, 내가 좋아하는 음식 등).

활동방법

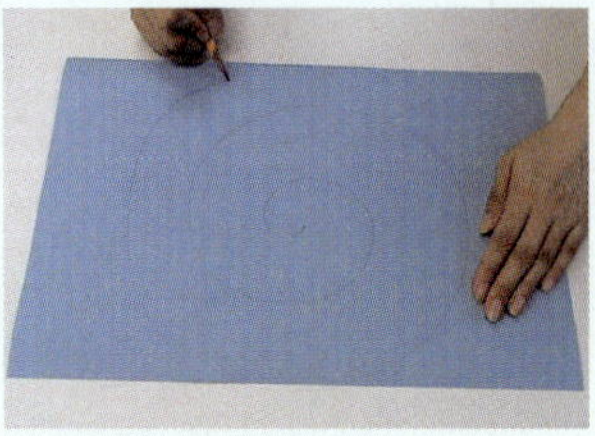

① 색지에 원 중심을 잡고 @와 같이 달팽이 모양으로 원을 그린다.

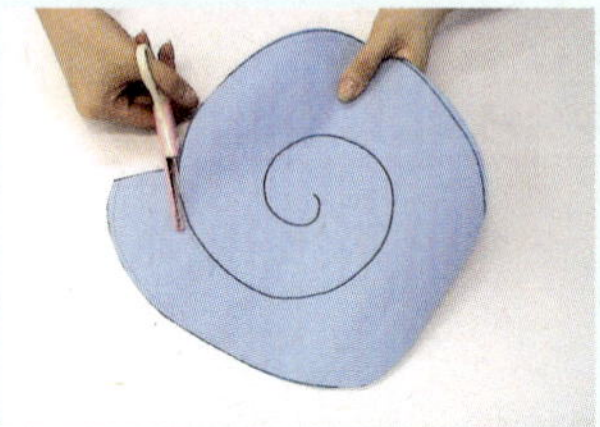

② 원을 따라 가위로 오려 나간다.

③ 색종이로 물고기 몸을 만든다.

④ 색종이로 물고기 무늬를 만든다.

⑤ 물고기를 달팽이 모양으로 오린 종이의 적절한 위치에 나누어 붙인다.

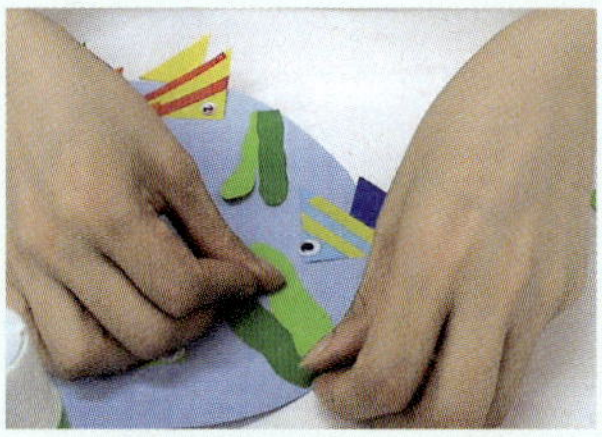

⑥ 초록색 색종이로 물풀을 만들어 붙인다.

완성 1

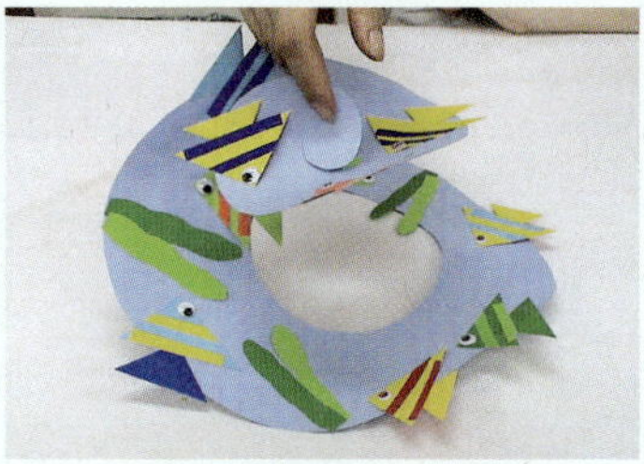

완성 2

참고작품

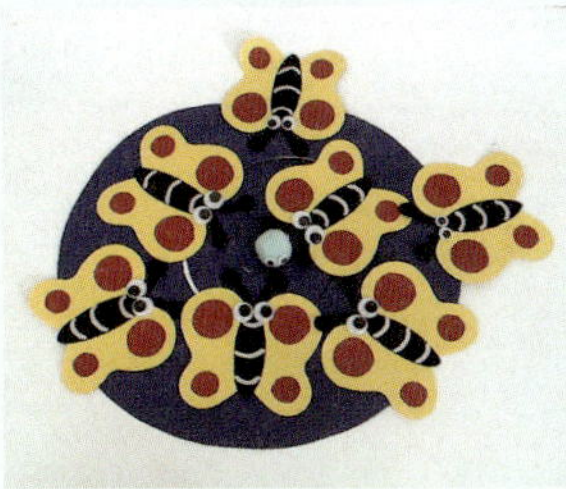

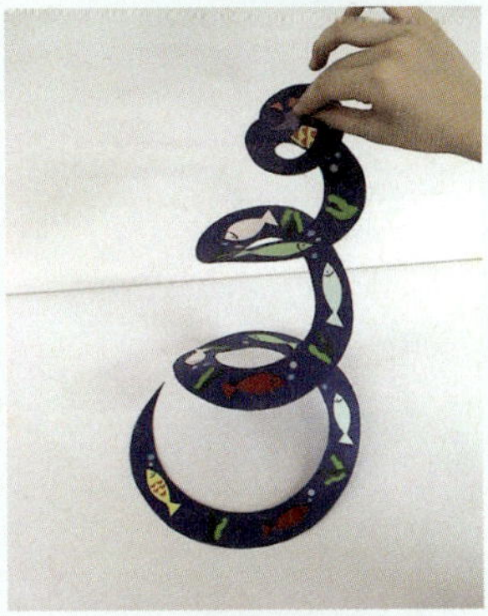

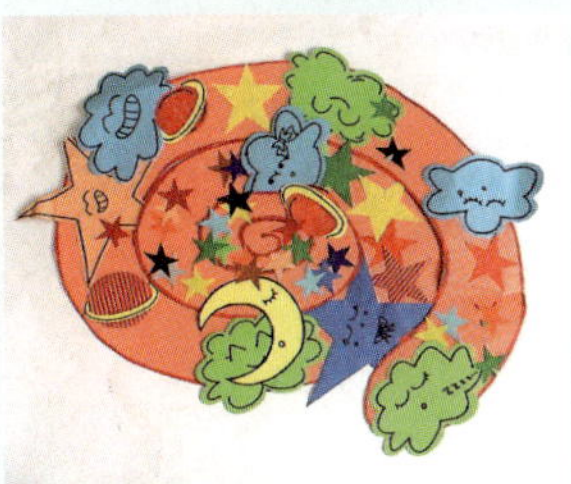

뿅뿅이 모빌

애벌레

관련주제 곤충

활동목표

→ 움직이는 모빌의 개념을 알 수 있다.
→ 색감을 기를 수 있다.
→ 곤충의 성장 과정을 알 수 있다.

활동자료

→ 뿅뿅이, 인형 눈, 낚싯줄, 색빨대, 옷걸이, 바늘, 오공본드, 가위

유의사항

→ 애벌레에 대한 성장 과정에 대해 이야기 나눈다.
→ 옷걸이를 벽에 걸어서 전시 효과를 준다.
→ 바늘을 사용할 때에는 교사가 도와준다.

활동방법

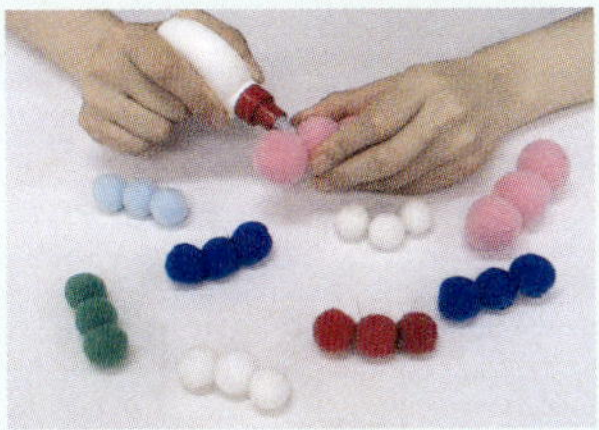

① 애벌레를 만들기 위해 뽕뽕이 3개를 오공본드로 이어붙인다.

② 인형 눈을 붙인다.

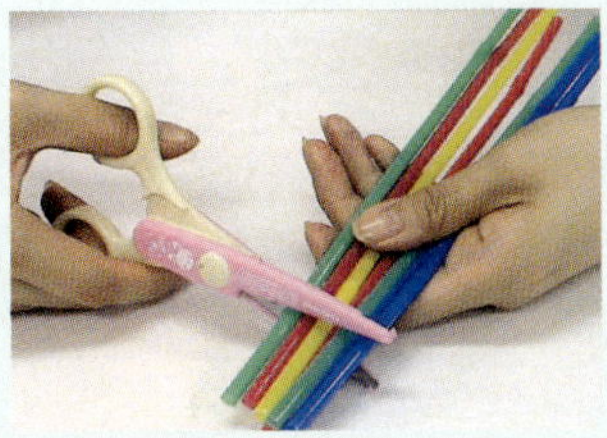

③ 빨대를 3cm 간격으로 자른다.

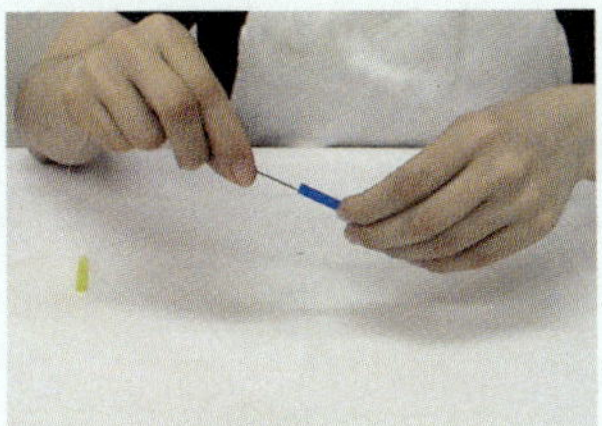

④ 낚싯줄에 빨대를 다른 색깔들로 번갈아 끼운다.

⑤ 마지막에 뽕뽕이를 끼운다.

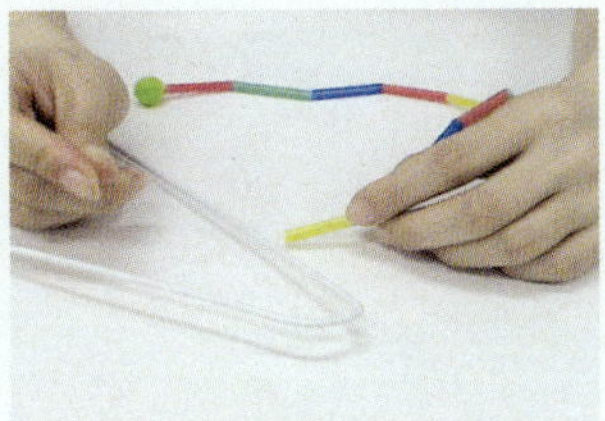

⑥ 옷걸이에 빨대 줄을 매단다.

⑦ 애벌레의 중앙에 낚싯줄을 끼운다.

⑧ 옷걸이에 낚싯줄을 묶어서 애벌레를 매달아 모빌을 완성한다.

참고작품

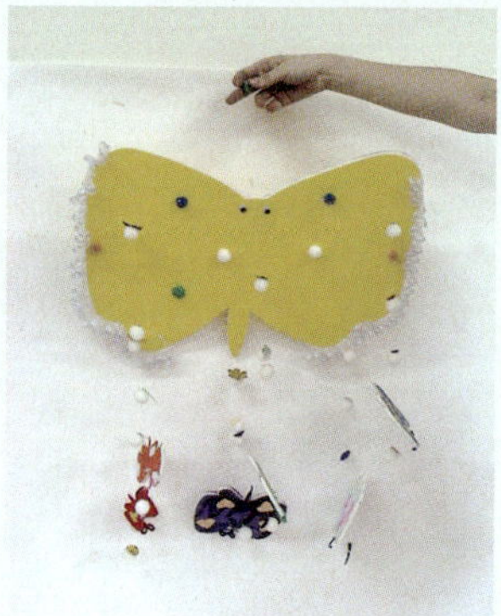

모루 모빌

곤충나라

관련주제 곤충

활동목표

- 모루를 이용하여 여러 가지 표현을 할 수 있다.
- 자연 속에 사는 다양한 곤충을 안다.

활동자료

- 모루, 가위, 인형 눈, 낚싯줄, 옷걸이, 바늘, 오공본드

유의사항

- 다양한 곤충을 구상해 본다.
- 옷걸이를 벽에 걸어서 전시 효과를 준다.

활동방법

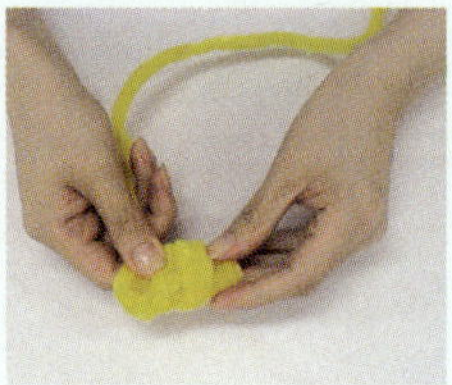

① 노란색 모루를 동그랗게 말아서 몸통을 만든다..

② 만든 몸통 위에 검은색 모루를 감아 벌을 만든 후 인형 눈을 붙여 완성한다..

③ 분홍색 모루를 감아서 나비 모양을 만든다.

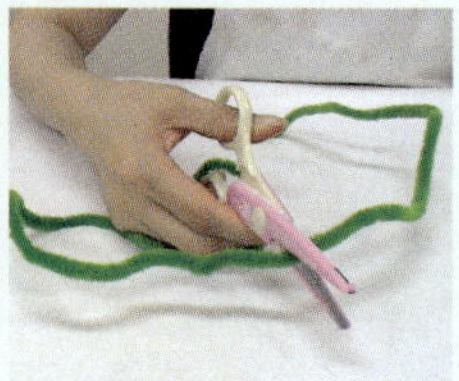

④ 녹색 모루를 말아서 인형 눈을 붙여 애벌레를 만든다.

⑤ 녹색 스티로폼에 애벌레를 붙인다.

⑥ 다양한 종류의 곤충을 만든다.

⑦ 만든 곤충을 옷걸이에 낚싯줄로 매단다.

참고작품

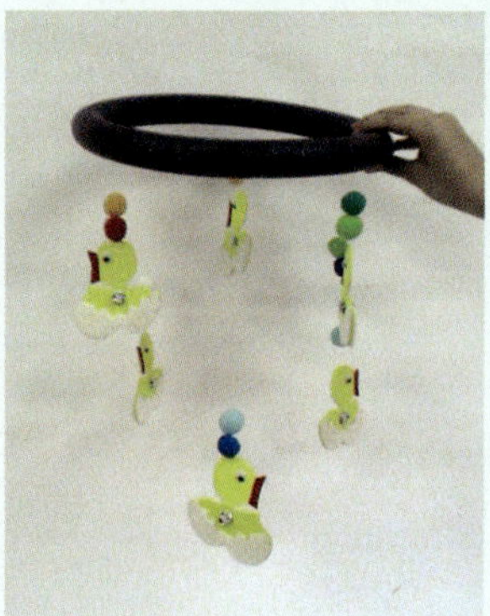

수수깡 모빌

꽃 밭

관련주제 자연

활동목표

- 수수깡을 이용하여 만들기를 할 수 있다.
- 여러 종류의 꽃을 표현할 수 있다.

활동자료

- 수수깡, 가위, 칼, 낚싯줄, 바늘, 오공본드

유의사항

- 유아들은 꽃을 만들기 어려울 수 있으므로 수수깡을 자르게 한 후 끝부분에 뽕뽕이를 붙여 달아준다.
- 수수깡을 칼로 자를 때 주의하도록 한다.
- 수수깡 사이의 빈 공간에 유아의 사진을 붙여 모빌 액자로 응용한다.

활동방법

① 수수깡 윗부분을 길게 어슷썰기 하여 꽃의 줄기를 만든다.

② 꽃잎을 표현할 수수깡을 잘게 어슷썰기 한다.

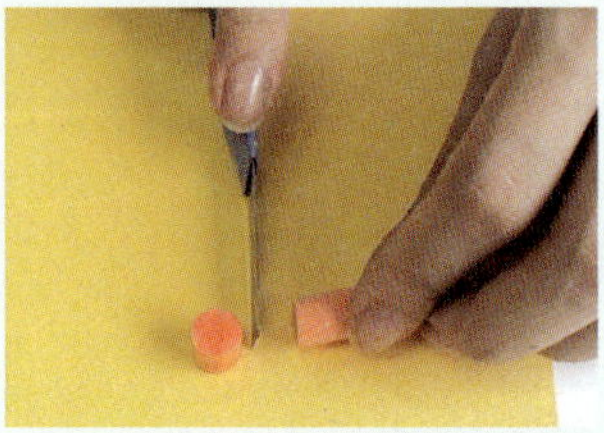

③ 다른 수수깡을 작은 원으로 자른다.

④ 작은 원 수수깡에 어슷썰기한 수수깡을 돌려가며 붙여서 꽃을 만든다.

⑤ 기다란 수수깡에 꽃을 하나씩 붙인다.

⑥ 낚싯줄을 수수깡에 연결한다.

완성

참고작품

기타
모빌

참고작품

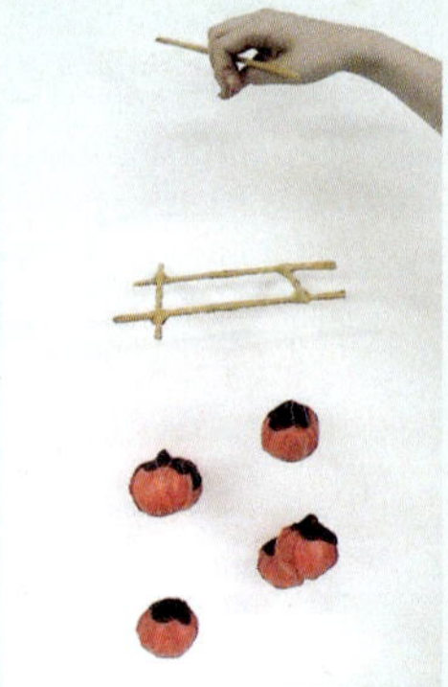

생활 용품

젓가락 받침대

관련주제 나와 가족

활동목표

- 젓가락 받침대의 기능을 안다.
- 지점토의 성질에 대해 안다.
- 자신의 생각을 표현하는 능력을 기른다.

활동자료

- 지점토, 한지 색종이, 낚싯줄, 여러 가지 펄 가루, 줄 구슬, 여러 종류의 비즈, 지점토 래커, 5조 도구, 오공본드

유의사항

- 지점토 래커를 뿌리면 지점토가 깨지지 않고, 오래 보존할 수 있다.
- 래커는 교사가 뿌려준다.

활동방법

① 지점토를 주물러 긴 직사각형이 되도록 만든다.

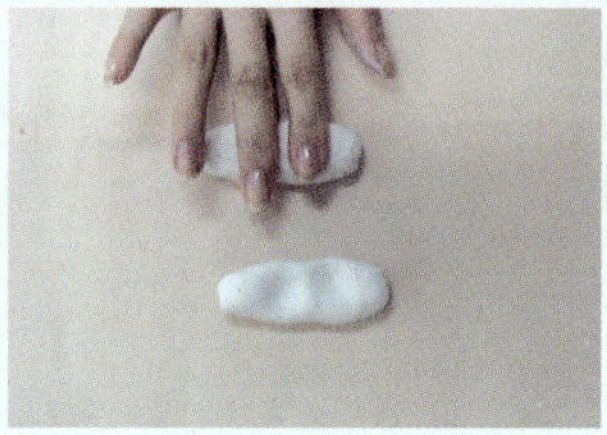

② 두 개의 손가락으로 젓가락이 놓여지는 자리를 꾹 눌러준다.

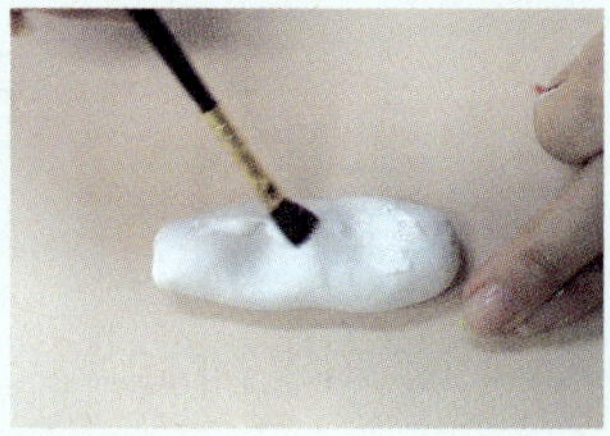

③ 오공본드는 붓으로 펴 바른다.

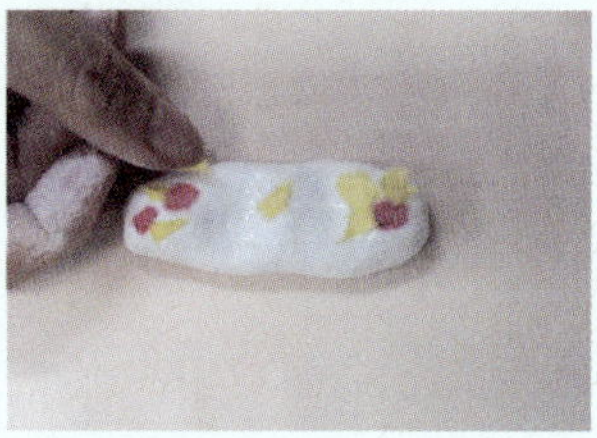

④ 붉은색 한지 색종이와 노란색 한지 색종이를 손으로 자른 후 붙인다.

⑤ 초록색 한지 색종이를 이용해 나뭇잎 모양을 만든다.

⑥ 말린 후 지점토 래커를 뿌린다.

완 성

참고작품

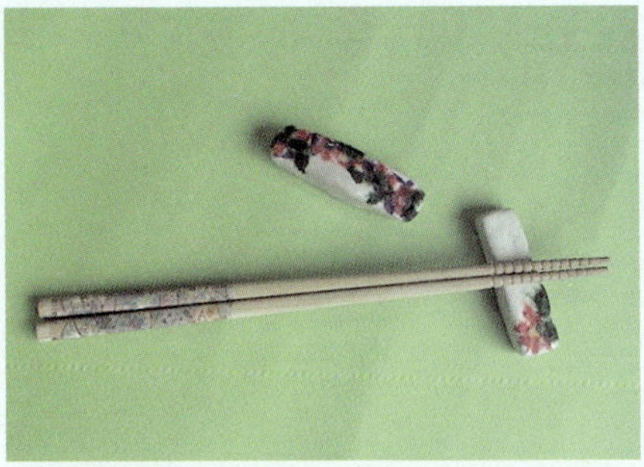

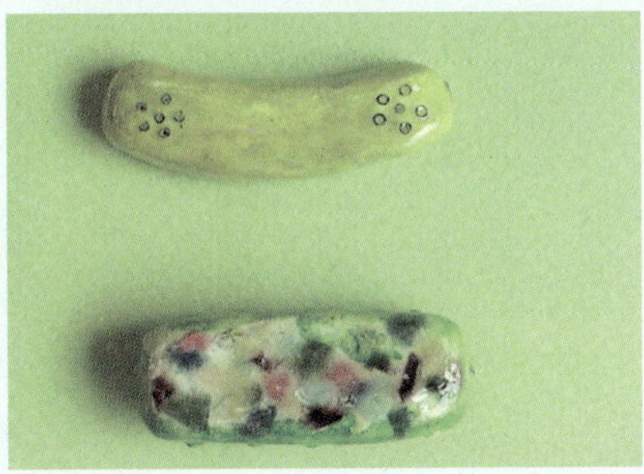

액세서리

나뭇잎 옷핀

관련주제 자연

활동목표

→ 냉장고 자석의 용도를 안다.

→ 달맞이꽃의 생김새에 대해 안다.

활동자료

→ 지점토, 한지 색종이, 5조 도구, 여러 가지 펄 가루, 줄 구슬, 여러 종류의 비즈, 동그란 자석, 글루건, 지점토 래커, 오공본드, 순간 접착제

유의사항

→ 지점토가 다 마른 후에 옷핀을 붙여야 옷핀이 떨어지지 않는다.

→ 교사는 유아가 옷핀을 붙일 때 오공본드나 순간 접착제로 붙이는 것을 도와준다.

활동방법

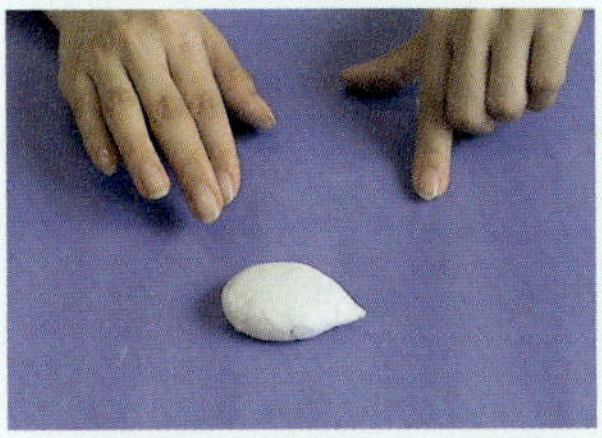

① 지점토를 주물러 나뭇잎 모양을 만든다.

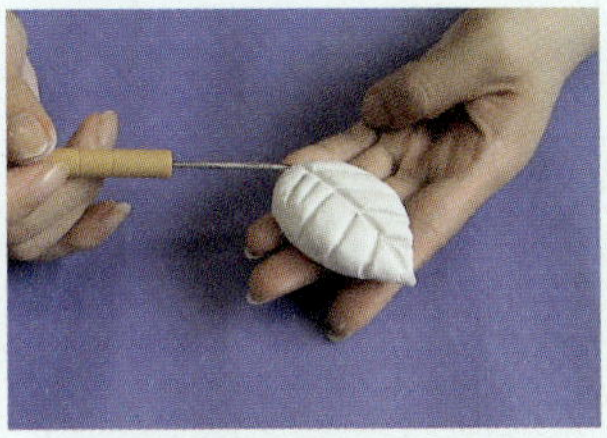

② 5조 도구로 나뭇잎 모양을 낸다.

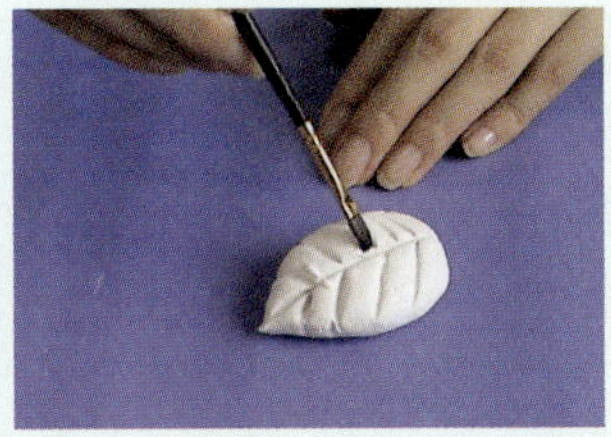

③ 오공본드를 붓으로 펴 바른다.

④ 녹색 비즈를 나뭇잎 모양을 낸 틈새에 붙여준다.

⑤ 지점토를 말린 후 지점토 래커를 뿌린다.

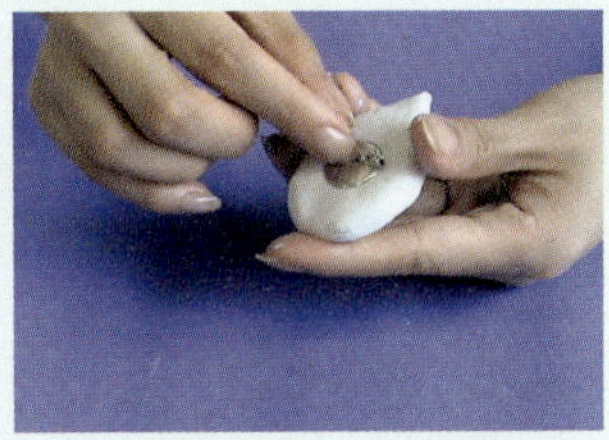

⑥ 래커가 다 마르면 뒷면에 오공본드나 순간 접착제로 옷핀을 붙인다.

완 성

참고작품

액세서리 달맞이 꽃 자석

련주제 자연

활동목표

- 냉장고 자석의 용도를 안다.
- 달맞이꽃의 생김새에 대해 안다.

활동자료

- 지점토, 한지 색종이, 5조 도구, 여러 가지 펄 가루, 줄 구슬, 여러 종류의 비즈, 동그란 자석, 글루건, 지점토 래커, 오공본드, 순간 접착제

유의사항

- 지점토가 다 마른 후에 자석을 붙여야 자석이 떨어지지 않는다.
- 유아가 옷핀을 붙일 때 오공본드나 순간 접착제로 붙이는 것을 도와준다.
- 래커를 뿌릴 때는 30cm 정도 떨어져서 뿌린다.

활동방법

① 지점토를 주물러 동그랗게 만든다.

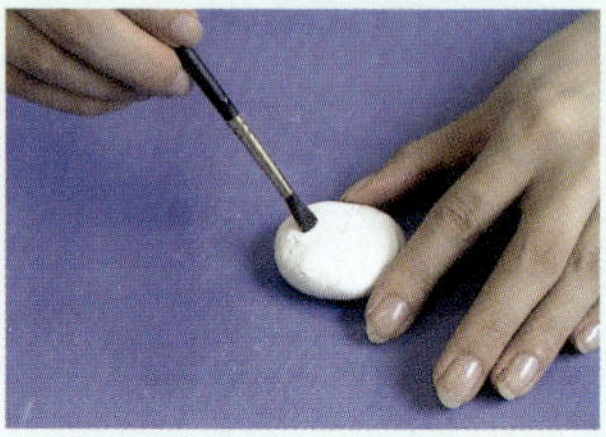

② 오공본드를 붓으로 펴 바른다.

③ 보라색 비즈를 붙인다.

④ 진보라색으로 테두리를 두른다

⑤ 녹색으로 줄기를 만들어 붙인다.

⑥ 지점토를 말린 후 지점토 래커를 뿌린다.

⑦ 래커가 다 마르면 뒷면에 오공본드나 순간 접착제로 자석을 붙인다.

완 성

참고작품

액자 만들기

꽃바구니

관련주제 환경

활동목표

→ 찰흙의 특징을 안다.

→ 찰흙의 촉감을 느낄 수 있다.

→ 찰흙으로 다양한 모양을 만들 수 있음을 안다.

활동자료

→ 찰흙 칼, 물통, 붓, 아크릴 물감, 신문지, 찰흙 도구, 밀대

유의사항

→ 찰흙이 신문지나 밀대에 잘 달라 붙으므로 조심해서 사용한다.

→ 교사는 소량의 찰흙을 물에 개어 찰흙풀을 만들어 준다. 찰흙풀은 찰흙에 세부적인 것을 붙일 때 사용하면 잘 떨어지지 않아 좋다.

활동방법

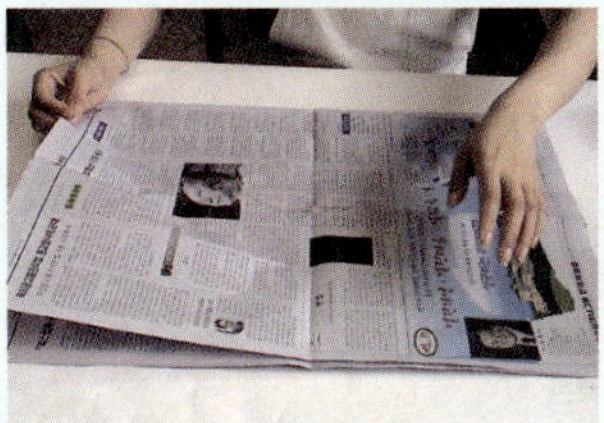

① 신문지를 펴 놓는다.

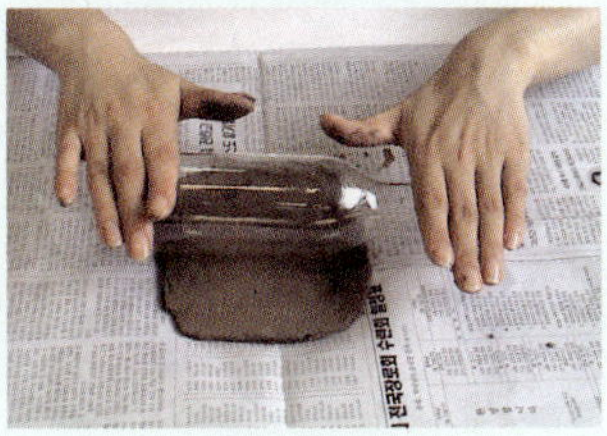

② 신문지 위에 찰흙을 놓은 뒤, 밀대로 밀어준다.

③ 찰흙 칼로 직사각형의 모양을 만들어 준다.

④ 자투리로 남은 찰흙을 모아서 액자 테두리를 만든다.

⑤ 찰흙을 물에 풀어 찰흙풀을 만든다.

⑥ 테두리를 붙일 부분에 찰흙풀을 발라 준다.

⑦ 풀을 바른 곳 위에 테두리를 붙여 준다.

⑧ 테두리를 다 붙인 후 다듬어 준다.

⑨ 그 위에 꽃과 바구니를 만들어 준다.

⑩ 빨대에 물을 묻힌 후 액자 윗부분에 위에서 아래로 빨대를 돌리면서 꽂아 구멍을 뚫어준다.

⑪ 찰흙이 마른 뒤 물감을 칠한다.

⑫ 노끈을 잘라서 액자 위에 뚫은 구멍에 끼운다.

⑬ 노끈을 묶어 완성한다.

완 성

참고작품

사람 얼굴 만들기 민경이 얼굴

관련주제 가족

활동목표

→ 얼굴의 생김새에 대해 안다.

→ 자신의 생각을 표현해 본다.

→ 다양한 도구를 사용해 본다.

활동자료

→ 찰흙, 신문지, 밀대, 마늘 다지기, 고무 찰흙, 래커, 물통, 붓, 찰흙 도구

유의사항

→ 습기가 많은 찰흙을 평평하게 펼 때 신문지나 밀대에 붙지 않도록 조심해야 한다.

→ 마늘 다지기로 머리카락을 만들 때 유아가 스스로 사용해보도록 하여 도구 사용의 즐거움을 알 수 있도록 한다.

→ 완성된 작품은 래커를 뿌려준다.

활동방법

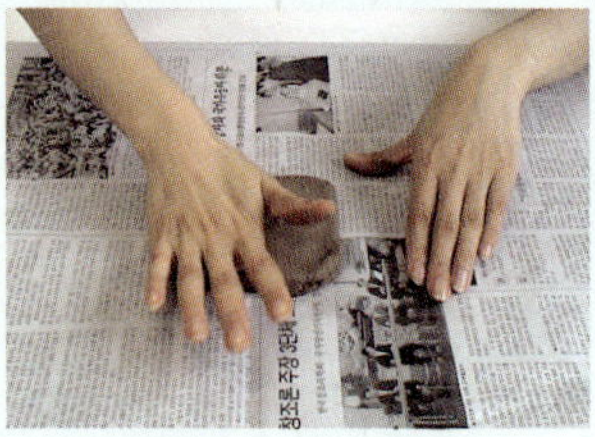

① 찰흙을 평평하게 만든다.

② 얼굴 모양대로 잘라준다.

③ 머리카락을 만들어 줄 때, 찰흙을 동그랗게 뭉쳐서 마늘다지기로 눌러 만들어 낸다.

④ 찰흙풀을 이용해 머리카락을 붙여 준다.

⑤ 고무 찰흙을 이용해 눈을 꾸며서 붙여 준다.

⑥ 빨간색 고무 찰흙으로 입을 꾸며서 붙여 준다.

⑦ 고무 찰흙으로 안경을 꾸며서 붙여 준다.

⑧ 고무 찰흙으로 코를 꾸며서 붙여 완성한다.

참고작품

석고 손 나의 손 I

관련주제 나의 몸

활동목표

- 석고라는 재료의 특성을 알아본다.
- 석고물을 이용하여 자신의 손을 똑같이 만들 수 있다.

활동자료

- 석고 가루, 찰흙, 그릇, 물통, 물, 래커, 일회용 스티로폼 그릇, 나무젓가락, 주걱

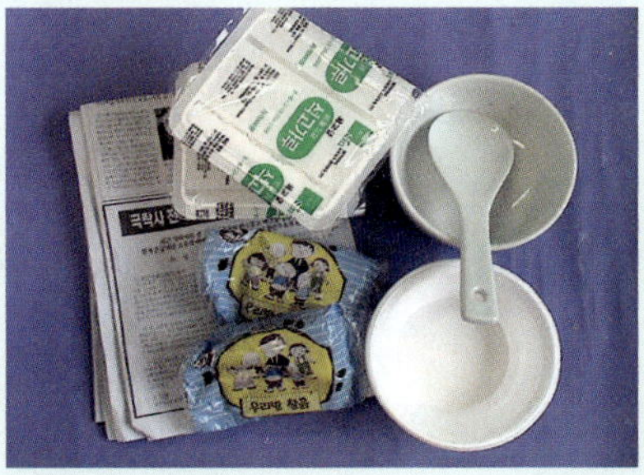

유의사항

- 찰흙을 펴주면서 돌이 있으면 뺀다.
- 주먹에 주변 찰흙을 잘 붙여주면서 후에 석고물을 넣을 것을 대비하여 주변을 평평하게 정리해 준다.
- 석고를 물에 풀 때는 석고 가루를 조금씩 넣어 주면서 나무젓가락으로 거품이 나지 않도록 풀어주고, 석고물이 굳기 전에 찰흙 틀에 붓는다.
- 완성 작품은 래커를 뿌려준다.
- 유아 스스로 작품에 이름을 써봄으로써 작품에 서명하는 것을 배운다.

활동방법

① 찰흙을 일회용 스티로폼 그릇에 평평하게 펴준다.

② 엄지손가락이 밖으로 나오게 주먹을 쥔 후, 힘을 주어 찰흙을 꾹 누른다.

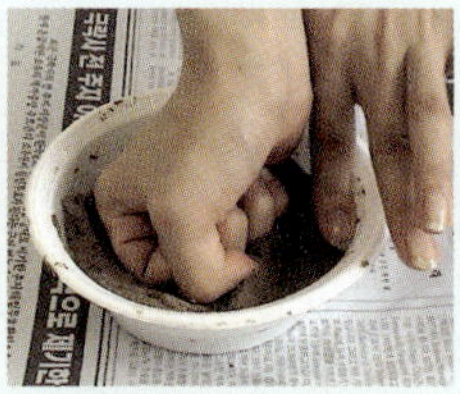
③ 주먹 주변의 찰흙들을 주먹에 붙여 준다.

④ 주변을 깨끗하게 정리해 준다.

⑤ 주먹을 뺀다.

⑥ 물을 그릇에 붓는다.

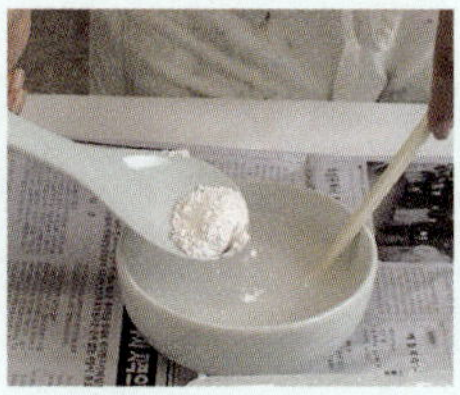
⑦ 물에 석고가루를 천천히 부으면서 나무 젓가락으로 젓는다.

⑧ 석고 가루가 잘 섞인 석고물을 찰흙 그릇 위에 부어 준다.

⑨ 석고물을 다 부은 뒤, 윗면을 평평하게 정리해 준다.

⑩ 석고가 굳기 전에 자신의 이름을 연필로 쓰도록 한다.

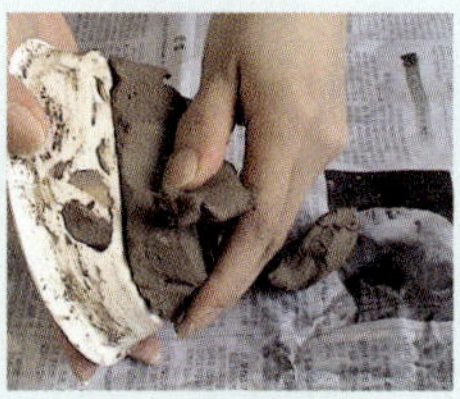
⑪ 석고가 다 굳으면 일회용 그릇을 찢고, 찰흙을 떼어낸다.

완 성

참고작품

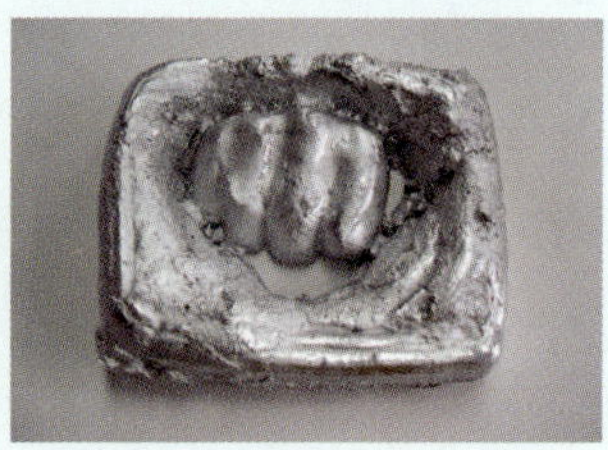

석고 손 나의 손 II

관련주제 나의 몸

활동목표

- 석고 붕대를 이용하여 만들기 하는 방법을 안다.
- 자신의 손 모양을 알 수 있다.
- 협동 작업의 즐거움을 안다.

활동자료

- 석고 붕대, 가위, 물, 물통, 래커

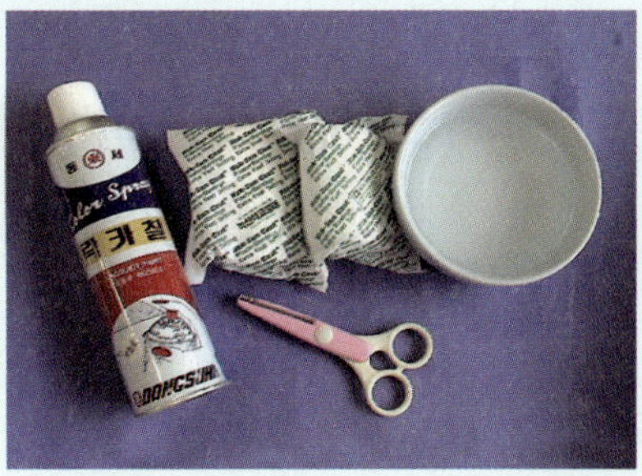

유의사항

- 봉투가 뜯어져 있는 석고 붕대는 석고가 공기 접촉으로 굳을 가능성이 있기 때문에 사용하지 않는 것이 좋다.
- 평상시에는 석고 붕대가 마르는 시간이 2~3분 정도 걸리나, 장마철에는 5분~10분 정도 걸린다.
- 완성작에 래커를 뿌려서 보관한다.

활동방법

① 석고 붕대를 1cm로 자른다.

② 석고 붕대에 물을 묻혀 석고를 풀어준다.

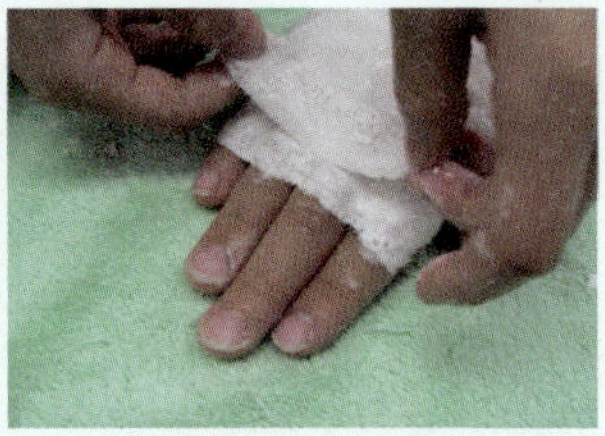

③ 석고를 풀어준 석고 붕대를 손등에 붙여준다.

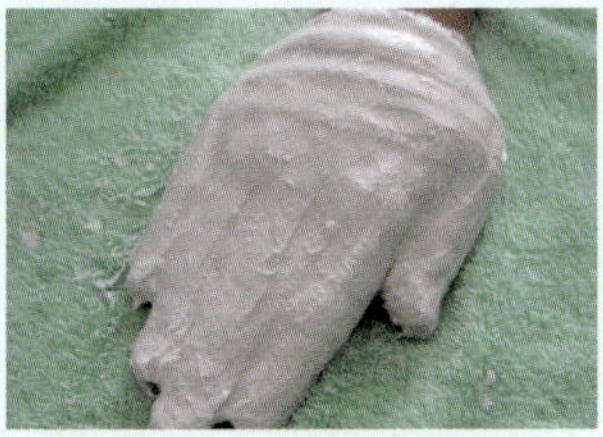

④ 석고 붕대를 붙일 때, 손의 윤곽을 만들어 주면서 붙인다.

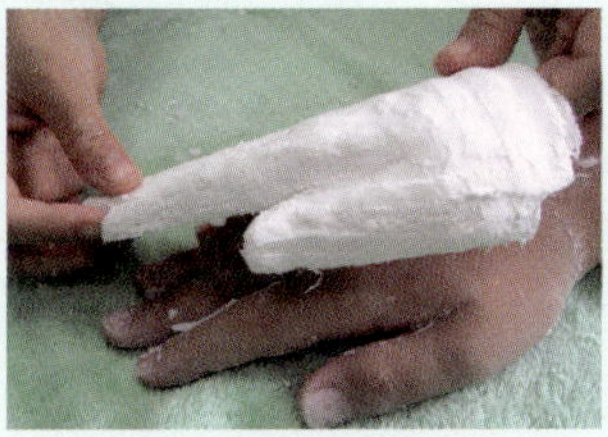

⑤ 석고 붕대가 마르면 손에서 뗀다.

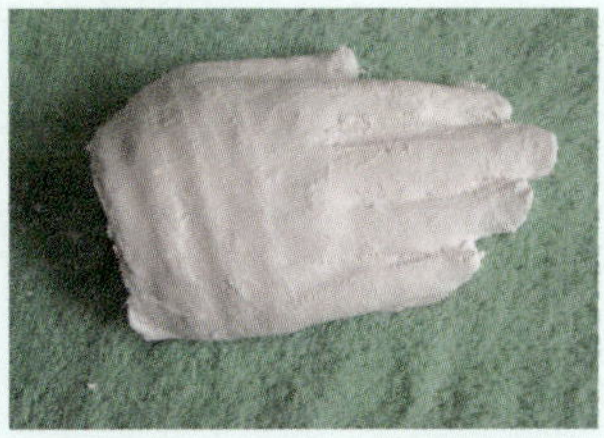

⑥ 석고 손을 다듬어서 완성한다.

참고작품

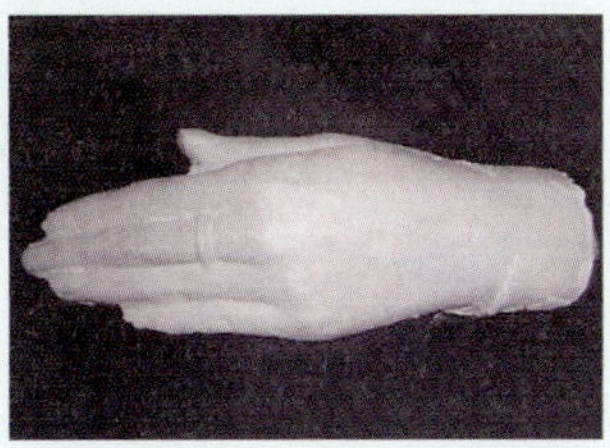

석고 얼굴 내 얼굴

관련주제 나

활동목표

- 석고 붕대를 이용하여 만들기 하는 방법을 안다.
- 자신의 얼굴 생김새에 대해 안다.
- 협동 작업의 즐거움을 통해 사회성을 기를 수 있다.

활동자료

- 석고 붕대, 가위, 물, 물통, 수건, 로션, 티슈

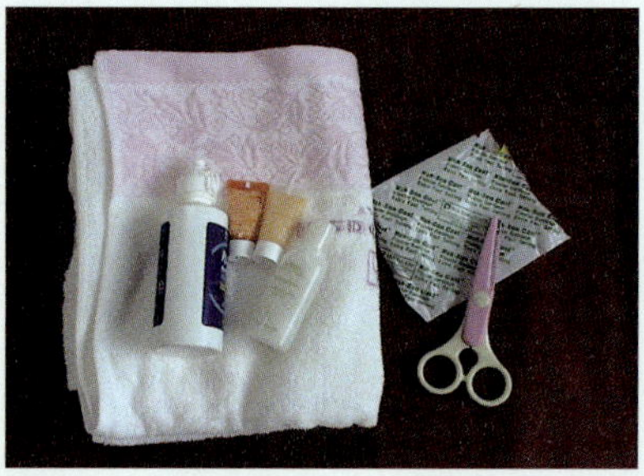

유의사항

- 석고 붕대를 붙이기 전에 머리카락 난 자리와 눈썹에 로션을 발라주면 석고를 뗄 때 아프지 않다.
- 눈 위에 티슈를 올려 놓으면 눈에 석고물이 들어가지 않는다.
- 완성된 석고 얼굴은 유아에게 아크릴 물감으로 색칠하도록 한다.
- 완성된 석고 얼굴을 이용해 가면놀이나 연극을 할 수 있다.

활동방법

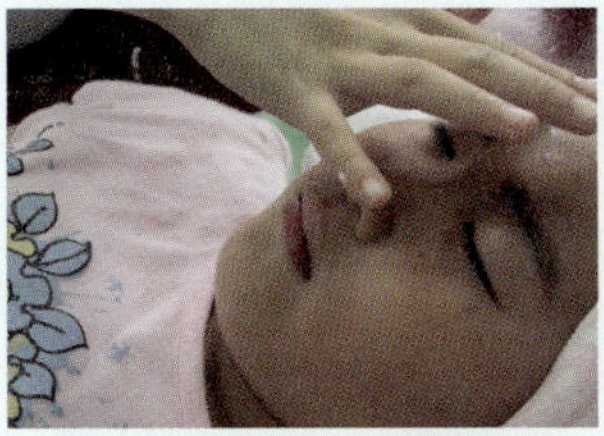

① 수건을 이용하여 머리를 감싼 뒤 얼굴에서 머리 밑이나 눈썹에 로션을 잘 발라준다.

② 석고 붕대를 1cm로 자른다.

③ 석고 붕대에 물을 묻혀 석고를 풀어준다.

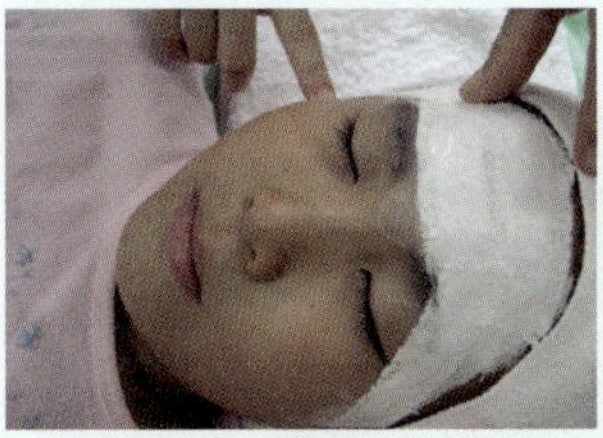

④ 석고를 풀어준 석고 붕대를 얼굴에 붙여준다.

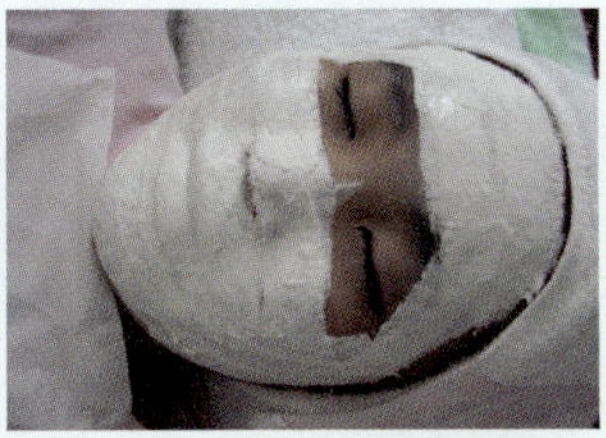

⑤ 석고 붕대를 붙일 때 얼굴의 윤곽을 만들어 주면서 한다.

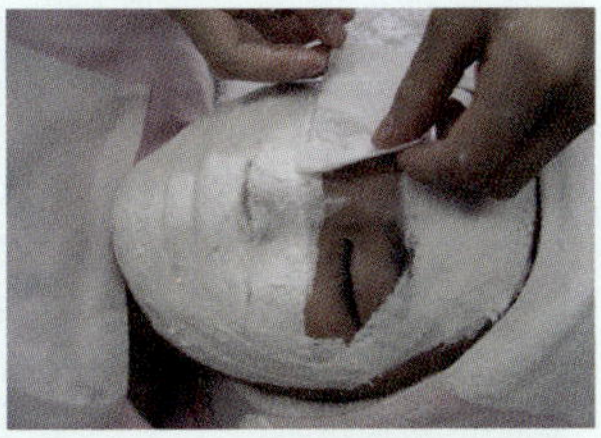

⑥ 눈 부분은 눈두덩 위에 티슈를 잘라 올려 놓은 후에 석고 붕대를 붙인다.

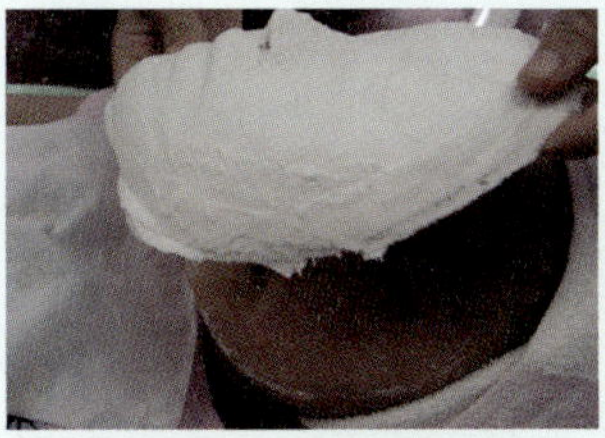

⑦ 석고 붕대가 마르면 조심스럽게 얼굴에서 뗀다.

⑧ 석고에 래커를 뿌려서 완성한다.

참고작품

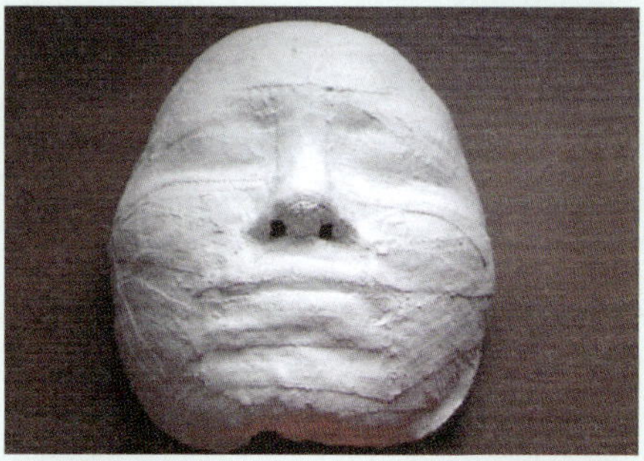

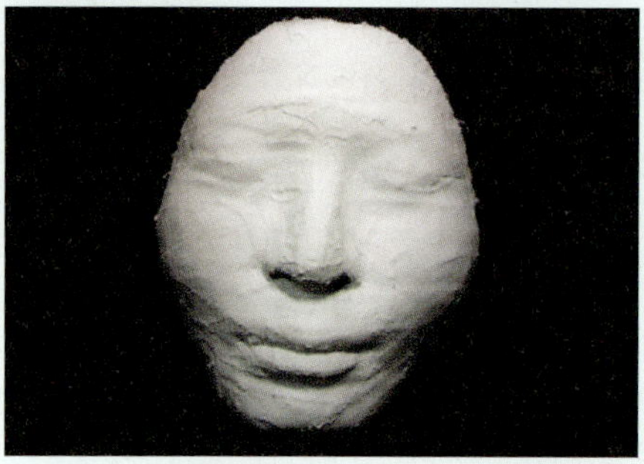

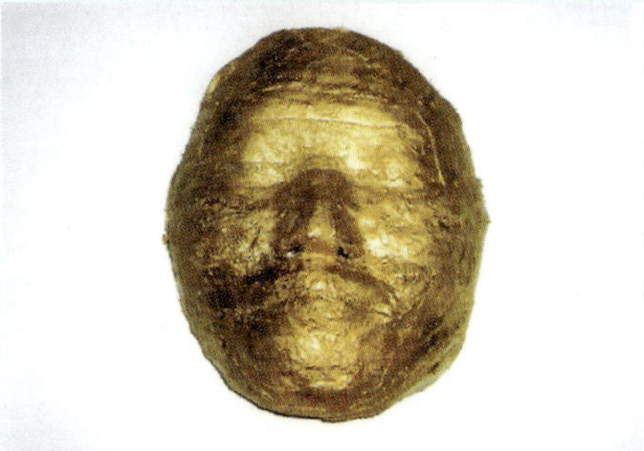

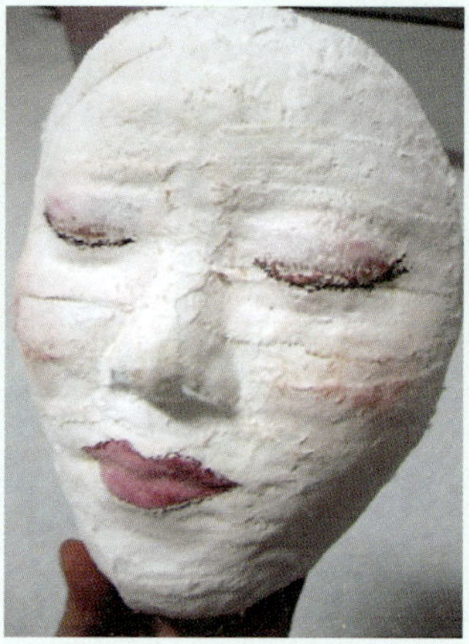

매직 클레이

다양한 과일

관련주제 음식

활동목표

→ 다양한 재료를 접해 본다.

→ 소근육을 발달을 돕는다.

→ 색의 혼합에 대해 알아본다.

활동자료

→ 매직 클레이, 5조 도구

유의사항

→ 원하는 색을 만들 때는 다른 색들을 혼합시켜 만들어 쓴다.

→ 색을 혼합시키면서 명도와 채도를 변화시킬 수 있다.

활동방법

사 과

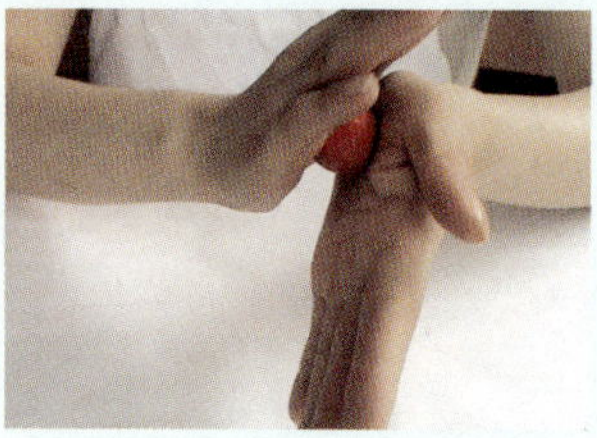

① 빨간색 클레이를 동그랗게 말아준다.

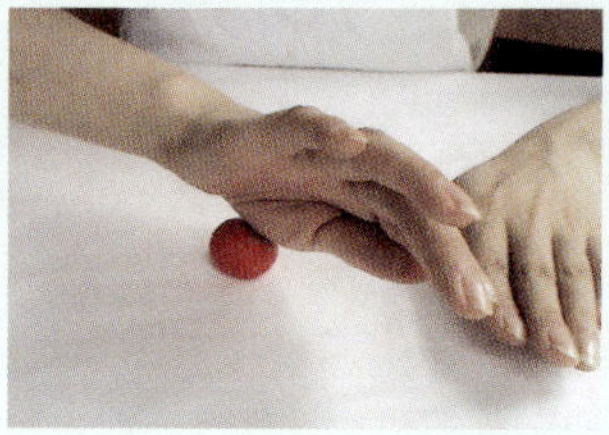

② 손바닥으로 평평한 원 모양을 만들어 준다.

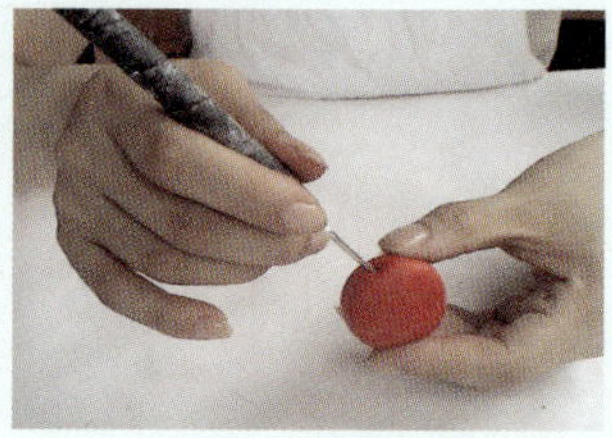

③ 5조 도구를 이용하여 원의 윗부분에 구멍을 내준다.

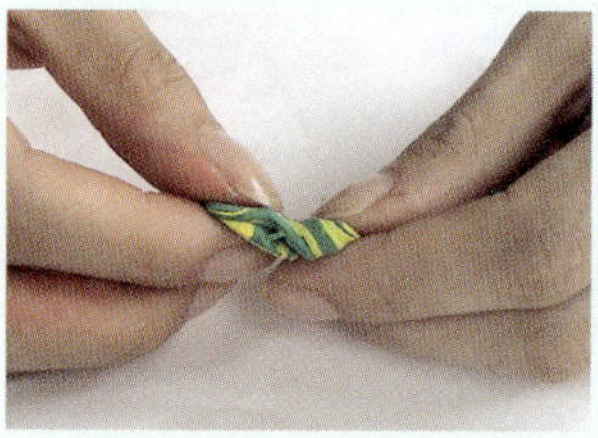

④ 매직 클레이의 초록색과 노란색을 섞어 연두색을 만든다.

⑤ 연두색 클레이로 원을 만들어서 끝부분을 살짝 밀어서 물방울 모양을 만든다.

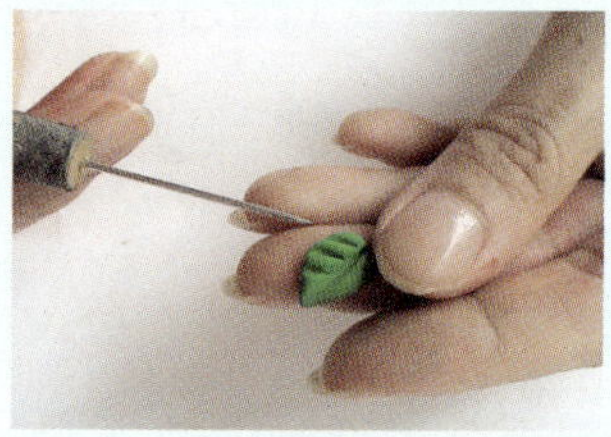

⑥ 5조 도구를 이용해서 잎사귀 모양을 만든다.

⑦ 꼭지 모양을 만들어, 사과의 윗부분 구멍에 붙여 사과꼭지를 만든다.

⑧ ⑥에서 만든 잎사귀를 사과꼭지 옆에 붙인다.

완 성

호 박

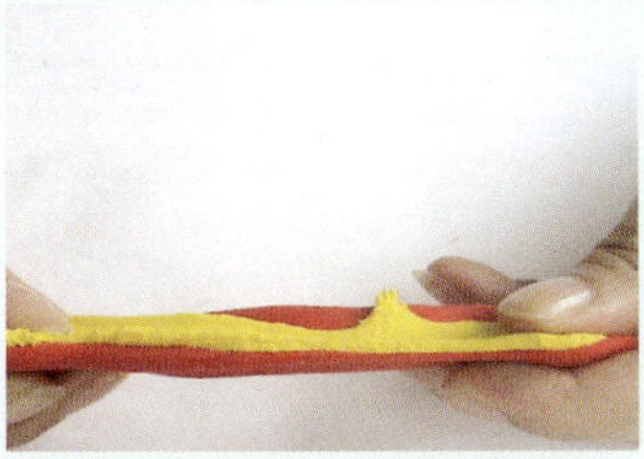

① 빨간색과 노란색 점토를 섞어서 주황색 점토를 만든다.

② ①에서 만든 주황색 점토로 원을 만든 다음 살짝 누른다.

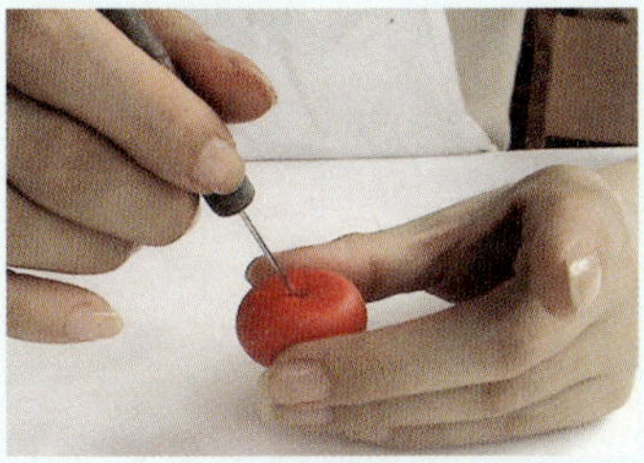

③ 원 가운데 구멍을 내준다.

④ 초록색 점토로 잎사귀를 만들어 ②의 점토에 붙인다.

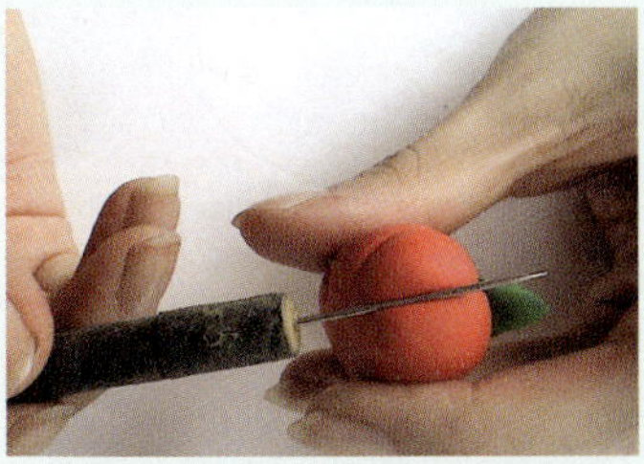

⑤ 5조 도구를 이용하여 주황색 클레이의 옆에 선을 그어 호박 모양을 만들어 준다.

완 성

참 외

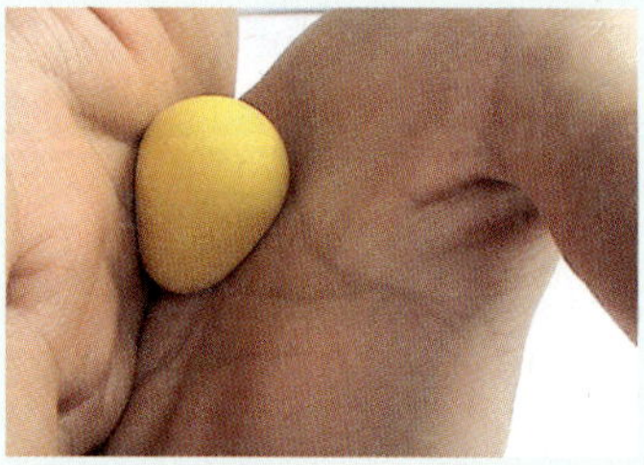

① 노란색을 손으로 굴려 물방울 모양으로 만든다.

② 물방울 모양의 위아래를 손으로 살짝 누른다.

③ 노란색 윗부분을 5조 도구로 구멍을 내준다.

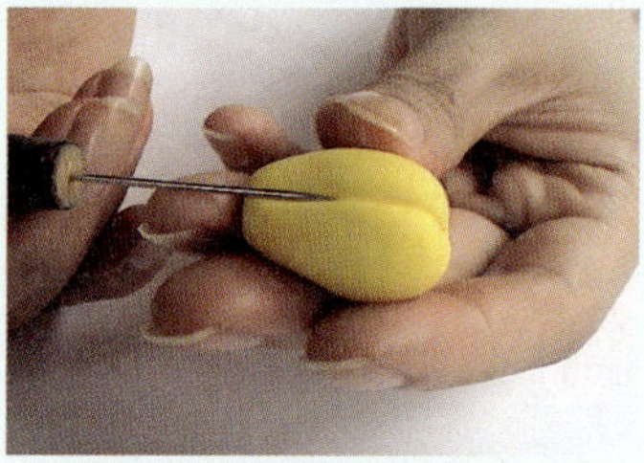

④ 5조 도구를 이용해 참외의 겉 부분을 눌러 모양을 만들어 준다.

⑤ 연두색으로 참외 줄기를 만들어 구멍에 끼운다.

완 성

참고작품

매직 클레이

브로치

관련주제 장신구

활동목표

→ 소근육 발달을 돕는다.

→ 창작의 즐거움을 안다.

→ 자신의 창작품을 실생활에 이용할 수 있다.

활동자료

→ 매직 클레이, 5조 도구, 브로치 틀, 순간 접착제

유의사항

→ 너무 많은 색을 섞으면 색이 어두워지므로 적당하게 색을 섞는다.

→ 다양한 틀을 구입해서 여러 가지 장식품을 유아 스스로 만들어 볼 수 있도록 하여 창작 동기를 부여한다.

활동방법

① 여러 가지 색의 매직 클레이를 섞어서 동그란 구를 만든다.

② 브로치 틀 위에 ①의 원을 펴서 붙인다.

③ 원 위에 하얀색으로 꽃잎을 만들어 붙여 완성한다.

참고작품

기타 점토 작품

참고작품

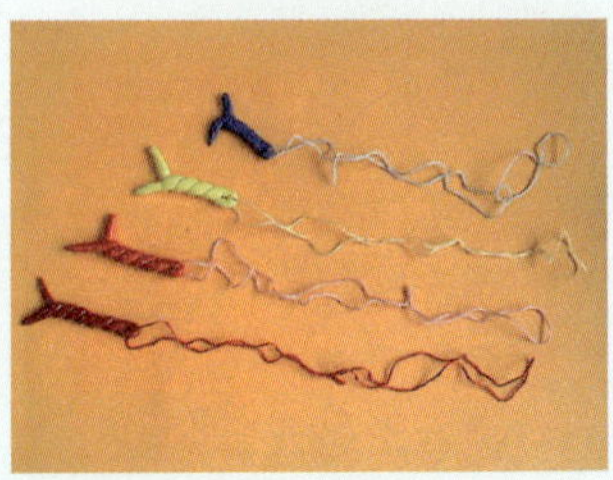

⑤
직조

종이 직조

반딧불

관련주제 곤충

활동목표

- 소근육 발달을 도와준다.
- 털실을 이용해 재미있는 표현 방법을 알아본다.
- 어울리는 색과 어울리지 않는 색의 차이를 알 수 있다.

활동자료

- 오공본드, 딱풀, 펀치, 크레파스, 털실, 직조 바늘, 색상지, 셀로판테이프, 가위, 두꺼운 도화지

유의사항

- 어린 유아의 경우에는 교사가 직조 바늘에 털실을 끼워준 후 사용하게 한다.
- 다양한 색의 크레파스를 사용하도록 권장한다.

활동방법

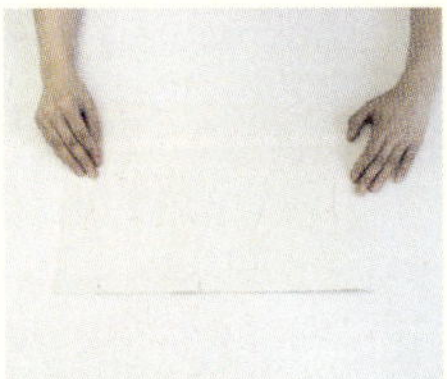

① 8절의 두꺼운 도화지를 준비한다.

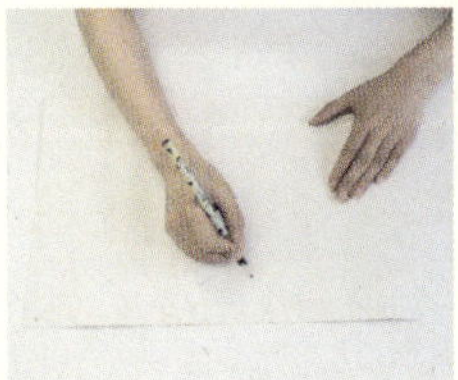

② 도화지에 동그라미를 그린다.

③ 모양을 오린다.

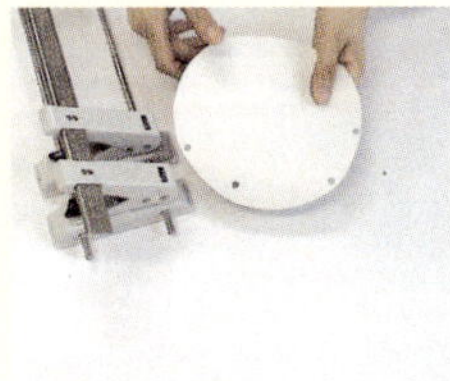

④ 펀치를 이용하여 두꺼운 도화지에 자유롭게 구멍을 만든다.

⑤ 원하는 색의 털실을 구멍의 뒤에서 앞으로 넣는다.

⑥ 다른 구멍으로 털실을 넣는다.

⑦ 뒷면에서 털실을 자른다.

⑧ 털실을 셀로판테이프로 고정시킨다.

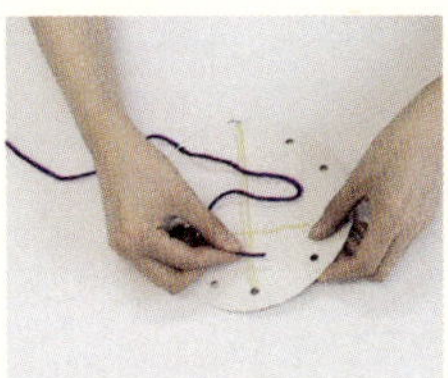

⑨ 다른 색 털실을 같은 방법으로 넣는다.

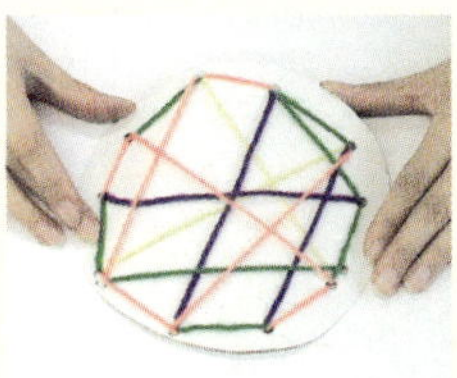

⑩ 여러 가지 털실을 원하는 형태로 이어준다.

⑪ 빈 공간을 크레파스로 칠해서 채워준다.

완 성

참고작품

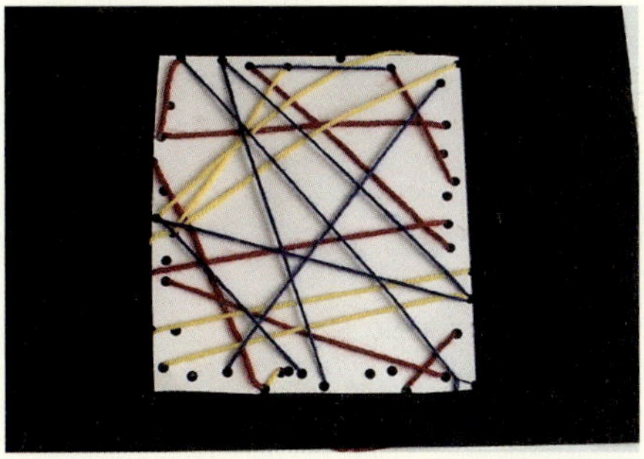

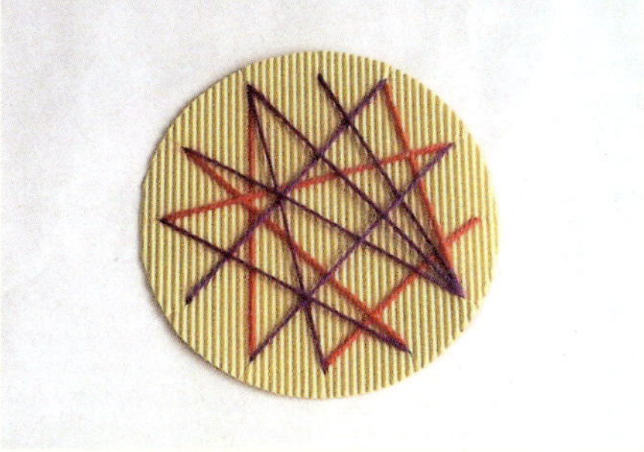

나무젓가락 직조

방패연

관련주제 우리나라

활동목표

→ 나무젓가락을 이용하여 직조하는 방법을 안다.

→ 규칙적인 반복에서 힘 조절하는 것을 배운다.

→ 규칙적인 반복에 의한 아름다움을 안다.

활동자료

→ 나무젓가락, 가위, 털실, 셀로판테이프, 오공본드, 뽕뽕이

유의사항

→ 유아들에게는 매듭짓기가 어려울 수 있으므로 셀로판테이프로 붙이면 손쉽게 할 수 있다.

활동방법

① 나무젓가락을 십(十)자 모양으로 교차시킨다.

② 셀로판테이프로 교차시킨 나무젓가락의 가운데를 고정시킨다.

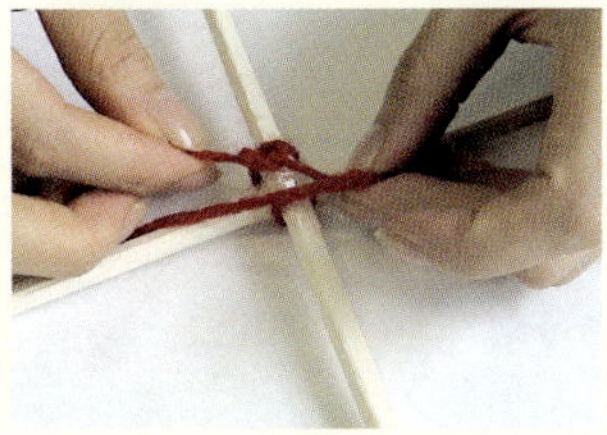

③ 빨간색 털실로 셀로판테이프로 붙인 가운데를 감아주어 매듭을 짓는다.

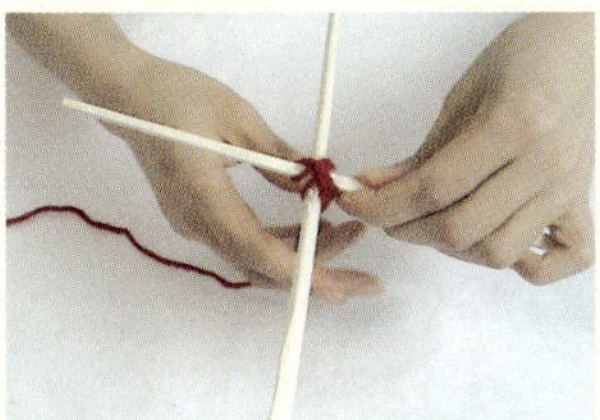

④ 테이프가 보이지 않도록 대각선 방향으로 돌려주면서 털실을 감아준다.

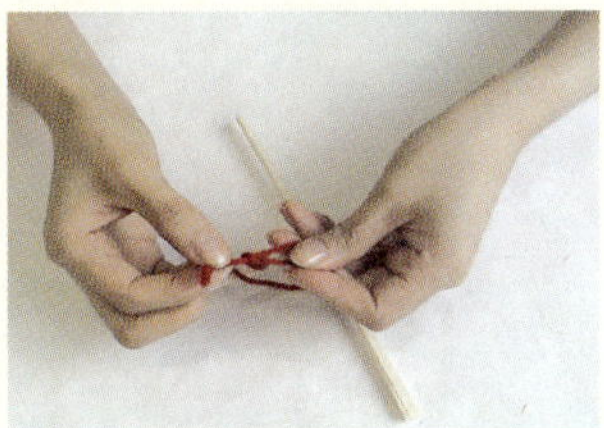

⑤ 털실이 짧아졌으면 다른 털실과 연결하여 묶어준다.

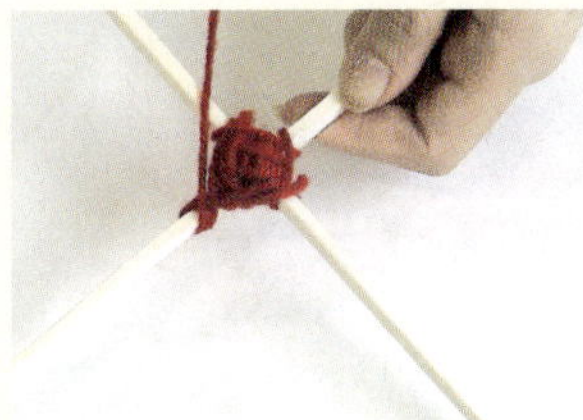

⑥ 털실을 몸 앞쪽으로 잡아당긴다.

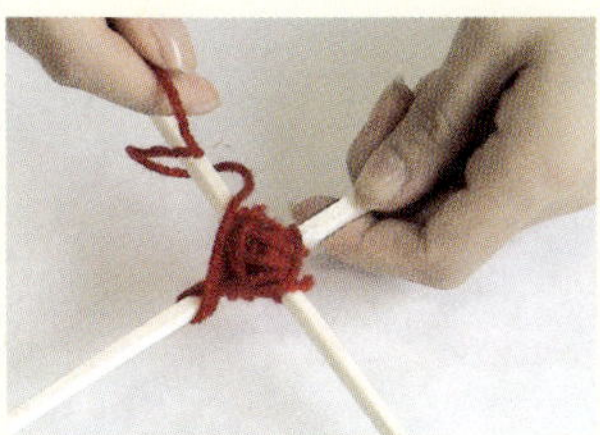

⑦ 밑으로 내려 뒤쪽으로 돌려준다.

⑧ 다시 위로 나온 털실을 다음 나무젓가락 위로 보내어 ⑥, ⑦번과 같은 방법으로 돌려준다.

⑨ 한 가지 털실이 끝나면 매듭지어 다른 색으로 바꾸어 주기도 한다.

⑩ 이와 같은 방법으로 털실을 나무젓가락 끝까지 돌려준다.

⑪ 마무리할 때는 직조를 짰던 털실을 나무젓가락에 묶는다(유아들은 셀로판테이프로 붙여도 좋다).

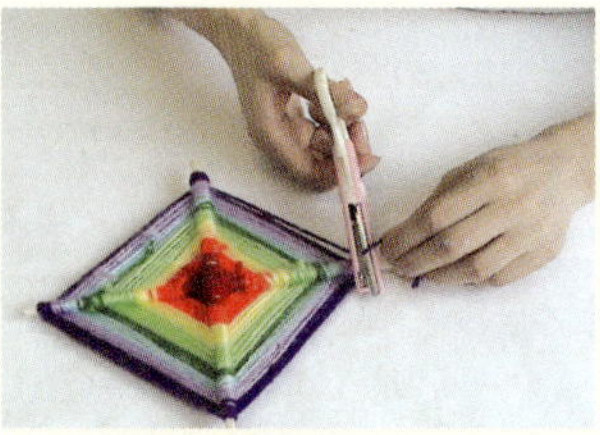

⑫ 튀어나온 털실들을 가위로 정리한다.

⑬ 뽕뽕이를 나무젓가락 끝에 붙여 마무리 한다.

완 성

참고작품

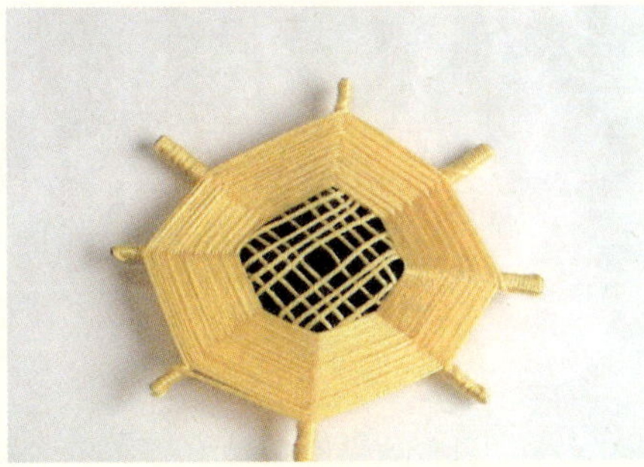

베틀 직조

예쁜 내 얼굴

관련주제 신체

활동목표

- 소근육 발달을 돕는다.
- 날실(세로 줄)과 씨실(가로 줄)의 연결에 의해 천이 짜여지는 원리를 이해한다.
- 반복되는 작업이므로 산만한 유아에게는 차분함을 길러줄 수 있다.

활동자료

- 다양한 일회용 접시, 털실, 직조 바늘, 가위, 종이 테이프, 양면 테이프, 오공 본드, 칼, 연필

유의사항

- 유아의 경우 칼 작업은 교사가 도와준다(유아들에게 밑그림을 먼저 그리게 하고, 교사가 잘라준다).
- 주제와 맞는 직조를 한다.

활동방법

① 일회용 접시 뒤에 연필로 밑그림을 그린다.

② 칼을 이용해 밑그림 대로 자른다.

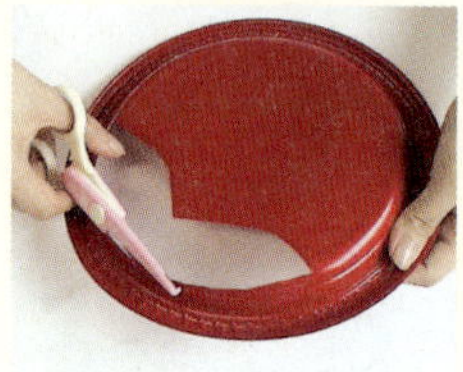

③ 가위로 뾰족하게 튀어 나온 곳을 다듬는다.

④ 검은색 털실을 일정한 크기 이상으로 자른다.

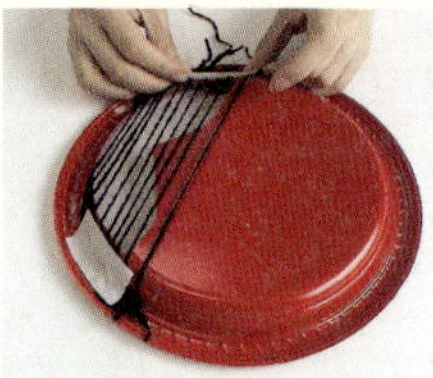

⑤ 양면 테이프를 가장자리에 붙인 뒤, 자른 검은 실을 가로로 반듯이 놓아 고정시키고, 종이 테이프를 그 위에 붙인다.

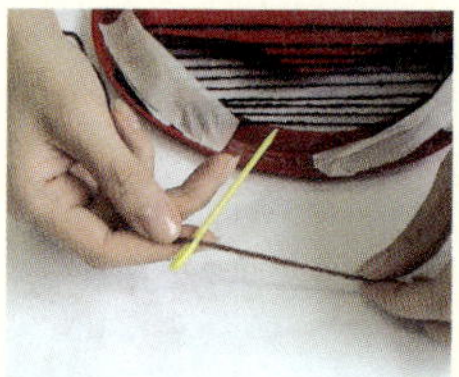

⑥ 갈색 털실을 직조 바늘에 끼운다.

⑦ 바늘을 왔다 갔다 하면서 교차시킨다. ⑤와 마찬가지로 가장자리에 양면 테이프를 붙여서 털실을 고정할 수 있도록 한다.

⑧ 가위로 마지막 털실을 잘라준다.

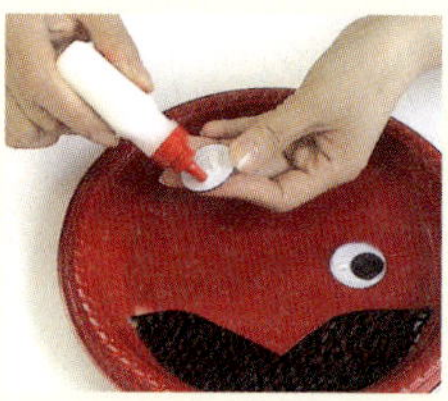

⑨ 인형의 눈을 붙인다.

⑩ 뽕뽕이로 코를 만들어 붙인다.

완 성

참고작품

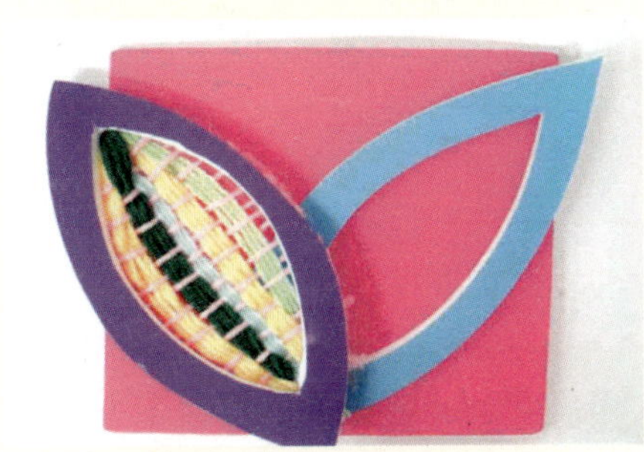

빨대 직조

팔찌

관련주제 장신구

활동목표

- 소근육 발달을 돕는다.
- 다양한 직조 방법을 안다.
- 천이 짜여지는 과정을 안다.

활동자료

- 다양한 색의 털실, 직조 바늘, 색빨대, 가위, 셀로판테이프

유의사항

- 색빨대에 털실을 미리 끼우지 않고 나중에 직조가 완성된 후 끼워도 된다.
- 털실을 빨대에 묶을 때 교사가 도와주도록 한다.

활동방법

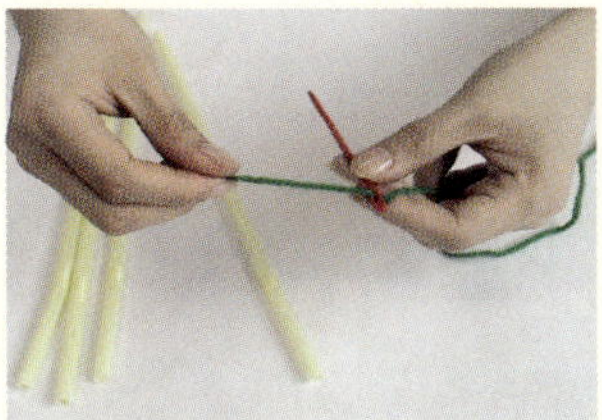

① 빨대의 길이보다 길게 자른 털실을 직조 비늘에 끼운다.

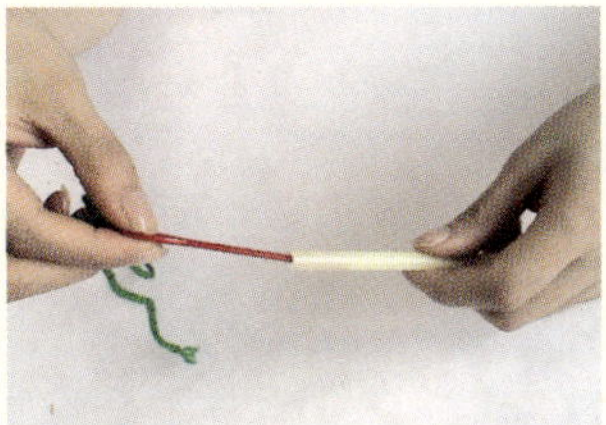

② 직조 바늘을 색빨대에 끼워 통과시킨다

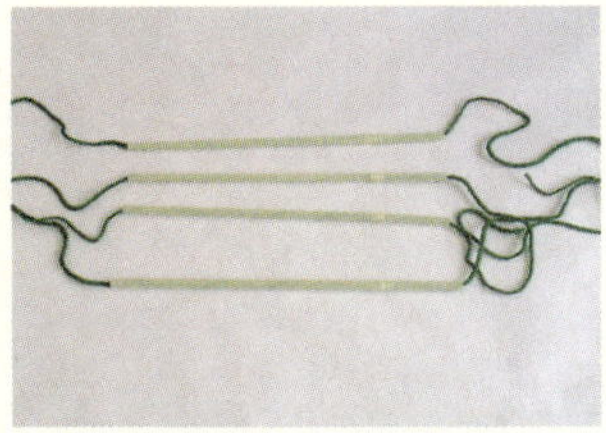

③ 같은 방법으로 4개의 빨대를 준비한다.

④ 네 개의 빨대에서 나온 털실을 한쪽 방면에 테이프로 묶는다(털실이 흘러내리지 않도록 하기 위해서).

⑤ 맨 왼쪽 빨대에 보라색 털실을 묶는다.

⑥-1 ⑤에 묶은 보라색 털실을 빨대 뒤로 보내고 빨대 앞으로 돌린다. 털실을 빨대 뒤에서부터 시작한다.

⑥-2 묶은 보라색 털실을 두 번째 빨대로 옮긴다.

⑥-3 보라색 털실을 두 번째 빨대의 위에서 아래로 한바퀴 돌린다.

⑥-4 보라색 털실을 세 번째 빨대로 옮겨 빨대의 위에서 아래로 한바퀴 돌린다.

⑥-5 네 번째 빨대를 아래에서 윗부분으로 나오게 한다.

⑥-6 세 번째와 네 번째 빨대 사이로 털실을 뒤로 보낸다.

⑦ 빨대를 반대 방향으로 돌린후 같은 방법으로 직조를 짠다.

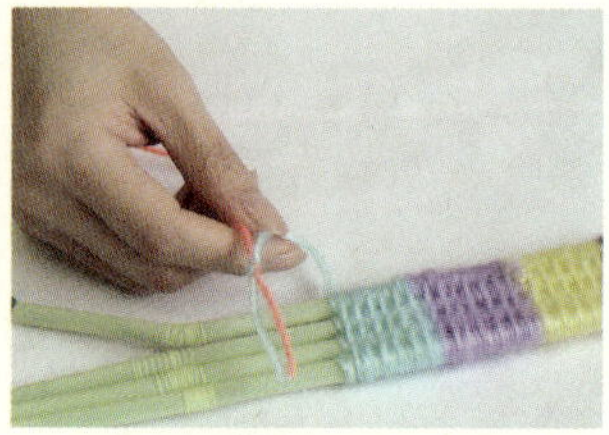

⑧ 색을 바꾸어서 직조를 짠다.

⑨ 빨대 끝까지 앞의 방법으로 직조를 짠다.

⑩ ④번에 붙인 한쪽 방면의 테이프를 뗀다.

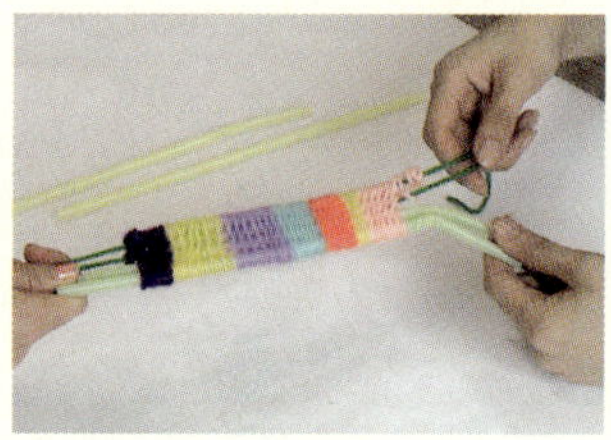

⑪ 빨대를 한 개씩 뺀다(두 명이 함께 한다).

⑫ 양쪽의 끈을 각각 묶는다.

⑬ 팔찌가 완성된다.

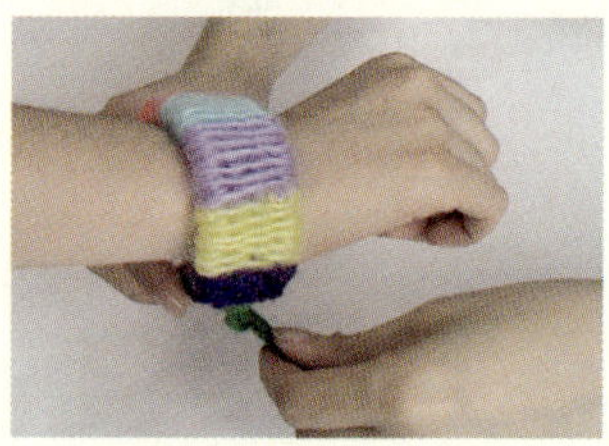

⑭ 완성하여 착용한 모습

참고작품

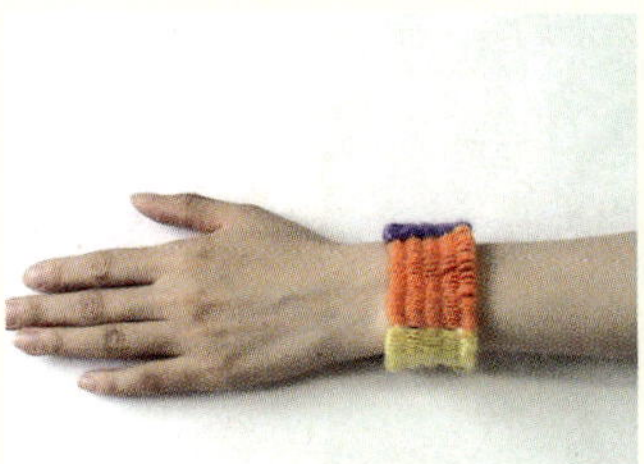

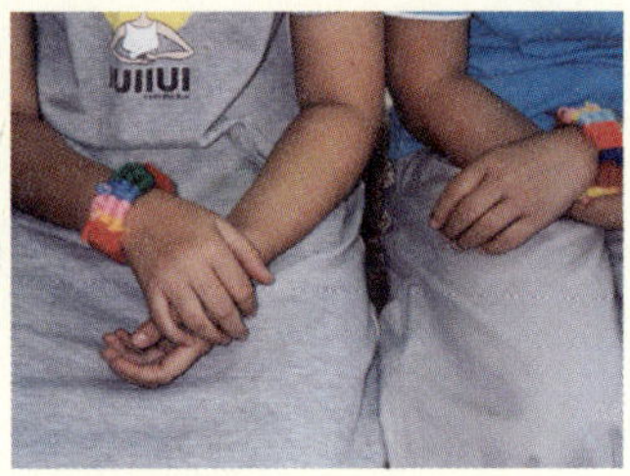

기타 직조

참고작품

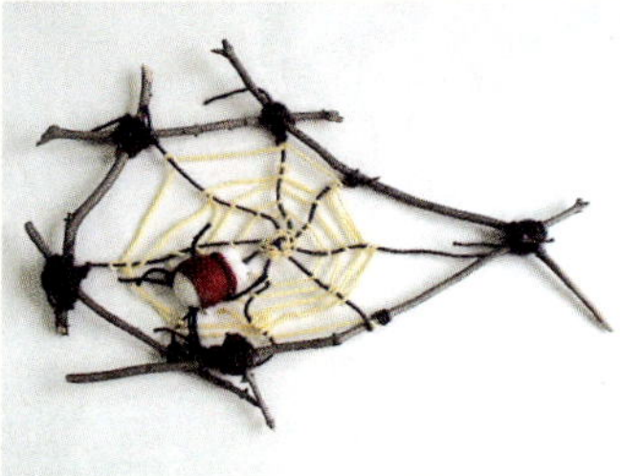

마라카스 우유 통 마라카스

관련주제 음악

활동목표

- 악기 중에 마라카스에 대해 안다.
- 속에 넣는 재료에 따라 나는 소리가 다름을 안다.
- 아크릴 물감을 사용하는 방법을 안다.

활동자료

- 잡곡(팥, 메주콩, 검은콩), 오공본드, 아크릴 물감, 가위, 클립, 10원짜리 동전 2개, 물통, 플라스틱 우유 통 2개

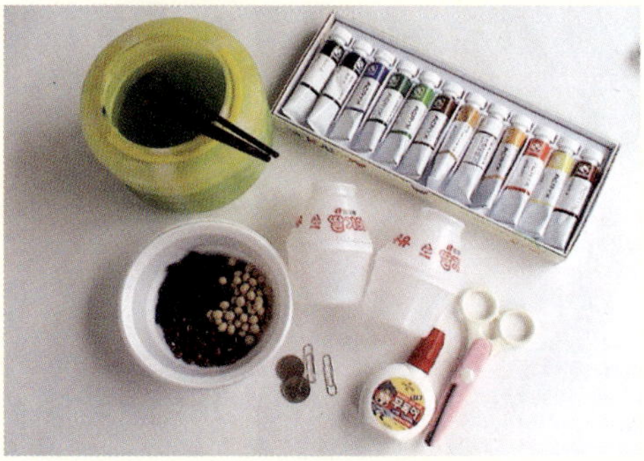

유의사항

- 우유 통 안에 잡곡뿐만 아니라, 동전이나 클립을 넣어 소리가 다름을 알아본다.
- 바탕색으로 칠한 아크릴 물감이 충분히 마른 뒤 다른 색으로 무늬를 그려준다.
- 나이가 어린 유아는 아크릴 물감으로 그리는 대신 스티커를 붙이게 한다.

활동방법

① 깨끗이 씻은 우유 통에 잡곡을 넣는다.

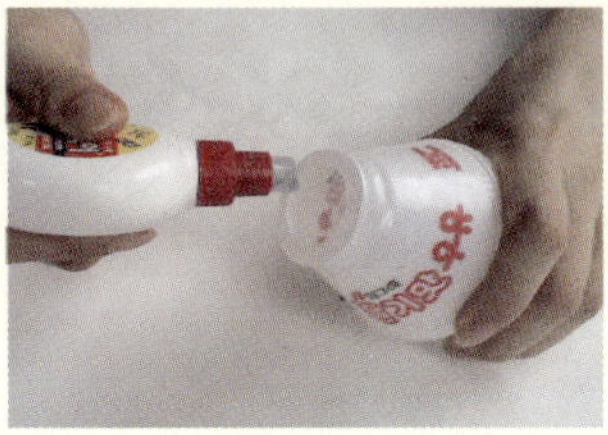

② 우유 통 윗부분에 오공본드를 바른다.

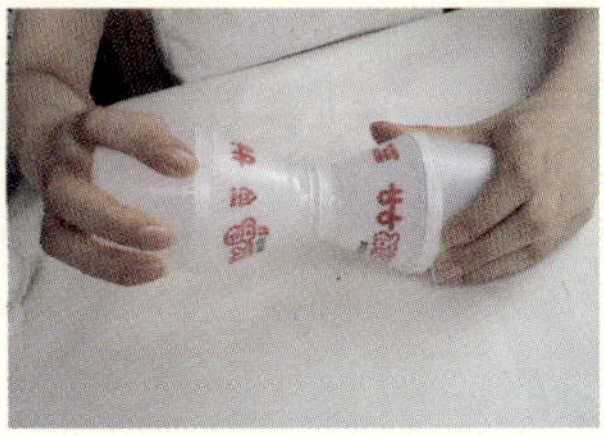

③ 다른 우유 통의 윗부분과 고정시킨다.

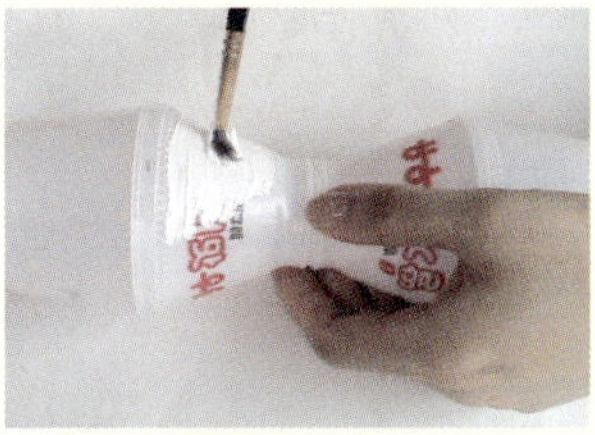

④ 흰색 아크릴 물감을 우유 통 전체에 칠한다.

⑤ 노란색 아크릴 물감을 우유 통에 동그랗게 그려주어 장식한다.

⑥ 빨간색 아크릴 물감도 동일하게 그려준다.

완 성

참고작품

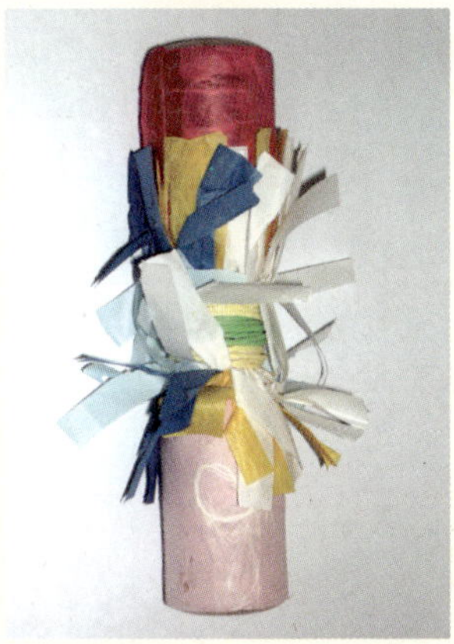

숲속 나라 마라카스

마라카스

관련주제 음악

활동목표

→ 숲의 모습을 안다.

→ 아크릴 물감의 성질을 안다.

→ 다양한 재료를 이용해 악기를 만들 수 있음을 안다.

활동자료

→ 물통, 붓, 아크릴 물감, CD케이스, 플라스틱 병뚜껑, 리본, 팔레트나 일회용 접시, 오공본드, 가위, 양면 테이프

유의사항

→ CD케이스에 양면 테이프를 붙일 때 아크릴 물감이 완전히 마른 뒤 붙인다.

→ 병뚜껑에 바른 오공본드가 완전히 마르기 전에는 흔들지 않는다.

활동방법

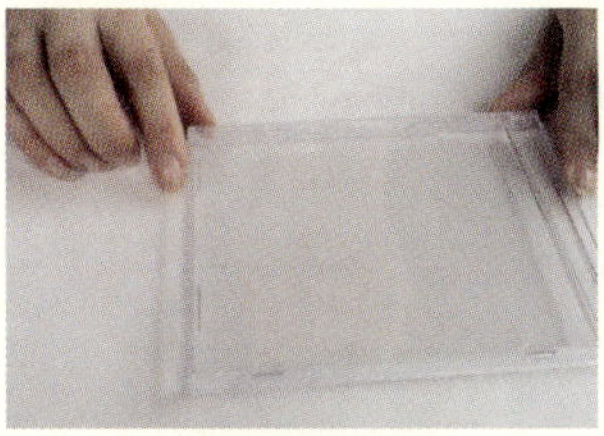

① CD케이스를 준비한다.

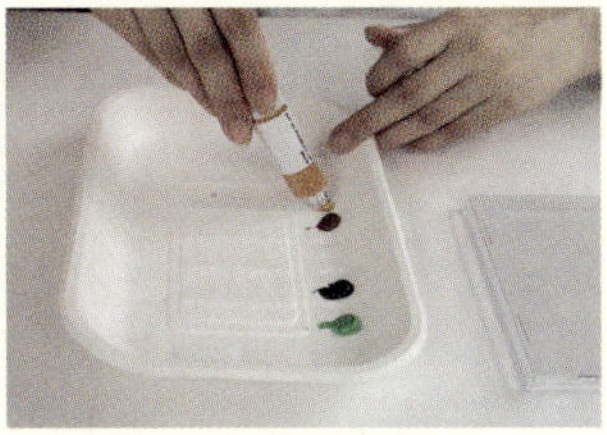

② 일회용 그릇에 아크릴 물감을 짠다.

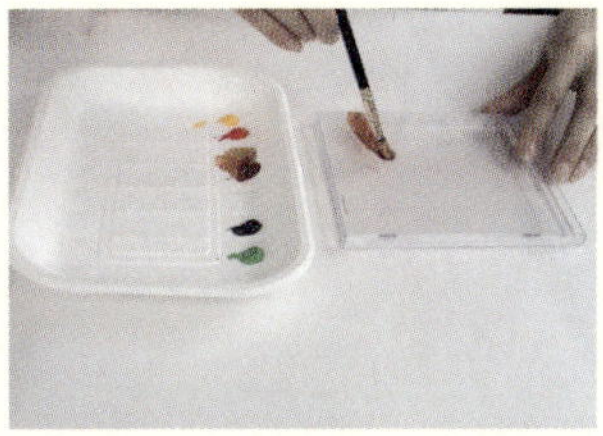

③ 아크릴 물감을 붓에 묻혀 나무기둥을 그린다.

④ 나무와 꽃을 그려준다.

⑤ 양면 테이프를 CD케이스에 맞게 잘라 붙인다.

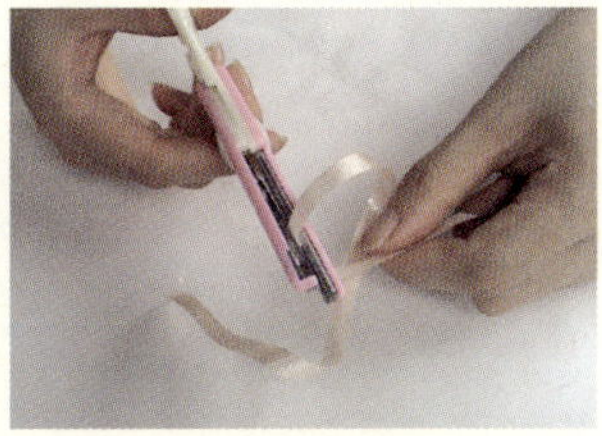

⑥ CD케이스 가장 자리에 붙일 리본을 자른다.

⑦ CD케이스에 리본을 붙인다.

⑧ 오공본드를 병뚜껑에 바른다.

⑨ 오공본드를 바른 병뚜껑을 CD케이스에 붙어 있는 리본에 붙인다.

완 성

참고작품

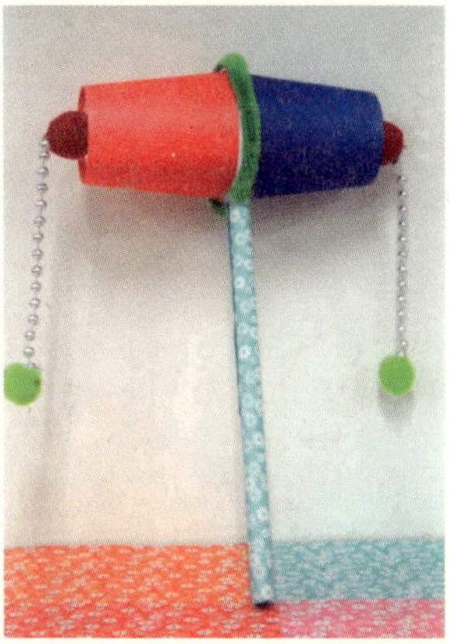

작은 북

꼬마 악단

관련주제 음악

활동목표

- 폐품을 활용할 수 있다.
- 다양한 북의 종류를 안다.
- 북으로 연주할 수 있다.

활동자료

- 빈 깡통 2개, 숟가락이나 나무젓가락, 가위, 뿅뿅이, 오공본드, 펠트지, 색테이프

유의사항

- 여러 크기의 깡통을 이용하여 다양한 북을 만들 수 있다.
- 펠트지 대신 색지나 시트지, 스티커를 이용하여 꾸밀 수 있다.

활동방법

① 펠트지를 깡통 크기에 맞게 오린다.

② 펠트지를 깡통의 몸을 감싸면서 붙인다.

③ 깡통의 몸체를 펠트지로 꾸며준다.

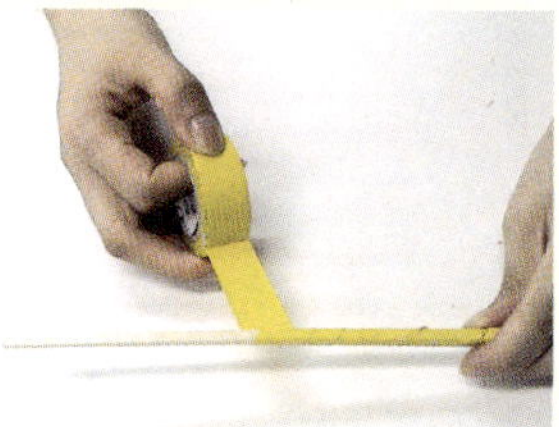

④ 나무젓가락을 색테이프로 감아준다.

⑤ 나무젓가락 끝에 뽕뽕이를 붙여준다.

⑥ 깡통의 뚜껑을 덮고 나무젓가락으로 두드린다.

참고작품

기타 악기

코끼리 악기

관련주제 동물

활동목표

- 재료에 따라 다양한 소리가 나는 것을 안다.
- 폐품을 재활용할 수 있다.
- 악기를 만들어 볼 기회를 갖는다.

활동자료

- 펠트지, 페트병, 가위, 오공본드, 양면 테이프, 잡곡(검은콩, 팥)

유의사항

- 병 속에 넣는 재료를 다양하게 할 수 있다.
- 페트병의 형태에 따라 다양한 동물을 만들 수 있다.

활동방법

① 페트병에 잡곡을 넣는다.

② 뚜껑을 닫는다.

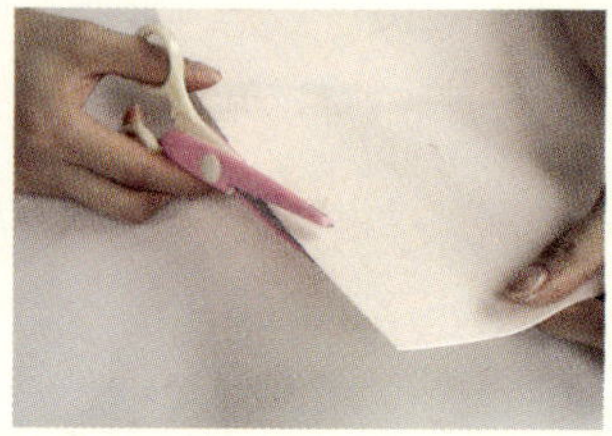

③ 살구색 펠트지를 자른다.

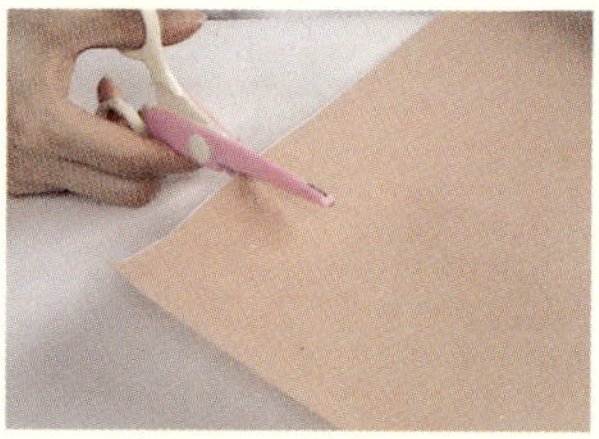

④ 연주황색 펠트지를 자른다.

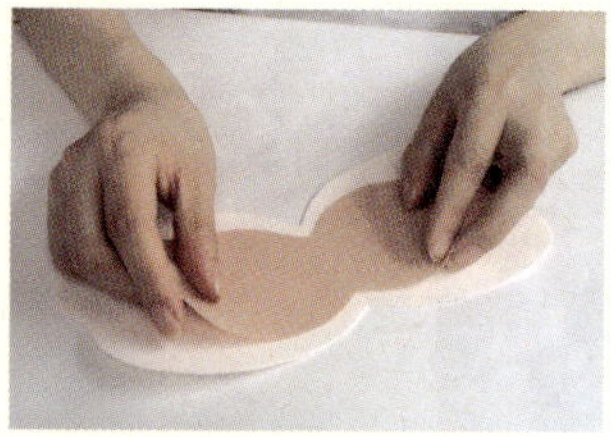

⑤ 연주황색 펠트지를 살구색 펠트지 위에 붙인다.

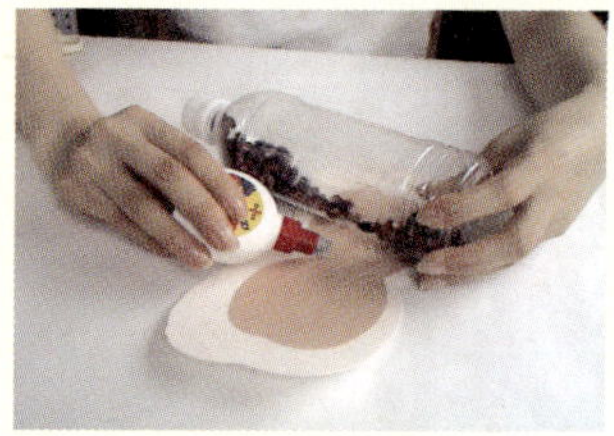

⑥ 붙인 펠트지에 오공본드를 붙인다.

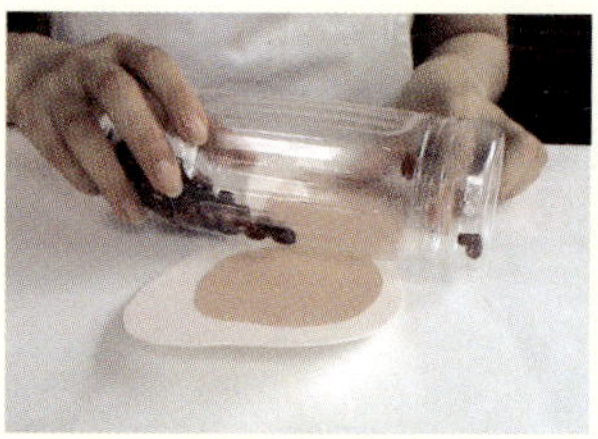

⑦ 페트병에 펠트지를 붙인다.

⑧ 인형 눈을 붙인다.

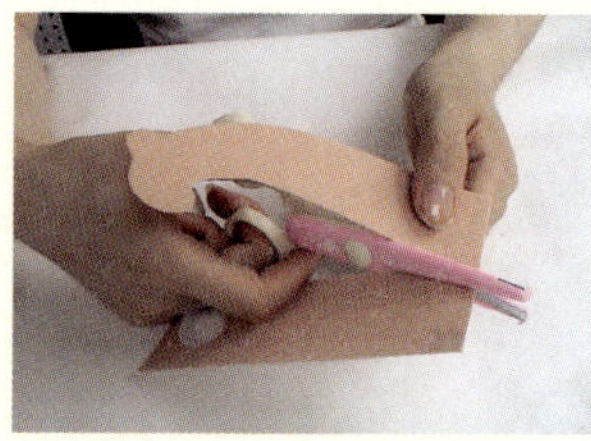

⑨ 연주황색 펠트지로 코를 만든다.

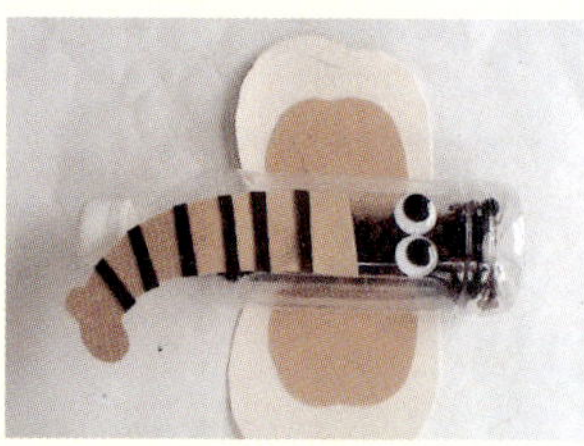

⑩ 완성

기타 악기

참고작품

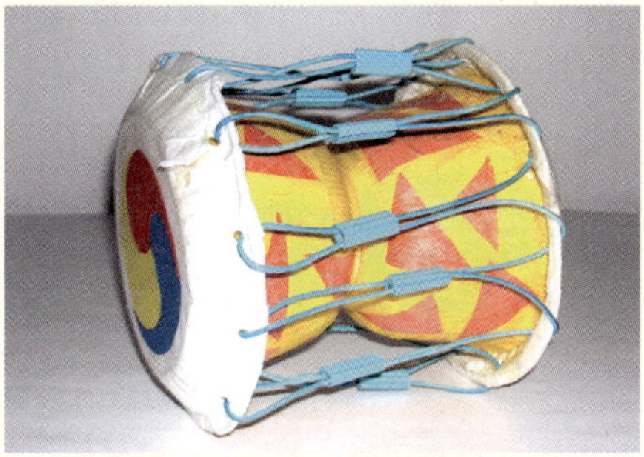

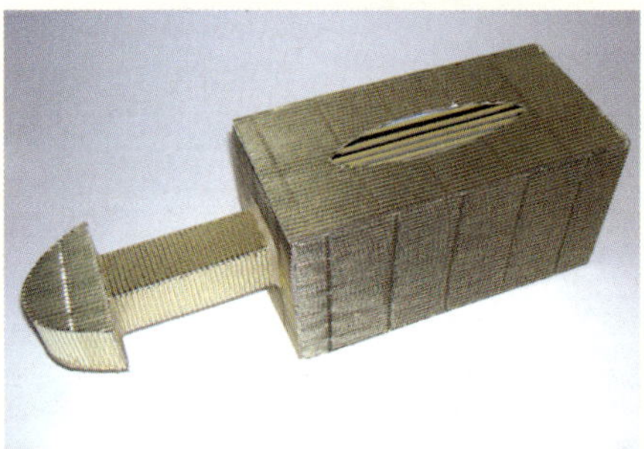

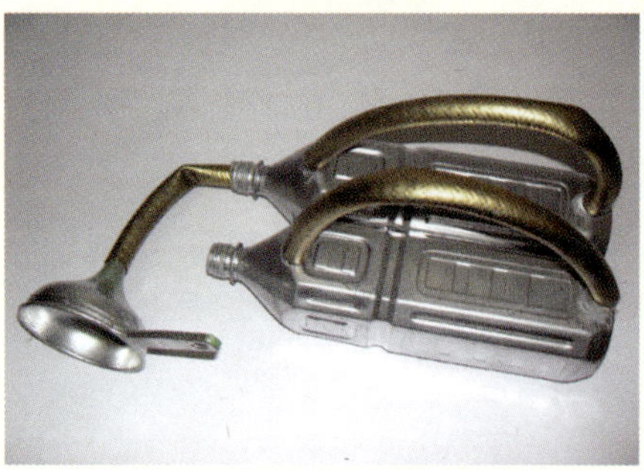

⑦
구성

종이 구성

우리 동네

관련주제 우리 동네

활동목표

→ 골판지를 이용해 도시를 만든다.

→ 내가 사는 동네에 대해 생각해 본다.

활동자료

→ 양면 테이프, 골판지, 색지, 딱풀, 오공본드, 가위, 칼

유의사항

→ 다양한 색을 사용하고, 창문의 모양을 잘 내주는 것이 중요하다.

→ 자신의 생각을 잘 표현하고, 균형에 맞도록 구도를 잡아준다.

활동방법

① 직사각형의 밑판(배지)을 준비한다.

② 직사각형 종이를 3등분하여 접는다. 마지막 3번째 부분에서 다시 반을 접는다.

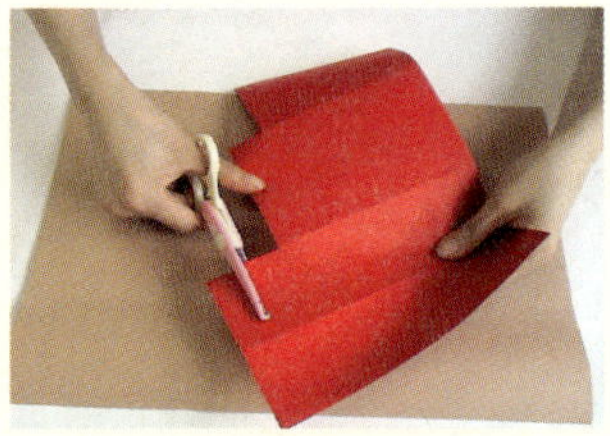

③ 접은 종이를 펴서 계단 모양으로 오린다.

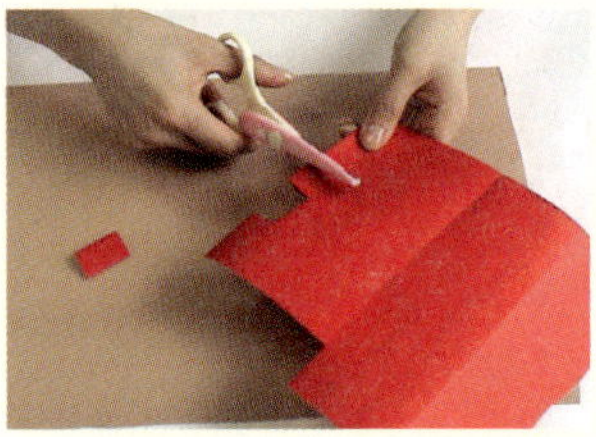

④ 종이를 접은 곳의 중간중간에 창문을 낸다.

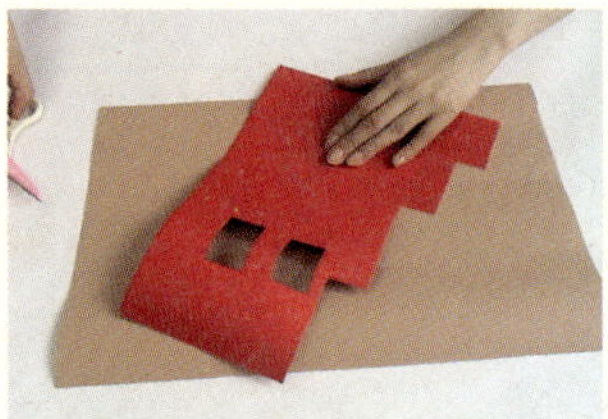

⑤ ④번의 종이를 입체적 건물 모양으로 만들어 세운다.

⑥ 다양한 색의 색지를 이와 같은 형태로 만든다.

⑦ 여러 개의 색지의 위치를 잡아 준다.

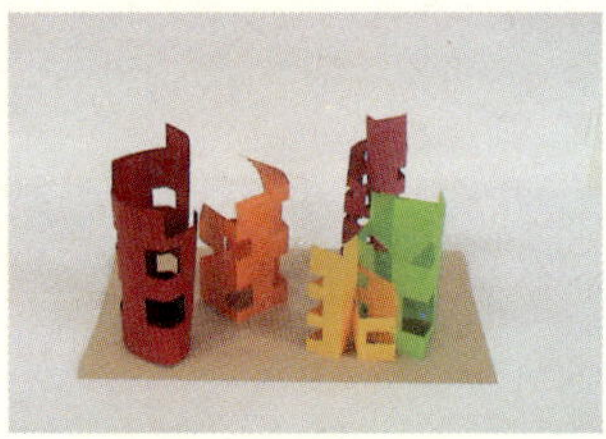

⑧ 색지를 밑판에 고정시켜 완성한다.

참고작품

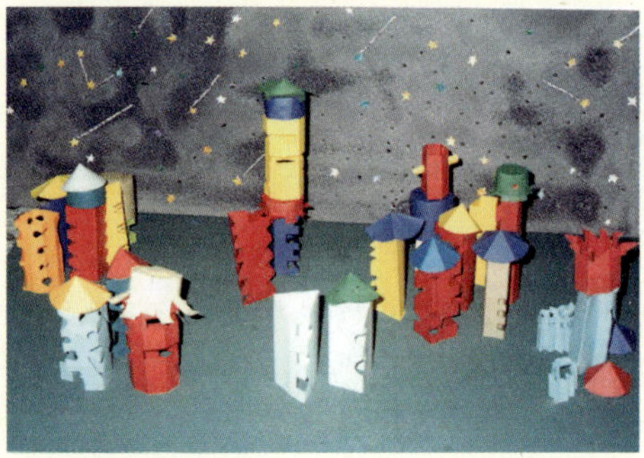

백업 구성

푸른 나무

관련주제 자연

활동목표

- 백업 재료를 탐색해 본다.
- 소근육 발달을 돕는다.
- 백업을 이용해 나무를 만들어 본다.

활동 자료

- 다양한 크기의 백업, 이쑤시개, 꽂이, 칼, 가위, 오공본드, 색지

유의사항

- 칼을 사용할 때에는 다치지 않도록 조심한다.
- 유아들이 이쑤시개로 장난하지 않도록 주의시킨다.

활동방법

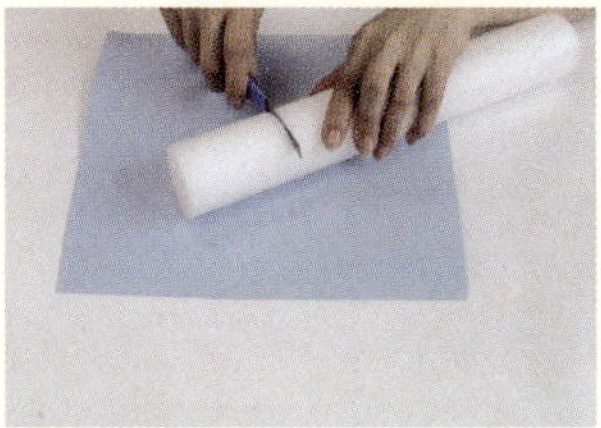

① 흰색 백업을 나무 기둥용으로 자른다.

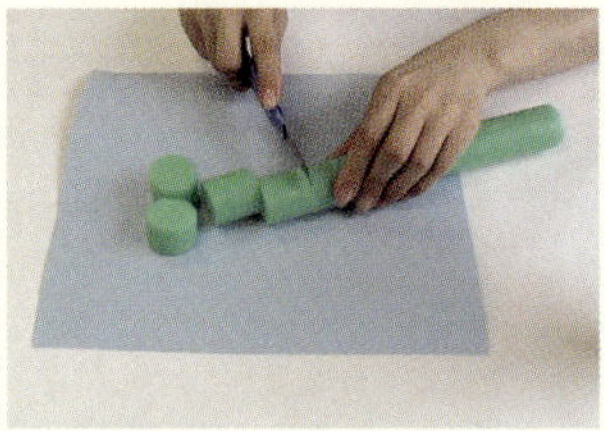

② 초록색과 파란색의 백업을 나뭇잎으로 만들기 위해 다양한 길이로 자른다(두께가 다양한 백업을 이용한다).

③ 잘라놓은 초록색 백업을 이쑤시개와 꽂이에 꽂아 기둥에 끼운다.

④ 다른 백업들도 기둥에 꽂아 준다.

완 성

참고작품

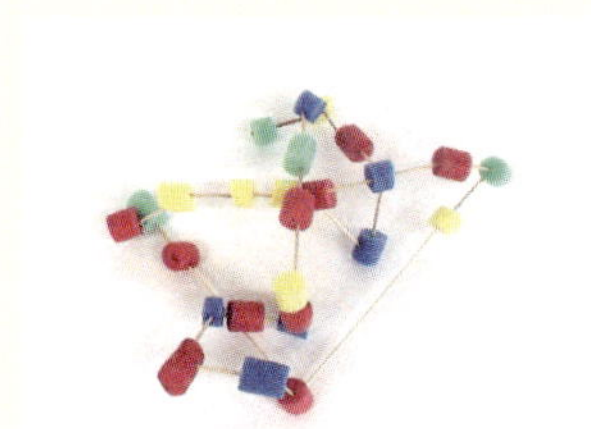

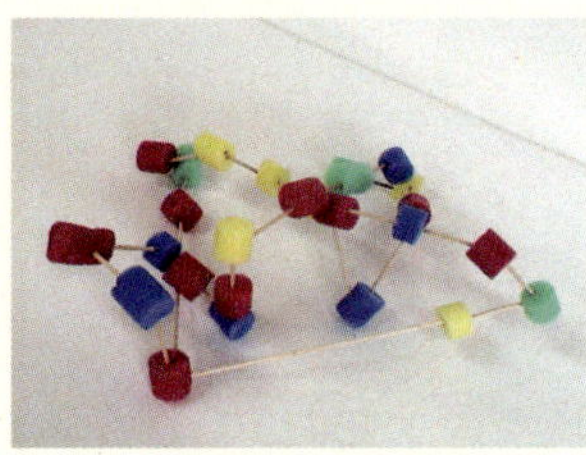

백업 구성

천왕성 탐사

관련주제 우주

활동목표
→ 소근육 발달을 돕는다.
→ 창의성 발달을 돕는다.
→ 자신의 생각을 표현할 기회를 제공한다.

활동자료 옥수수대, 이쑤시개, 오공본드, 가위, 꽂이

유의사항

→ 이쑤시개에 손이 찔리지 않도록 조심한다.

활동방법

① 여러 가지 색의 옥수수대를 준비한다.

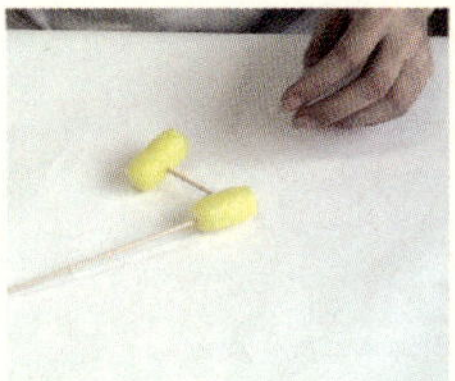

② 이쑤시개를 이용하여 서로 다른 옥수수대를 연결한다.

③ 유아들의 자유로운 생각을 표현해 보도록 유도한다.

완 성

스티로폼 공 구성

나의 우주선

관련주제 우주

활동목표

→ 여러 가지 크기의 스티로폼을 이용해 창의적인 표현을 한다.

→ 다양한 색감을 길러준다.

→ 소근육을 발달시킨다.

활동자료

→ 다양한 모양의 스티로폼 공, 아크릴 물감, 안전 가위, 물통, 붓, 꽂이, 팔레트

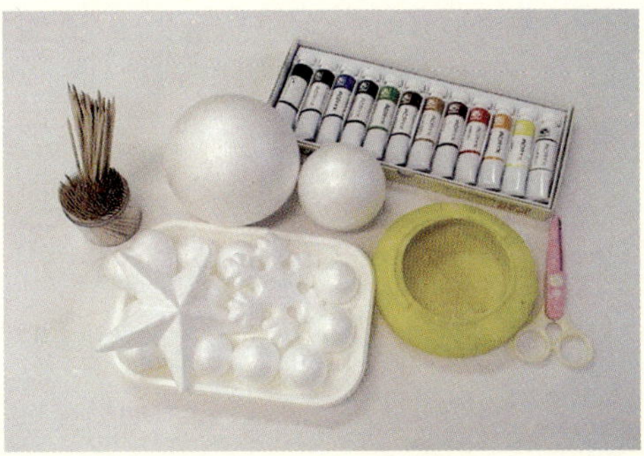

유의사항

→ 유아들과 함께 활동할 때는 스티커도 필요하다.

→ 아크릴 물감이 손에 묻지 않게 하려면 스티로폼 공을 꽂이로 찍어서 들고 칠한다.

활동방법

① 커다란 스티로폼 공을 준비한다.

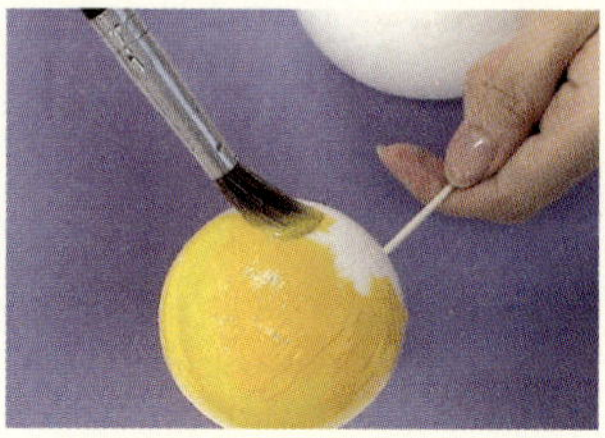

② 아크릴 물감으로 다른 스티로폼 공을 노란색으로 칠한다(아크릴 물감은 금방 건조되므로 만들기할 때 쓰기 편리하다).

③ 색칠한 스티로폼 공을 큰 스티로폼 공에 꽂는다.

④ 다른 작은 스티로폼 공을 초록색으로 칠한다.

⑤ 여러 가지 스티로폼 공들을 색칠하여 꽂이에 꽂는다.

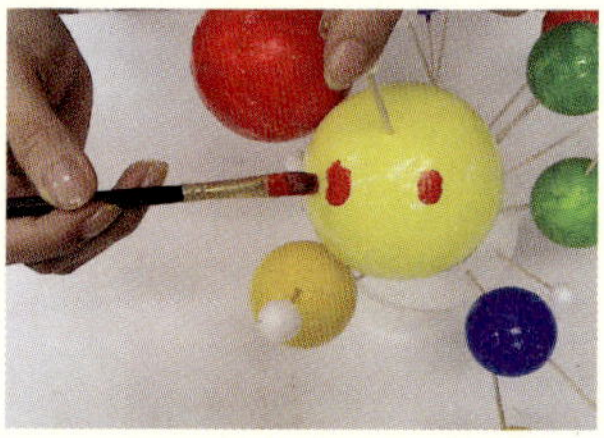

⑥ 물감이 마른 후 그 위에 다른 색 물감을 칠한다(단, 어린 유아는 물감 대신 스티커를 붙여도 된다).

완 성

참고작품

빨대 구성

고추 잠자리

관련주제 곤충

활동목표

- 고추 잠자리의 모습을 안다.
- 선재인 빨대를 이용해 사물을 입체적으로 구성할 수 있다.
- 구성하는 연습을 통해 지능 발달에 도움을 준다.

활동자료

- 다양한 색빨대, 꽃철사, 가위, 오공본드, 인형 눈

유의사항

- 꽃철사를 이용해 빨대를 이을 때 손을 다치지 않도록 조심해야 한다.
- 빨대를 연결할 때 꽃철사를 끝까지 돌려주어 보이지 않도록 한다.

활동방법

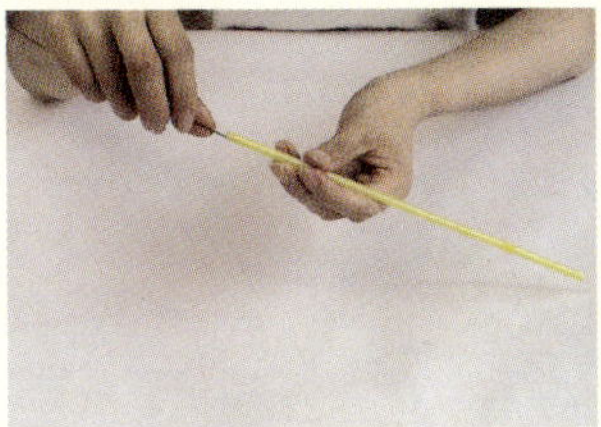

① 노란색 빨대 속에 꽃철사를 넣는다.

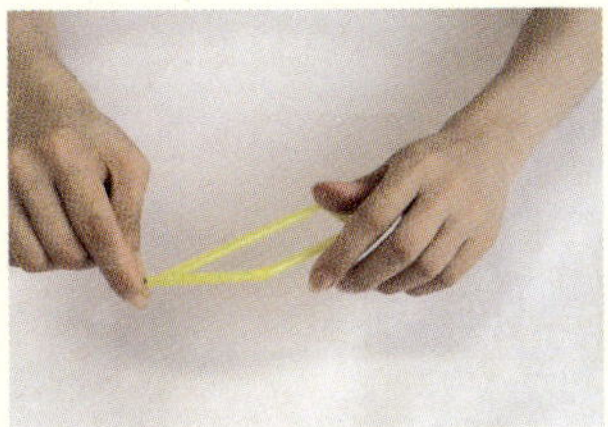

② 빨대를 감는다.

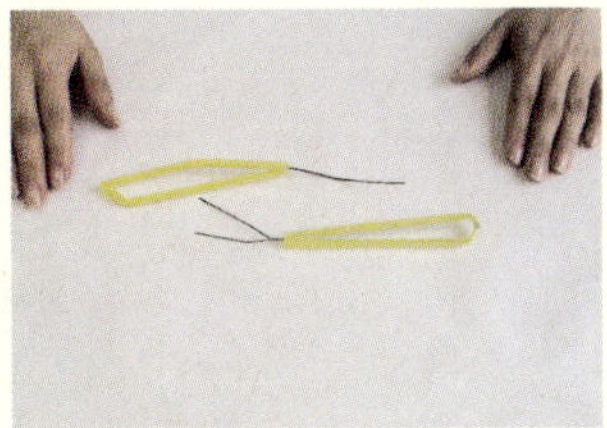

③ 똑같은 방식으로 한 개를 더 만든다.

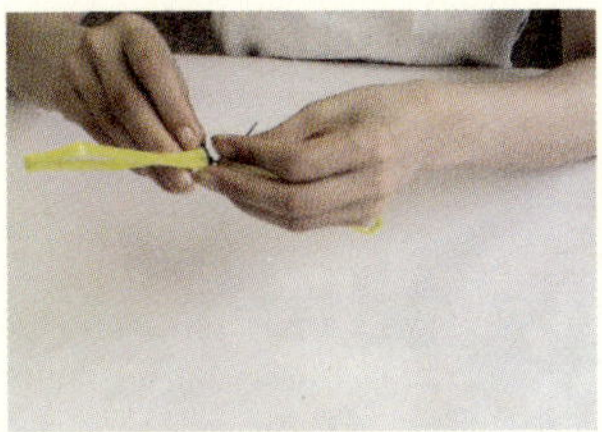

④ 두 개의 빨대에 나온 꽃철사를 연결해 준다.

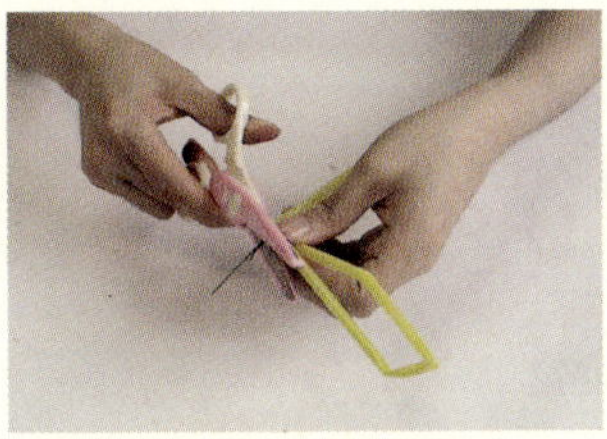

⑤ 삐져나온 꽃철사를 가위로 자른다.

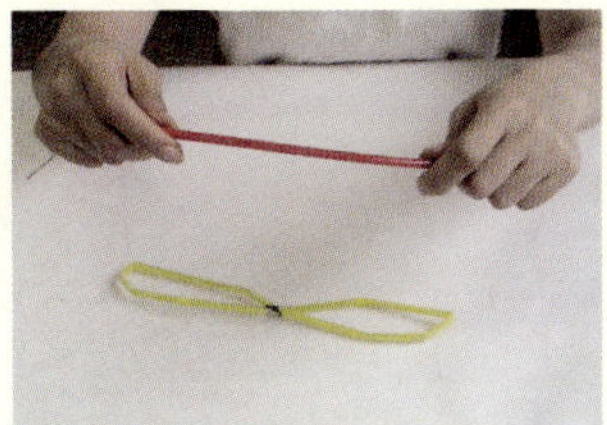

⑥ 같은 방법으로 빨간색 빨대를 만든다.

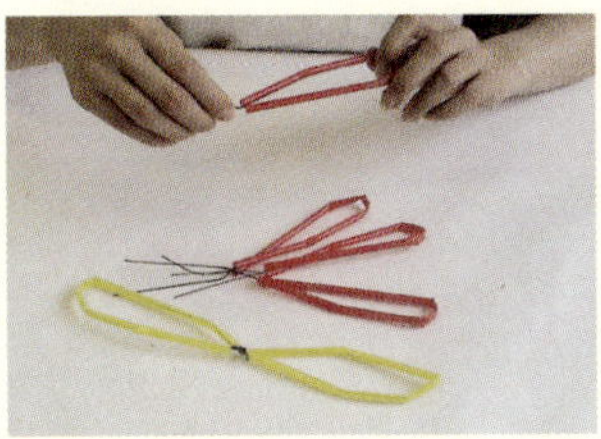

⑦ 같은 방법으로 4가지를 똑같이 만든다.

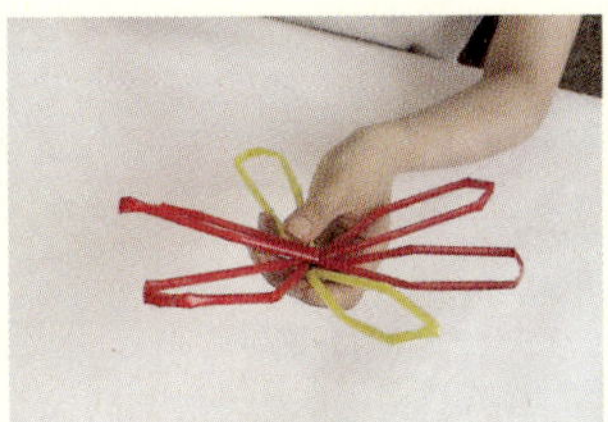

⑧ 두 개의 노란색 빨대와 빨간색 빨대를 연결해 준다.

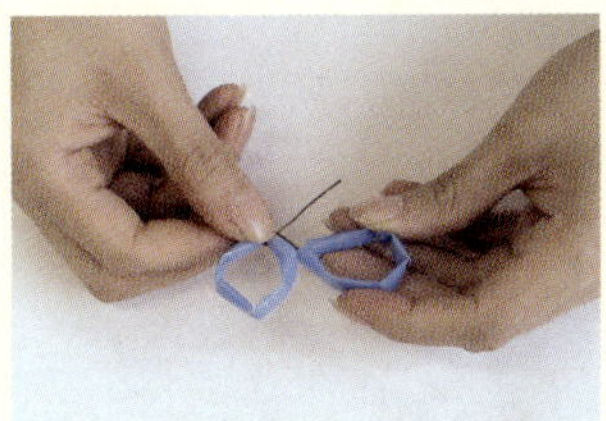

⑨ 초록색 빨대에 꽃철사를 끼워 둥글게 눈을 만든다.

⑩ 몸을 만든 빨대에 눈을 만든 빨대를 연결한다.

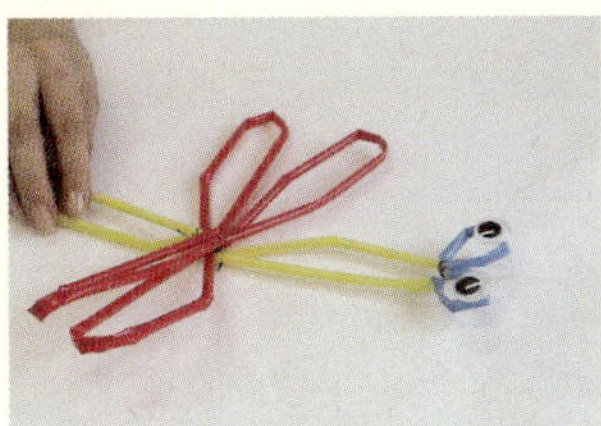

⑪ 인형 눈을 빨대 눈 부분에 붙인다.

완 성

참고작품

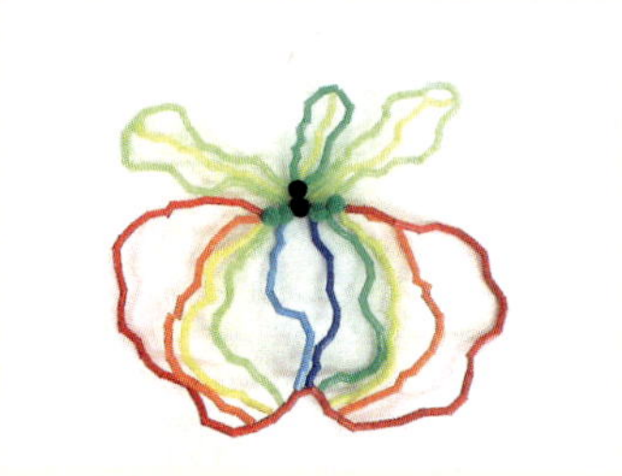
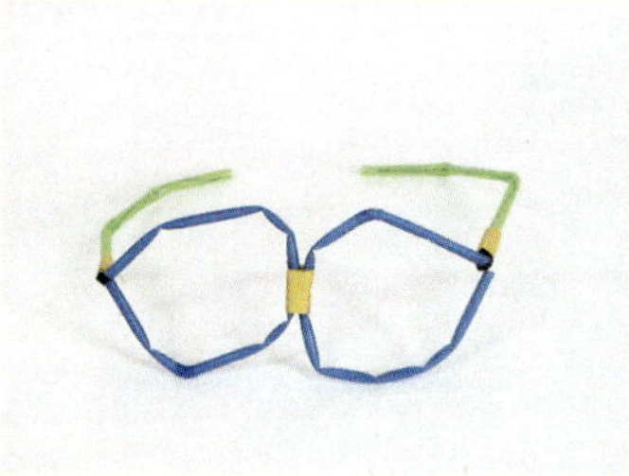

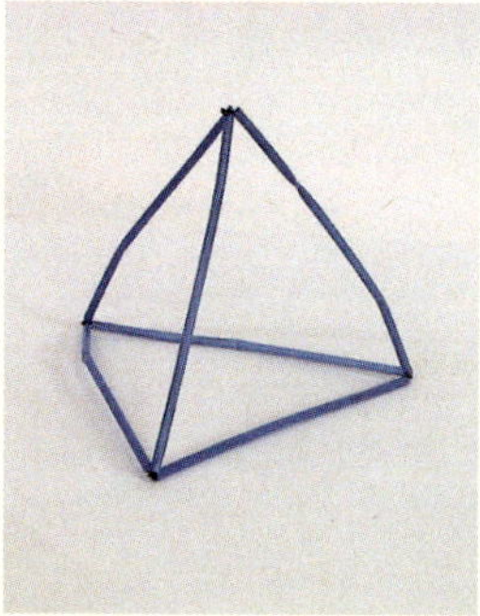
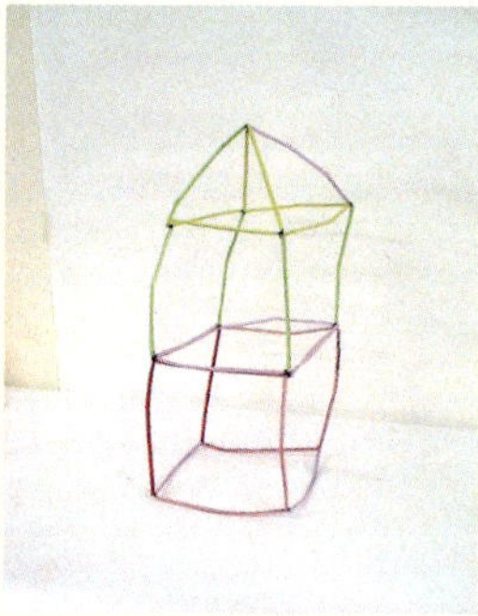

종이컵 구성

선인장

관련주제 환경

활동목표

→ 자신의 생각을 표현할 기회를 갖는다.

→ 종이컵을 이용하여 만들기하는 방법을 안다.

활동자료

→ 종이컵, 오공본드, 가위, 한지 색종이, 종이 테이프, 꽃철사, 연필, 물풀

유의사항

→ 꽃철사를 자를 때 눈에 튀지 않도록 조심한다.

→ 한지를 붙일 때 뭉치지 않게 잘 펴서 붙인다.

활동방법

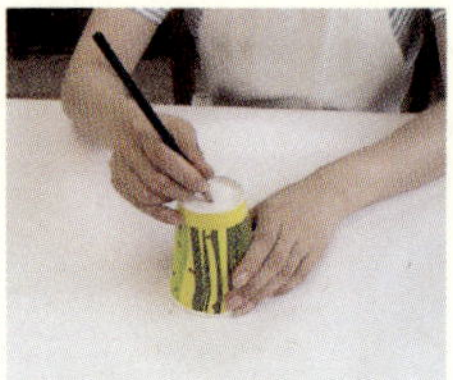
① 연필을 이용하여 종이컵 윗부분에 구멍을 뚫는다.

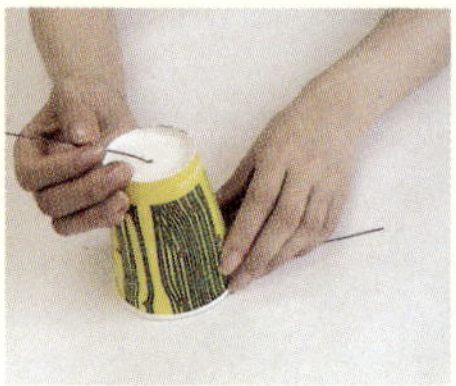
② 구멍으로 꽃철사를 통과시킨다.

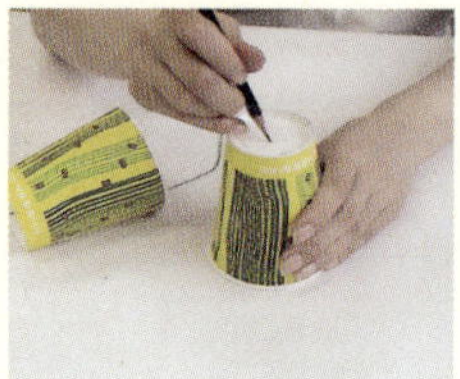
③ 다른 종이컵을 동일한 방법으로 뚫는다.

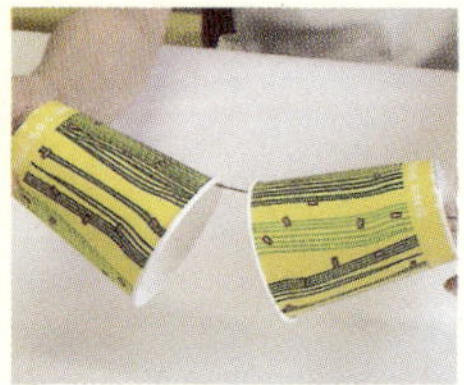
④ 반대편 꽃철사를 ③의 컵 구멍에 꽂는다.

⑤ 바닥에 철사로 매듭을 짓는다.

⑥ 종이컵의 옆면 양쪽을 마주보게 연필로 뚫는다.

⑦ 새로운 종이컵 윗부분에 구멍을 뚫는다.

⑧ ⑦번의 종이컵에 꽃철사를 넣고 ⑥번의 종이컵 옆면에 뚫은 구멍에 연결한다.

⑨ 종이 테이프로 이음새를 마감한다.

⑩ 한지를 길게 자른 뒤 물풀을 바른다.

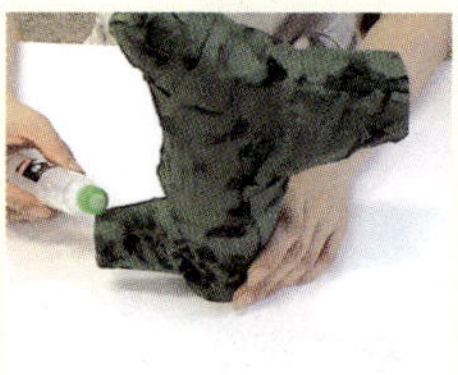
⑪ ⑩번의 한지를 종이컵 전체에 덮는다.

⑫ 흰색 꽃철사를 짧게 잘라서 반을 접어 돌려서 가시를 만든다.

⑬ 가시를 오공본드를 발라 선인장 몸체에 붙인다.

완 성

참고작품

⑧
요술그림과
요술상자
만들기

요술 그림
(색지)

당근과 나무

관련주제 식물

활동목표

→ 접는 방법을 이용해 요술 그림을 만든다.

→ 창의성을 기를 수 있다.

활동자료

→ 색지, 매직, 사인펜

유의사항

→ 속에 그린 그림이 접었을 때 보이지 않도록 주의해서 그린다.

활동방법

① 색지의 2/3를 접는다.

② 접힌 상태에서 아래 색지 부분에 당근 잎 모양을 그린다.

③ 접은 부분에 당근의 몸통을 그린다.

④ 색지를 펼친 후 위에 그려져 있는 당근의 잎 모양에 이어서 나무를 그린다.

⑤ 접으면 당근 그림이 되고 펼치면 나무 그림이 나오게 된다.

완 성

참고작품

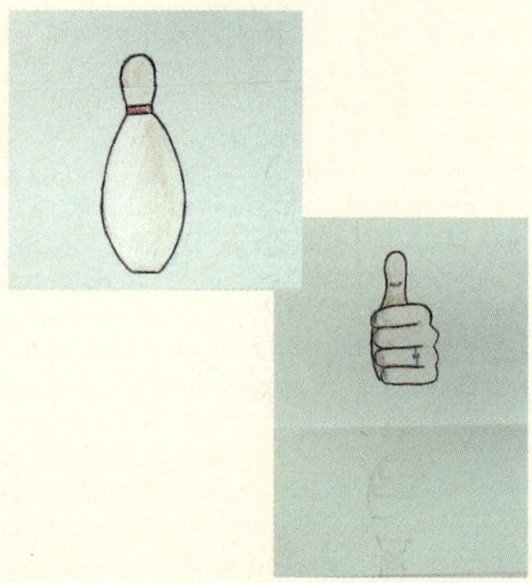

요술 그림 (색종이)

수 박

관련주제 과일

활동목표

→ 색종이 접기를 이용해 재미있는 표현 방법을 알아본다.

→ 다양한 사고를 할 수 있다.

→ 마술 놀이를 할 수 있다.

활동자료

→ 색종이, 매직, 사인펜, 딱풀, 안전 가위

유의사항

→ A(빨간)색종이에 끼운 B(초록)색종이는 절대로 풀칠을 하지 않는다.

→ 유아는 유성 사인펜으로 그림을 그려 넣도록 한다. 수성 사인펜을 이용하면 번져서 그려놓은 것의 형태를 알 수 없다.

→ 혼색 개념과 수 개념을 응용할 수 있다.

(예 빨간색과 노란색이 합쳐지면 주황색 / 2 + 3 = 5)

활동방법

① 원하는 색종이 2장을 준비한다.

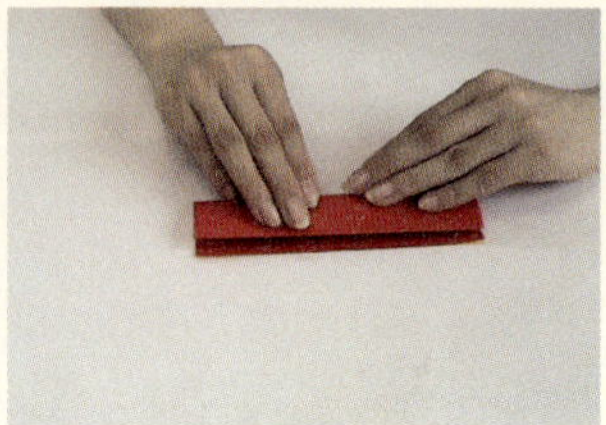

② 빨간색 종이를 가로로 두 번 접는다.

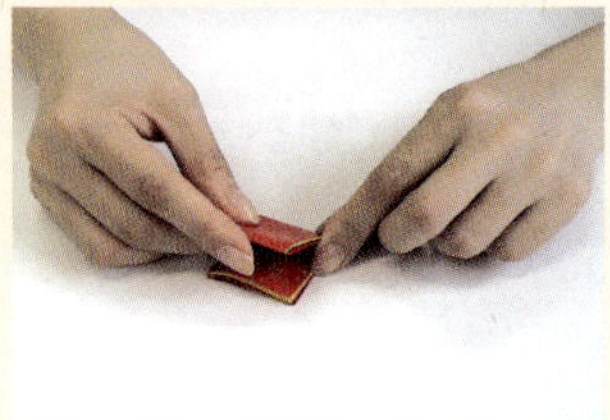

③ 또 세로로 두 번 접는다.

④ 초록색 종이도 같은 방법으로 접는다.

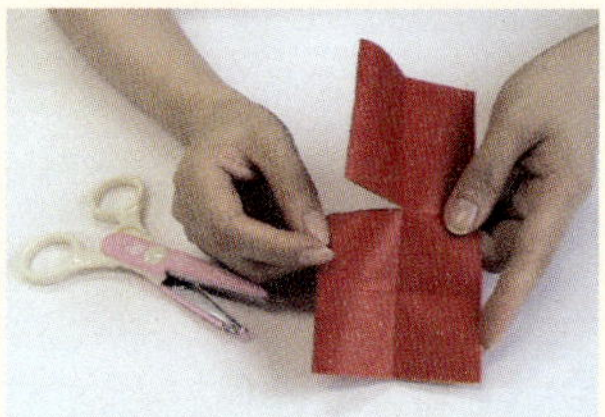

⑤ 빨간색 종이를 반으로 접은 상태에서 가운데 지점을 접힌 선까지 자른다.

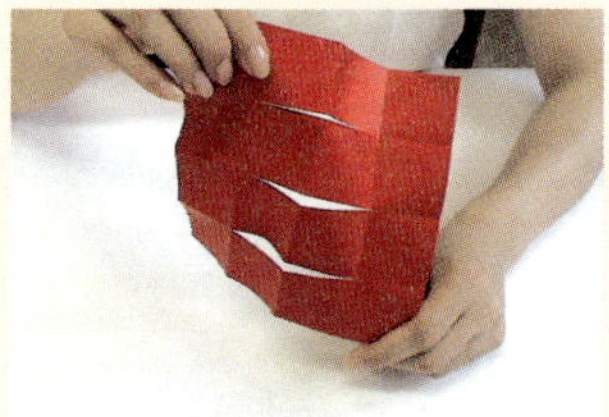

⑥ 양옆에 접힌 선도 같은 방법으로 잘라준다.

⑦ 같은 방법으로 4가지를 똑같이 만든다.

⑧ 길게 자른 초록색 종이 한 장을 빨간색 종이의 잘린 구멍 사이에 엇갈리게 끼운다.

⑨ 길게 자른 초록색 종이를 한 장 더 엇갈리게 끼운다.

⑩ 길게 자른 초록색 종이 두 장을 4등분하여 정사각형으로 자른다.

⑪ 빨간색 종이에 초록색 종이 조각을 양면으로 바둑판 모양으로 붙인다.

⑫ 완성된 하나의 색종이를 반으로 접는다.

⑬ 접힌 부분을 벌리면 가로 2칸×세로 4칸의 모습이 나타난다.

⑭ 펼친 상태에서 초록색 종이 부분에 수박을 그린다.

⑮ 가운데를 벌려서 잘린 수박 모양을 그린다.

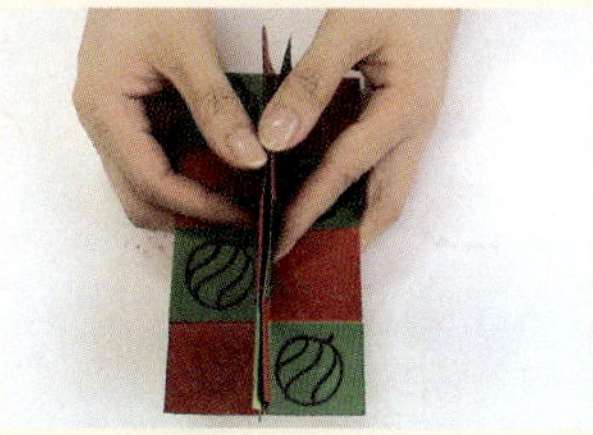

⑯ 완성된 모습 1

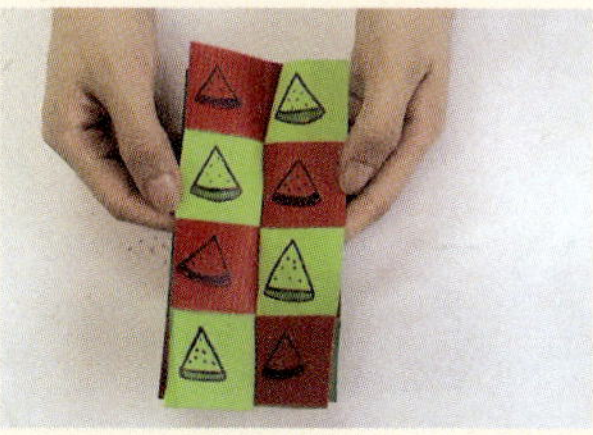

⑰ 완성된 모습 2

참고작품

요술 상자 TV 동화

관련주제 바다 속 풍경

활동목표

- 티슈 상자를 이용해 요술 상자를 만들 수 있다.
- 나만의 동화를 꾸밀 수 있다.

활동자료

- 티슈 상자, 사인펜, 양면 테이프, 펠트지, A4용지, 나무젓가락, 가위, 칼, 오공본드, 셀로판테이프, 풀

유의사항

- 나무젓가락을 끼울 구멍을 뚫을 때 교사가 도와준다.
- 밑그림은 유아들이 관심을 가지는 동화나 만화 등을 그리게 한다.
- 밑그림을 나무젓가락에 붙일 때 나무젓가락을 감싸듯이 붙인다.

활동방법

① 티슈 상자의 바닥을 오려낸다.

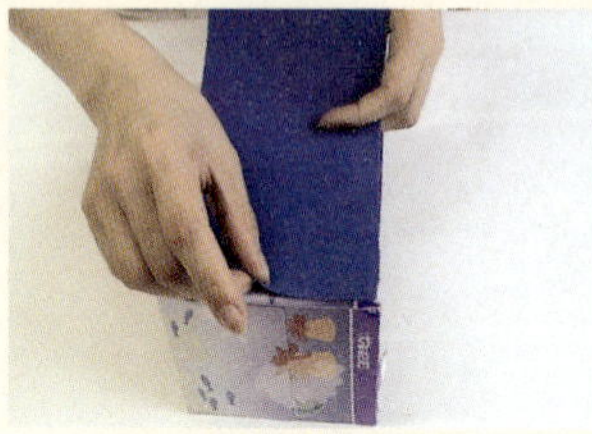

② 펠트지를 상자에 붙인다.

③ 상자의 뚫린 방향을 위로 하고 모서리 끝에서 1cm 거리에 점을 찍는다.

④ 점을 찍은 네 지점에 칼집을 내준다.

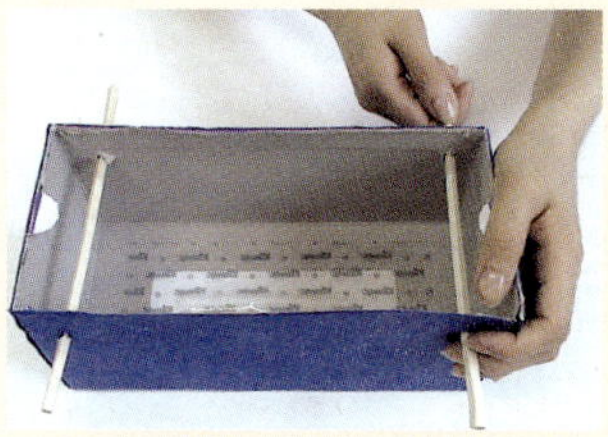

⑤ 나무젓가락을 끼운다.

⑥ 상자의 겉을 펠트지로 바닷속 모양으로 꾸민다.

⑦ A4용지를 반으로 접은 뒤 가위로 자른다(2장~3장).

⑧ 자른 종이를 양면 테이프로 가로로 길게 연결한다.

⑨ 연결된 종이의 양끝을 3cm 가량 접는다.

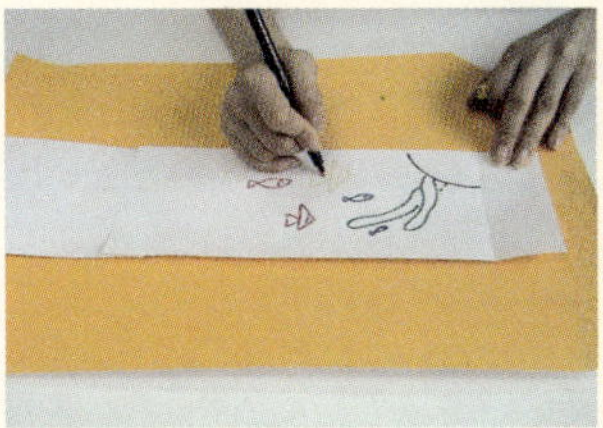

⑩ 접힌 부분부터 종이에 바닷속 풍경을 그린다.

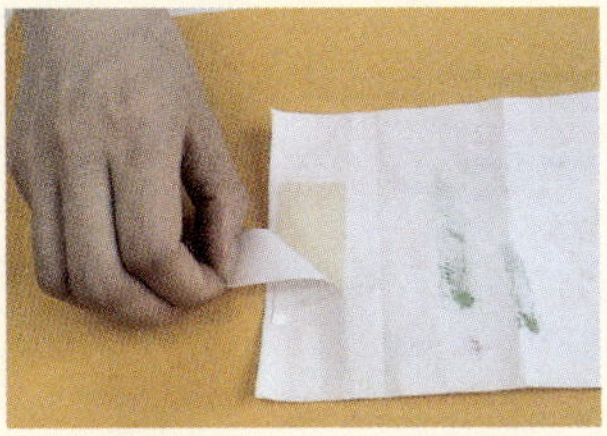

⑪ 그림을 그린 종이의 뒷면 양 끝에 양면 테이프를 붙인다.

⑫ 상자에 끼운 나무젓가락에 종이의 끝을 붙인다.

⑬ 나무젓가락을 돌려주며 종이를 말아준다.

⑭ 나머지 한쪽 종이도 다른 쪽 나무젓가락에 붙인다.

완 성

참고작품

⑨
조명
만들기

한지
조명

물망초

관련주제 자연

활동목표

- 빛이 비추는 것을 안다.
- 다양한 꽃의 모양을 안다.
- 창문과 문의 환경을 꾸밀 수 있다.

활동자료

- 골판지, 한지 색종이, 화선지, 물풀, 오공본드, 가위, 칼

유의사항

- 골판지로 테두리를 두를 때, 가로선이 세로선과 겹치지 않도록 한다.
- 조명을 만들어봄으로써 간접 조명의 아름다움을 안다.

활동방법

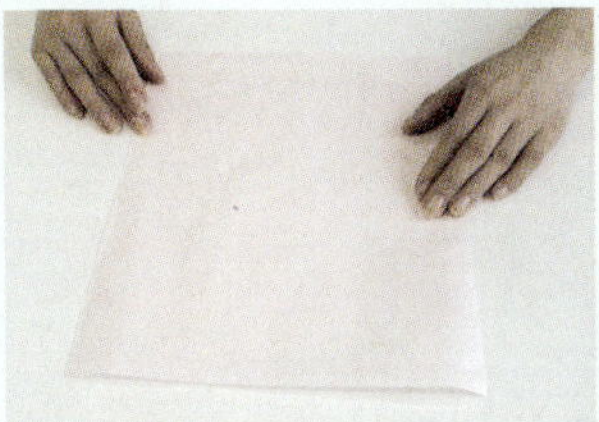

① 직사각형의 화선지를 준비한다.

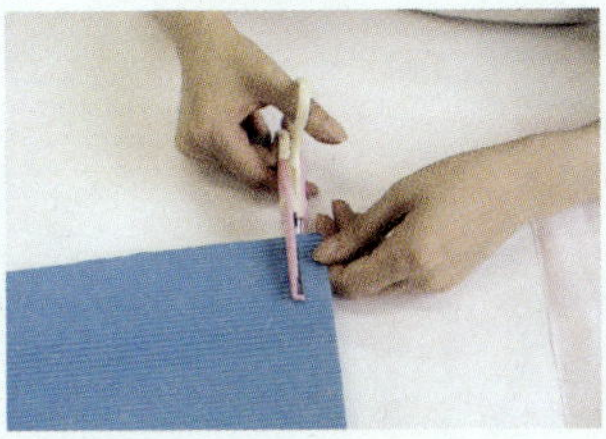

② 골판지를 1cm 두께로 4개 자른다.

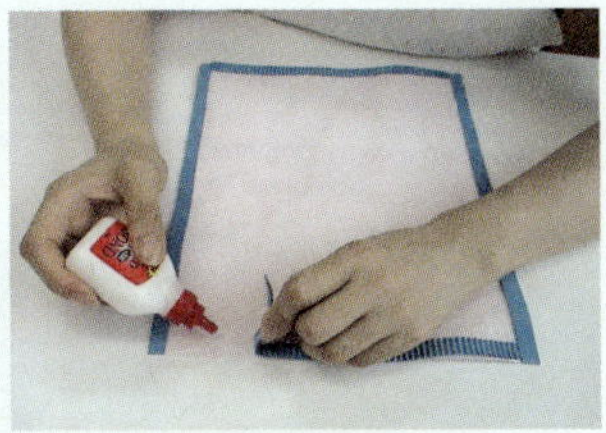

③ 자른 골판지를 화선지의 사방 테두리에 붙인다.

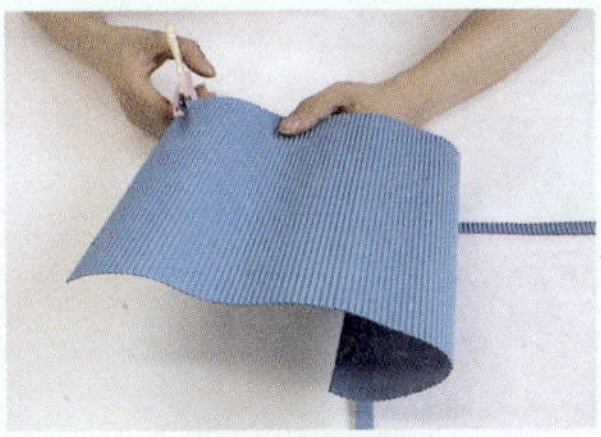

④ 골판지로 자연스럽게 문양을 만들어 자른다.

⑤ 화선지 위에 문양을 내 잘라 놓은 골판지를 붙인다.

⑥ 한지 색종이를 꽃 모양을 내서 자른다.

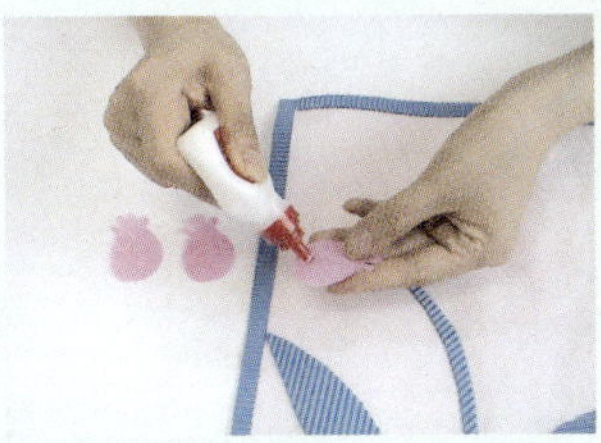

⑦ 꽃모양 종이를 화선지에 붙여서 완성한다.

완성된 모습

참고작품

지점토 조명 나만의 조명

관련주제 환경

활동목표

- 다양한 도구를 사용한다.
- 점토를 만지면서 소근육 발달을 돕는다.

활동자료

- 지점토, 비즈, 종이컵, 찰흙 도구, 오공본드, 가위, 레이스, 줄 구슬, 래커, 밀대

유의사항

- 지점토를 균등하게 민다.
- 지점토가 다 마른 뒤 래커를 칠하여 보관한다.
- 초에 불을 붙일 때 위험하므로 교사가 도와준다.

활동방법

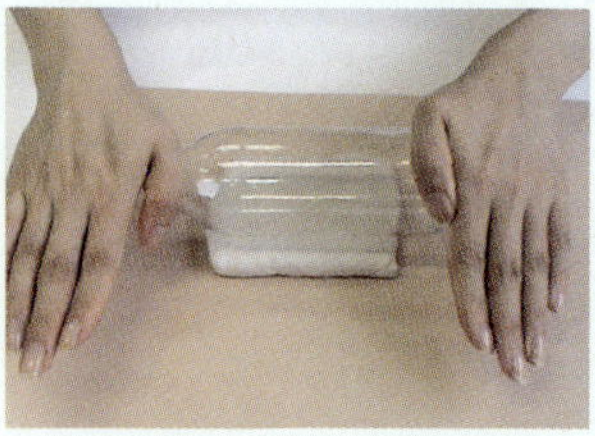

① 지점토를 밀대(빈병)로 민다.

② 지점토를 종이컵을 감쌀 수 있는 크기로 직사각형이 되도록 잘라준다.

③ 평평한 지점토 위에 레이스를 올려놓는다.

④ 레이스를 밀대(빈병)로 밀어서 무늬를 낸다.

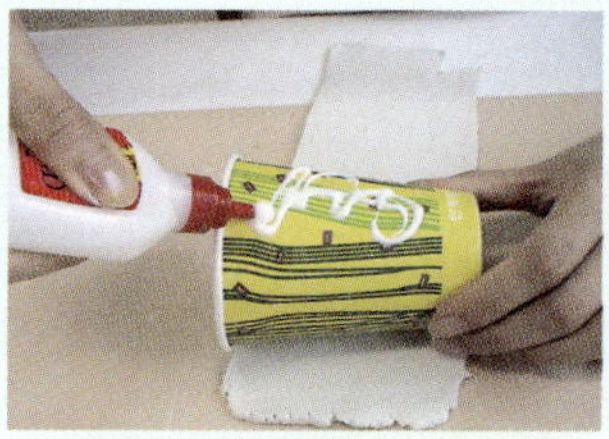

⑤ 종이컵에 오공본드를 바른뒤 지점토를 붙인다.

⑥ 줄 구슬을 종이컵 위와 아래 부분에 붙인다.

⑦ 비즈로 컵을 장식한다.

완 성

참고작품

한지 색종이 조명

크리스마스 조명

관련주제 환경

활동목표

→ 소근육 발달을 돕는다.

→ 빛의 투과성을 알 수 있다.

→ 스스로 조명을 만들 수 있다.

→ 협동 작업을 통하여 사회성을 기를 수 있다.

→ 한지의 특성을 알 수 있다.

활동자료

→ 한지 색종이, 반짝이 전구, 꽃철사, 오공본드, 가위

유의사항

→ 꽃철사를 구부릴 때 손을 다치지 않도록 주의한다.

→ 철사에 붙인 한지를 동그랗게 오릴 때 너무 바짝 자르지 않는다.

→ 여러 유아가 함께 협동 작업으로 한다.

→ 전구에 한지 색종이를 끼울 때는 교사가 도와준다.

활동방법

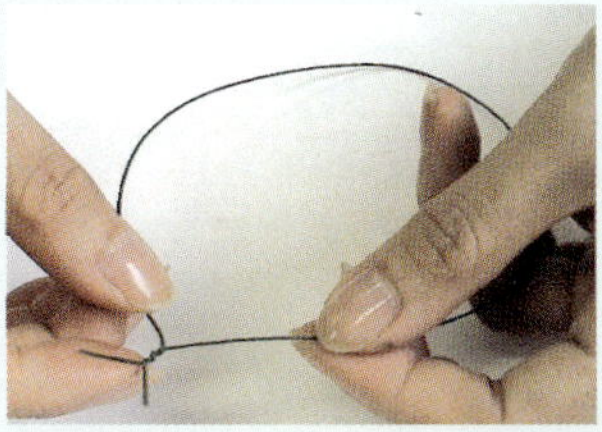

① 꽃철사를 동그랗게 말아준다.

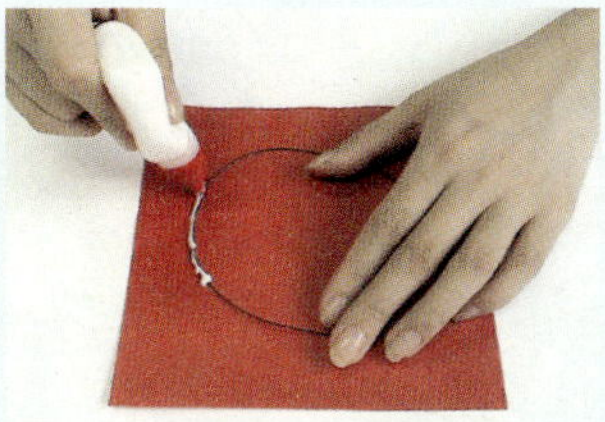

② 한지 색종이 위에 동그랗게 만든 꽃철사를 놓은 후 오공본드를 바른다.

③ 그 위에 다른 색 한지 색종이를 덮는다.

④ 오공본드가 마른 후에 원을 따라 동그랗게 오린다.

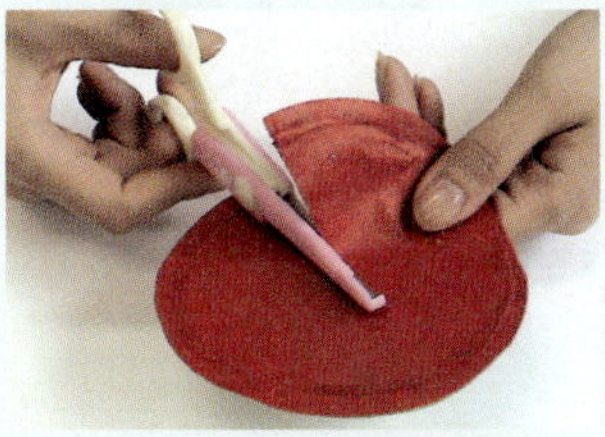

⑤ 원의 반지름만큼 가위로 자른다.

⑥ 잘린 부분의 한쪽을 앞으로 접는다.

⑦ 한쪽은 뒤로 접어서 엇갈린 고깔 모양을 만든다.

⑧ 고깔 모양의 한지를 반짝이 전구에 하나씩 끼운 뒤 오공본드를 바른다.

완 성

참고작품

기타 조명 참고작품

⑩ 폐품을 이용한 창작공예활동

일회용품 창작 공예

연필꽂이

관련주제 나와 유치원

활동목표

→ 연필꽂이의 용도를 안다.

→ 폐품을 활용하는 습관을 기른다.

활동자료

→ 일회용 그릇, 여러 종류의 펜, 오공본드, 가위, 펠트지, 연필, 인형 눈, 뽕뽕이

유의사항

→ 펠트지에 밑그림을 그릴 때는 뒤집어서 뒷면에 그려야 한다.

활동방법

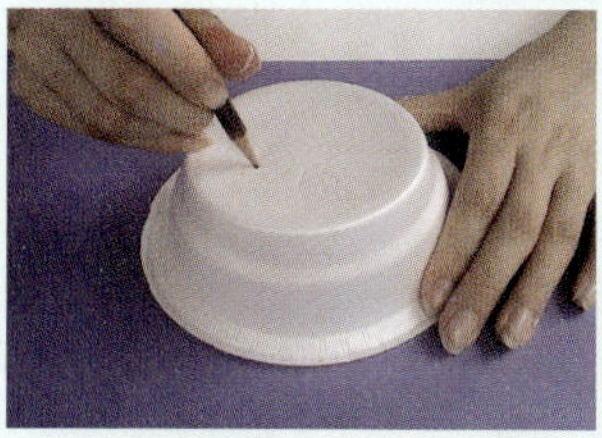

① 일회용 그릇을 뒤집어 연필로 구멍을 뚫는다.

② 뚫은 구멍에 펜을 꽂아 본다.

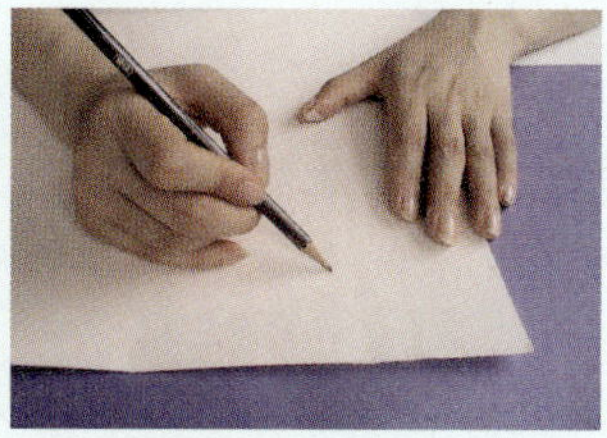

③ 펠트지에 연필로 밑그림을 그린다(토끼 그리기).

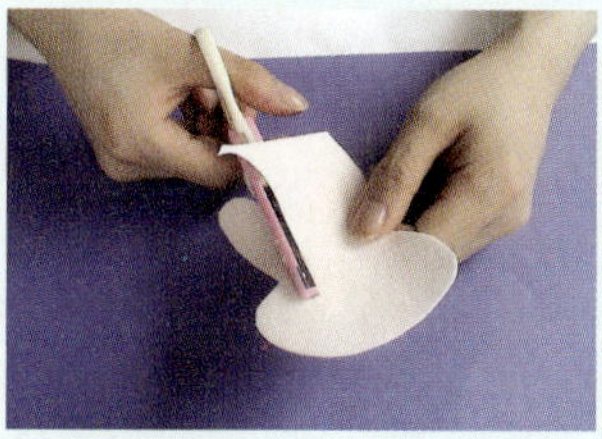

④ 밑그림(토끼 그림)을 가위로 자른다.

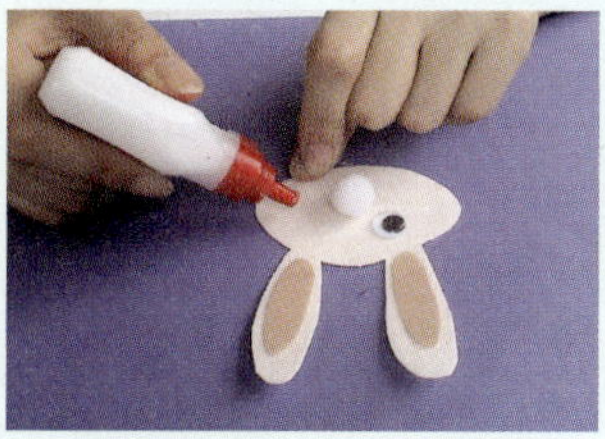

⑤ 토끼에 인형 눈과 뽕뽕이로 코를 붙인다.

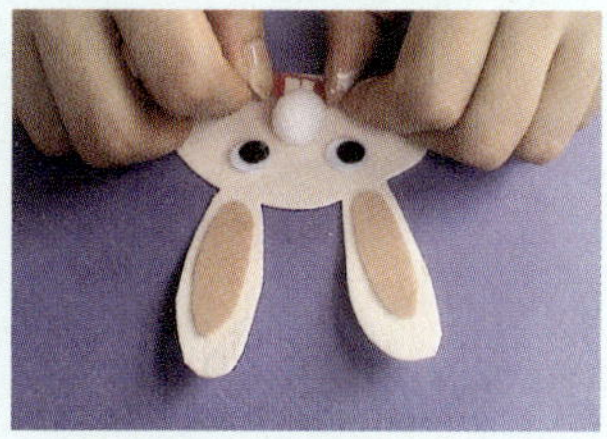

⑥ 토끼 입을 펠트지로 만들어 붙인다.

⑦ 만든 토끼 모습을 일회용 그릇에 붙인다.

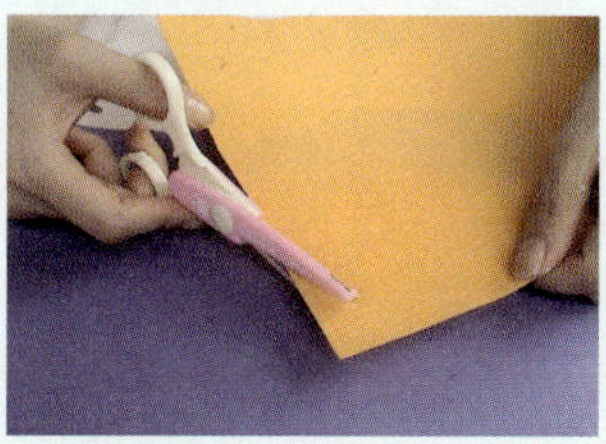

⑧ 주황색 펠트지로 당근을 만들어 준다. 초록색 펠트지로 당근 잎사귀를 만들어 준다.

⑨ 만든 당근을 토끼 옆에 붙여 주어 완성한다.

참고작품

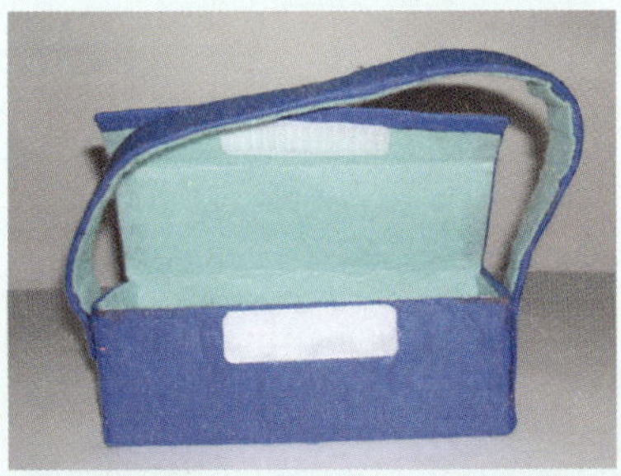

일회용품 창작 공예

물안경

관련주제 여름

활동목표

- 폐품을 재활용하는 습관을 기른다.
- 물안경의 기능을 안다.

활동자료

- 펠트지, 오공본드, 조각 케이크 케이스, 모루, 칼, 가위

유의사항

- 케이크 케이스를 칼로 자를 때 다치지 않도록 조심한다.
- 물안경이 얼굴 크기에 맞도록 잘 조정한다.
- 색 셀로판지를 이용해 색이 있는 물안경도 만들어 본다.

활동방법

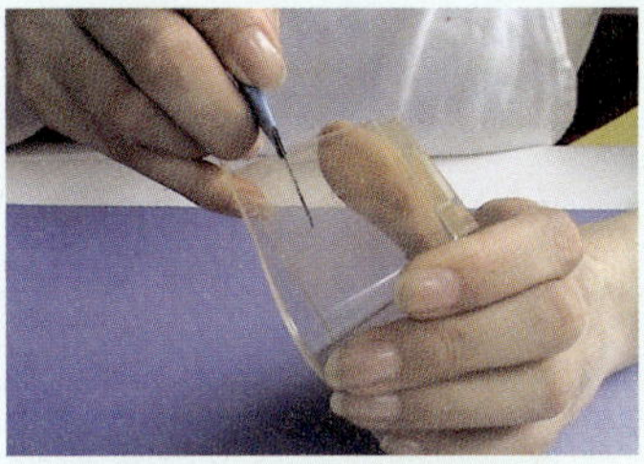

① 칼로 조각 케이크 케이스에 구멍을 낸다.

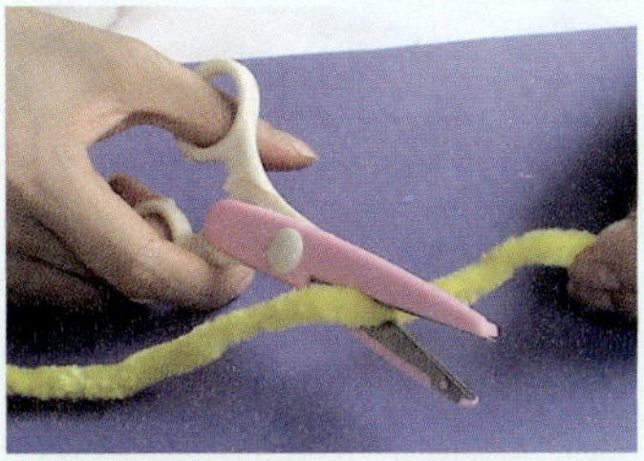

② 모루를 자른다.

③ 조각 케이크 케이스의 다른 모서리에 칼로 구멍을 내고, 모루를 넣는다.

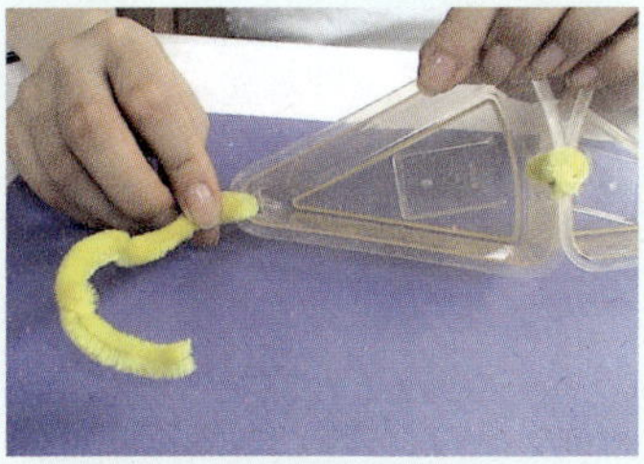

④ 물안경의 양옆에 모루로 다리를 만든다.

⑤ 파란색 펠트지로 파라솔을 만든다.

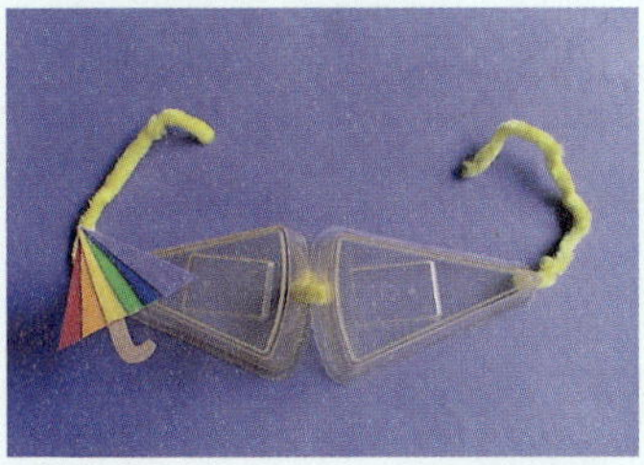

⑥ 파라솔을 물안경에 붙여 완성한다.

참고작품

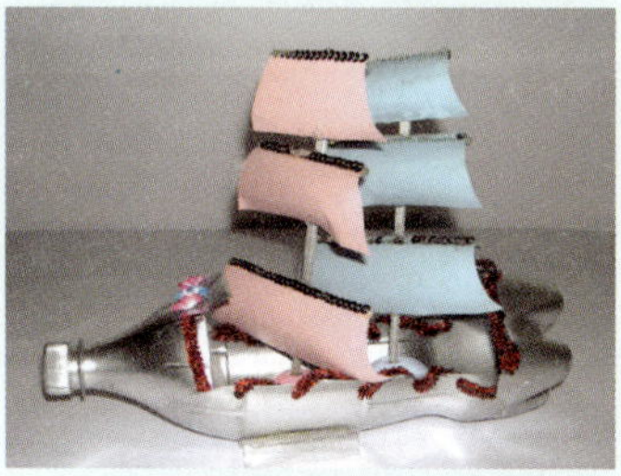

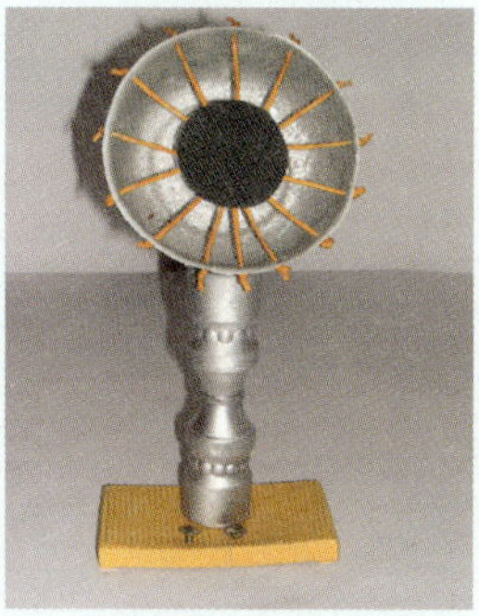

일회용품 창작 공예

빨래줄과 옷

관련주제 옷

활동목표

→ 폐품을 재활용할 수 있다.

→ 다양한 표현 방법을 알아볼 수 있다.

활동자료

→ 일회용 투명 플라스틱 상자, 지끈, 오공본드, 가위, 펠트지, 칼

유의사항

→ 아이들은 구멍을 뚫을 때 펀치로 뚫어준다.

→ 일회용 상자에 구멍을 뚫어준 후 지끈을 연결해서 연상되는 다양한 생각들을 표현해 보도록 한다(예 스파게티 면, 숲속, 빗줄기, 물미역 등).

활동방법

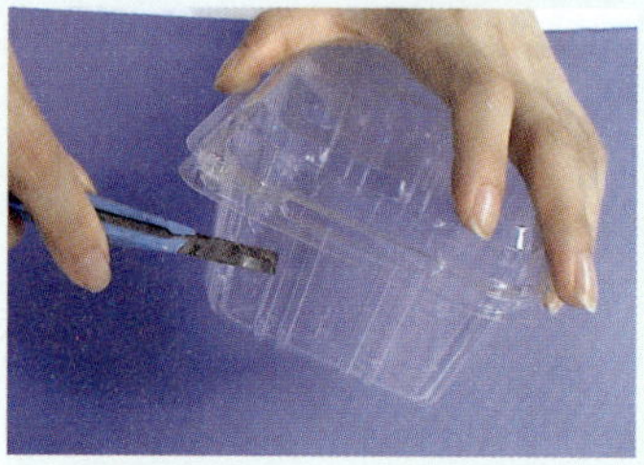

① 일회용 상자의 양쪽에 구멍을 뚫어준다.

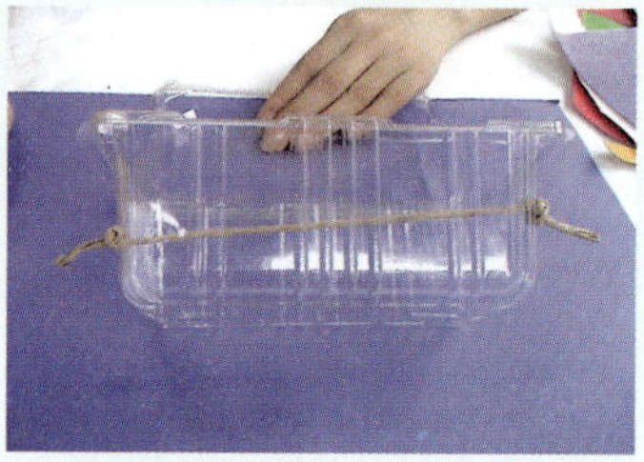

② 지끈을 구멍에 넣어서 매듭을 지어준다.

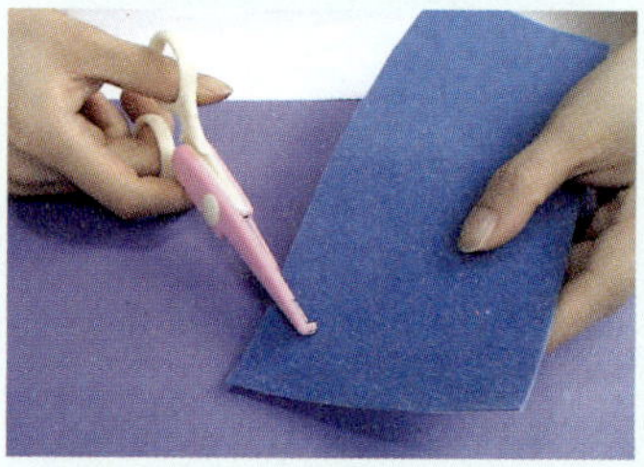

④ 펠트지로 옷을 만든다.

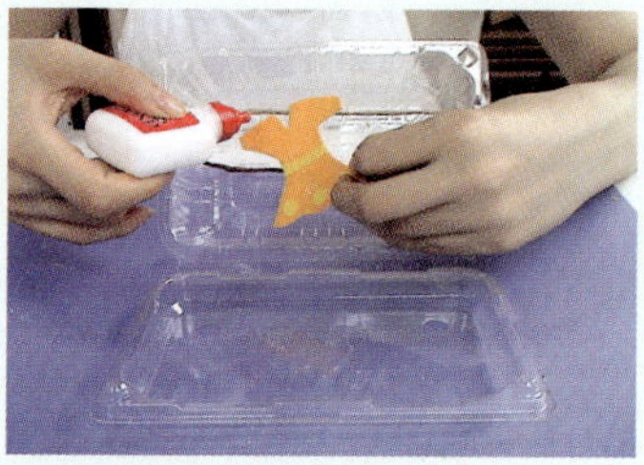

③ 만든 옷을 지끈에 매달아 준다.

완 성

참고작품

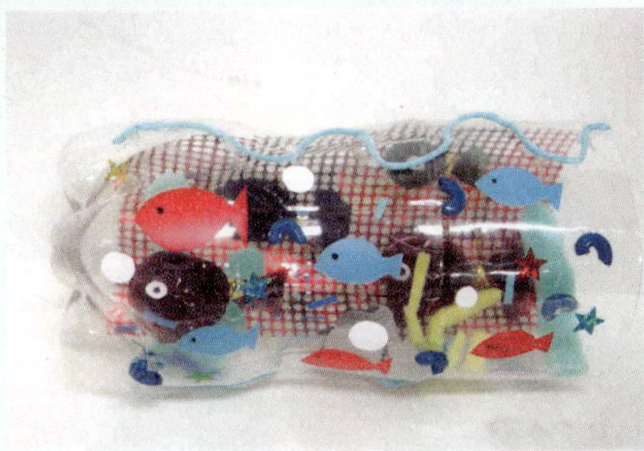

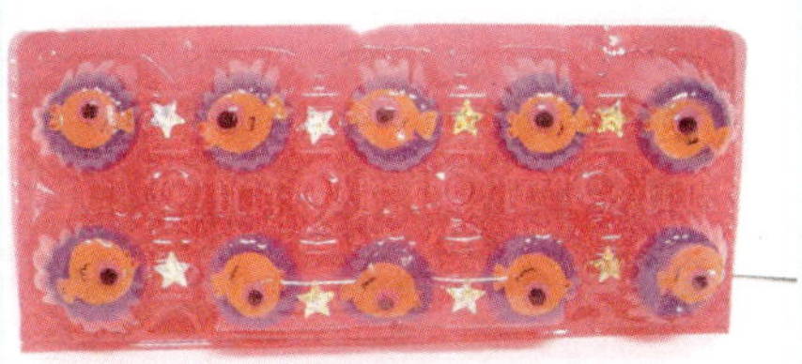

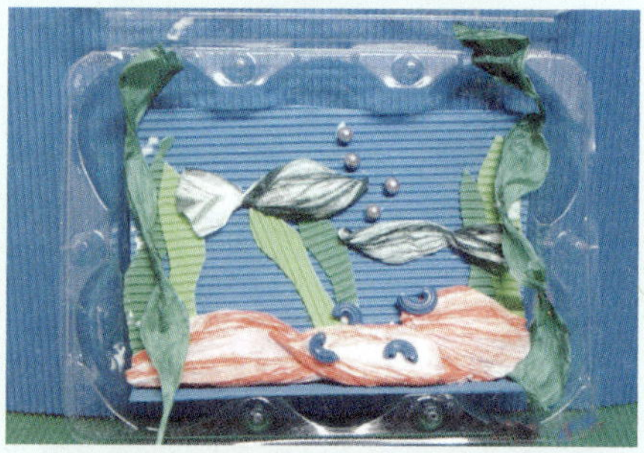

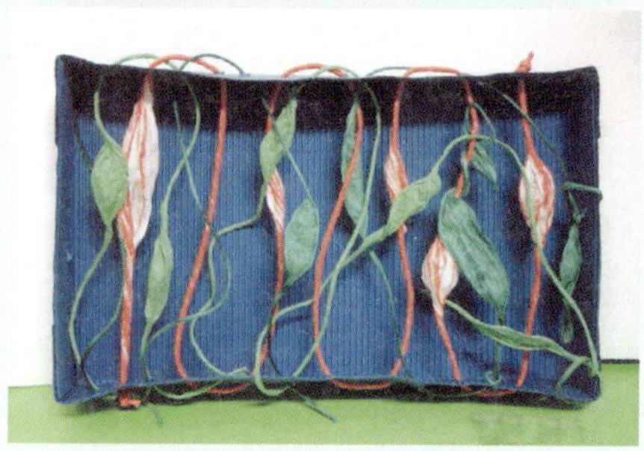

스타킹과 옷걸이 창작 공예

카라 꽃

련주제 여름

활동목표

→ 카라 꽃의 모양에 대해 안다.

→ 폐품을 재활용하는 습관을 기른다.

활동자료

→ 색종이, 스타킹, 옷걸이, 모루, 오공본드, 가위, 주름지, 꽃철사, 뽕뽕이, 종이 테이프

유의사항

→ 스타킹을 팽팽하게 잡아당겨 뼈대의 모습이 잘 드러나게 한다.

→ 만드는 종류에 따라 스타킹의 색깔을 바꿔줄 수 있다.

활동방법

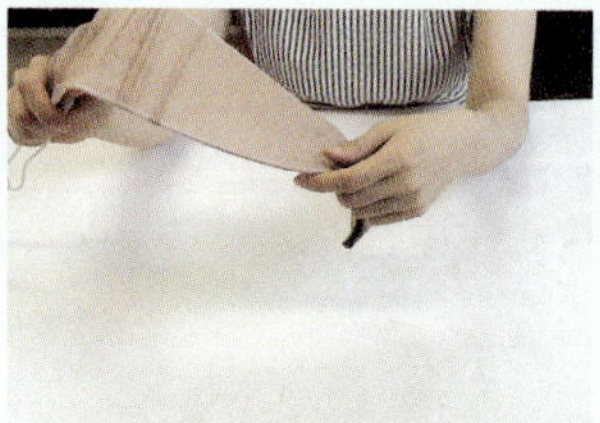

① 스타킹을 옷걸이에 씌운다.

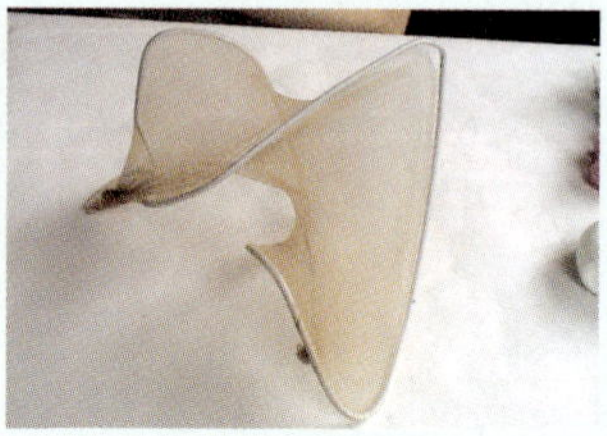

② 옷걸이의 모양을 카라 꽃 모양으로 잡아준다.

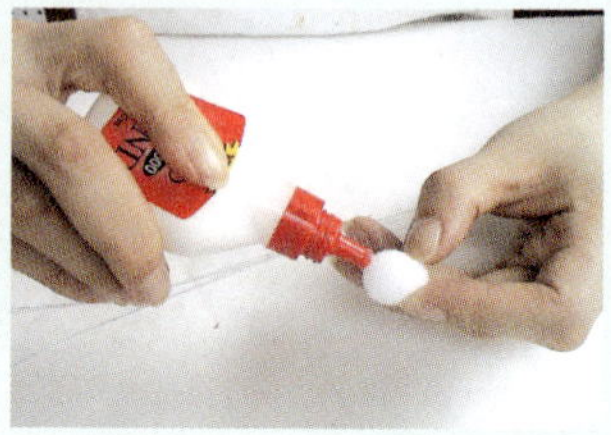

③ 뽕뽕이에 오공본드를 바른다.

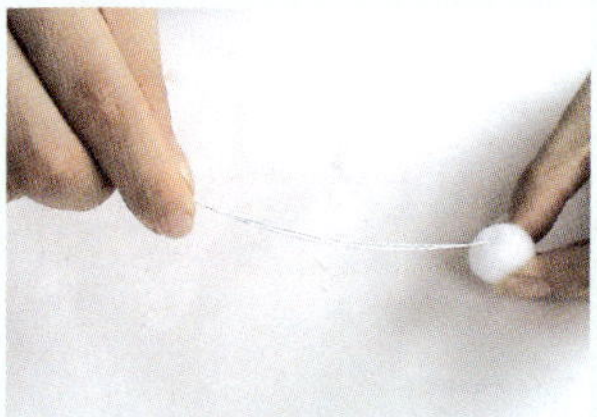

④ 뽕뽕이에 꽃철사를 붙인다.

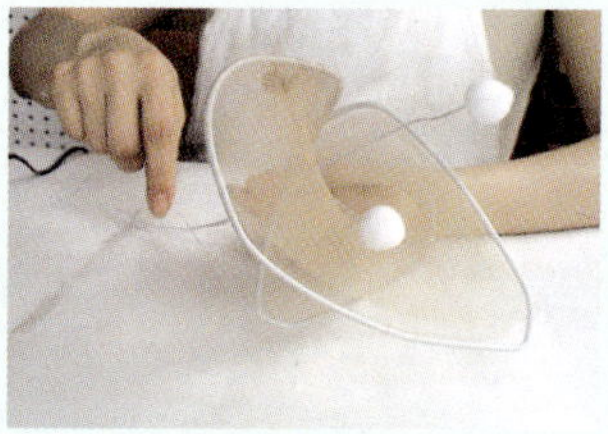

⑤ 뽕뽕이를 붙인 꽃철사를 옷걸이 사이에 끼운다.

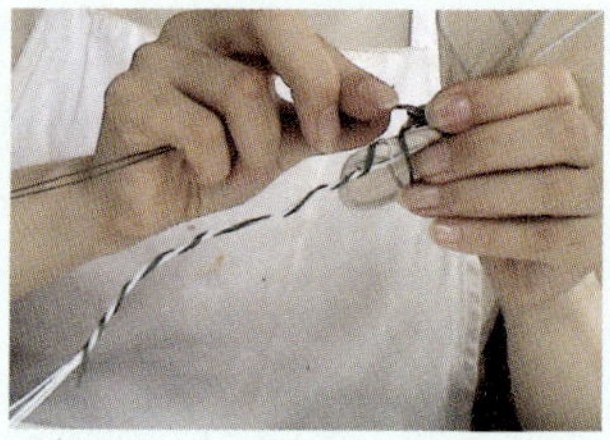

⑥ 다른 꽃철사로 끝을 돌려준다.

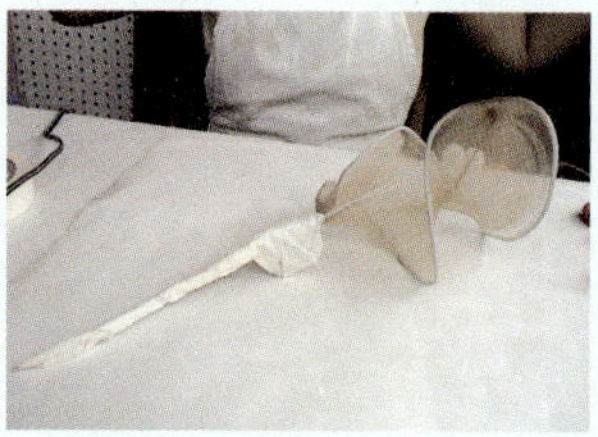

⑦ 그 위에 종이 테이프를 돌려준다.

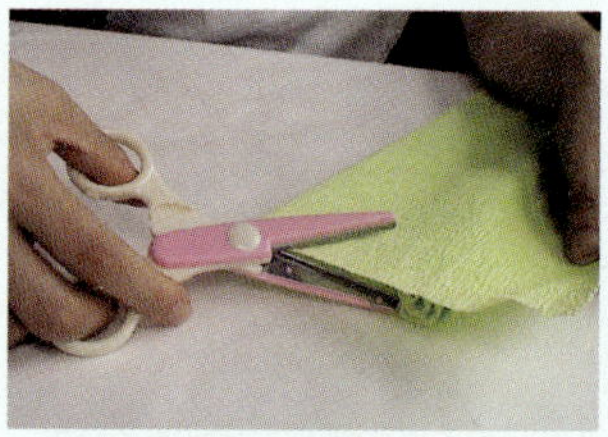

⑧ 주름지를 이용하여 잎 모양을 오려준다.

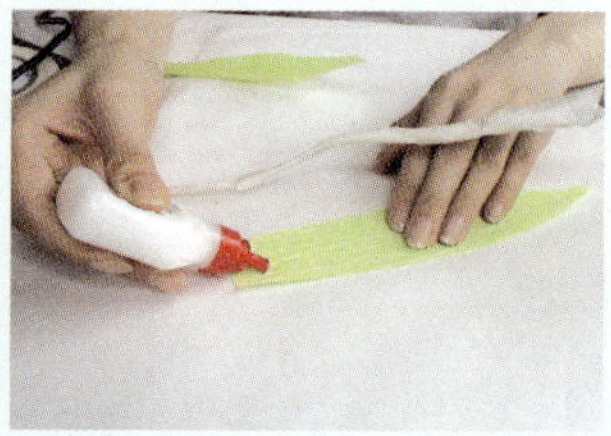

⑨ ⑧의 잎에 오공 본드를 발라 종이 테이프 위에 붙여 준다.

완 성

참고작품

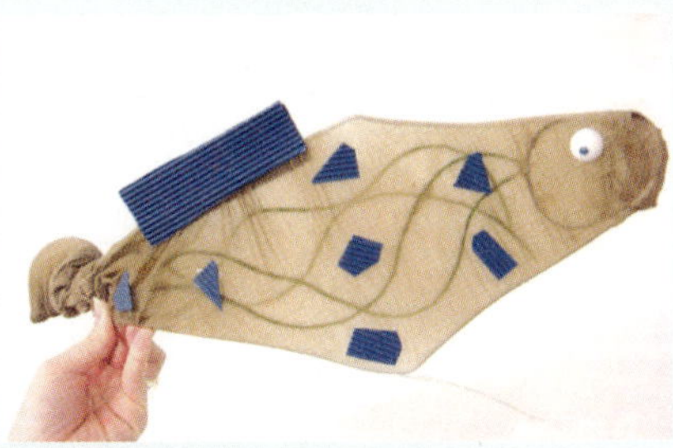

CD 창작 공예

눈 내리는 풍경

관련주제 겨울

활동목표

→ 겨울의 특징에 대해 안다.

→ 겨울에 대한 느낌을 표현해 본다.

→ 폐품을 재활용할 수 있다.

활동자료

→ 물통, 붓, 가위, 오공본드, CD케이스, 아크릴 물감, 팔레트 또는 일회용 접시, 사진

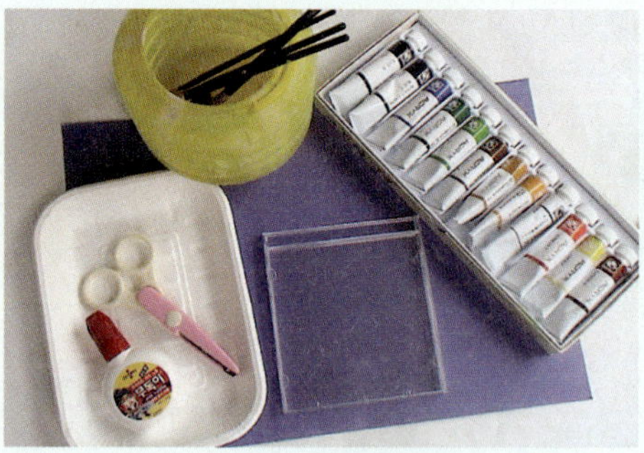

유의사항

→ CD케이스에 칠한 아크릴 물감이 완전히 마른 후 사진을 넣는다.

활동방법

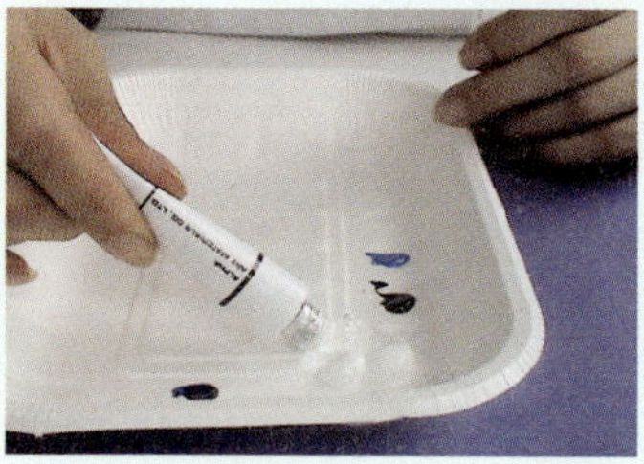

① 흰색 아크릴 물감을 일회용 접시 위에 짠다.

② 흰색 아크릴 물감으로 그림을 그린다.

③ 눈 내리는 풍경을 그린 후 말린다.

④ 아크릴 물감이 완전히 마른 뒤, CD케이스를 뒤집어서 배경을 그린다.

⑤ 아크릴 물감을 말린다.

⑥ 케이스 안에 사진을 붙인 후 뚜껑을 닫는다.

참고작품

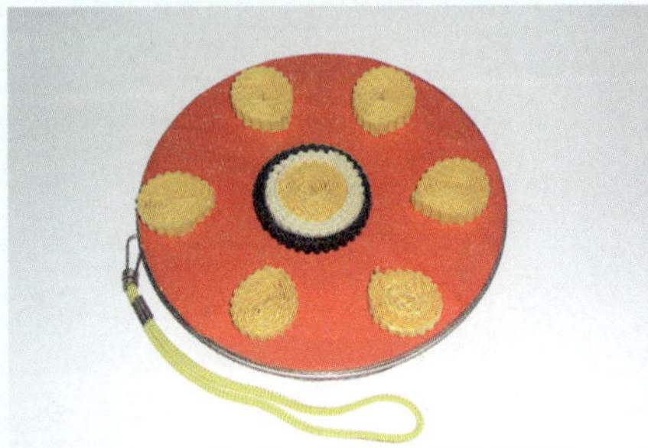

기타 작품

참고작품

⑪
염색공예

종이 접기 염색

접기 염색

관련주제 우리나라

활동목표

- 염색의 원리를 안다.
- 우리가 입은 옷이 어떻게 염색되었는지 알 수 있다.
- 자신의 느낌을 표현해 본다.
- 다양한 색감을 안다.

활동자료

- 한지, 수채화 물감, 물통, 붓, 일회용 그릇, 물

유의사항

- 한지를 물감에 담그면 한지가 얇아서 찢어질 수 있으므로, 찢어지지 않게 조심한다.
- 물감을 풀 때 물의 양이 많으면 염색이 잘 되지 않으므로 물감을 농도를 잘 맞춘다.
- 색이 섞이지 않게 살짝 담갔다 뺀다.

활동방법

① 정사각형으로 잘린 한지를 앞뒤로 접는다.

② 길게 접은 한지를 또 세모로 접는다.

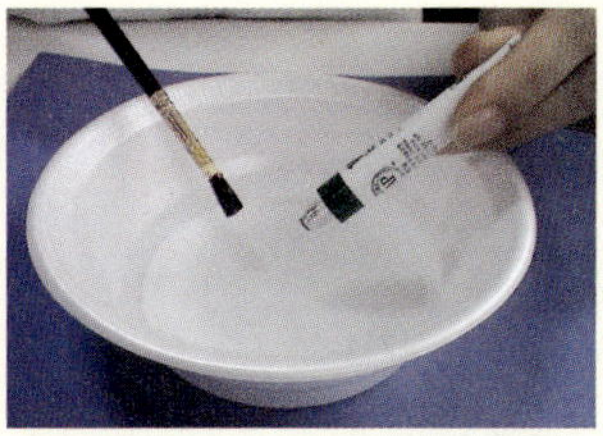

③ 그릇에 수채화 물감을 짠다.

④ 짠 물감을 붓으로 푼다.

⑤ 같은 방법으로 빨간색, 노란색, 파란색, 보라색, 연두색, 초록색을 푼다.

⑥ 한지의 모서리 부분을 여러가지 색에 담가준다.

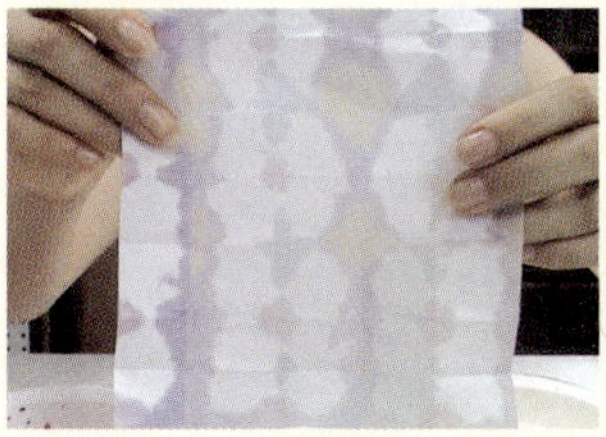

⑦ 한지를 조심스럽게 편다.

⑧ 염색된 한지를 그늘에 말린다.

참고작품

홀치기 염색

홀치기 염색

관련주제 우리나라

활동목표

- 염색의 다양한 방법을 안다.
- 자신의 생각을 표현해 본다.
- 물감의 색이 번지는 특성을 알 수 있다.

활동자료

- 한지, 수채화 물감, 물통, 붓, 고무줄, 물, 일회용 그릇

유의사항

- 한지를 물감에 담글 때 고무줄이 묶인 곳은 되도록 담기지 않도록 한다.
- 고무줄을 한지에 묶을 때 꽉 묶는다.

활동방법

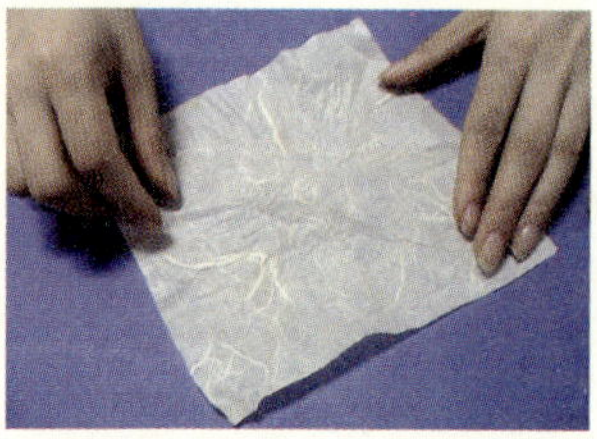

① 정사각형 한지를 준비한다.

② 한지를 길게 접어서 고무줄로 묶고 싶은 곳을 묶는다.

③ 원하는 색에 담가준다.

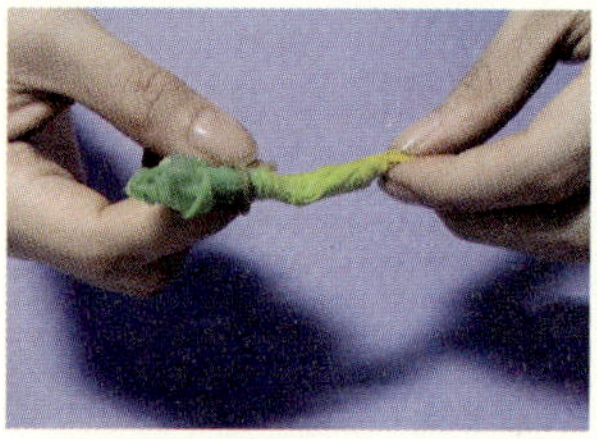

④ 고무줄을 푼다.

⑤ 한지를 편다.

⑥ 그늘에 말린다.

참고작품

홀치기 염색

부채 만들기

관련주제 전통

활동목표

- 한지를 염색할 수 있다.
- 종이를 접어 나만의 부채를 만들 수 있다.

활동자료

- 한지, 나무젓가락, 풀, 양면 테이프, 고무줄, 수채화 물감, 일회용 그릇, 붓

유의사항

- 부채를 만들 한지이므로 물감을 염색할 때 잘 담가야 한다.
- 한지가 두께가 얇아 부쳤을 때 시원하지 않으면 염색된 한지를 여러 장 겹쳐 붙여서 만들어 본다.
- 밖에 나갈 때 모자로 사용할 수도 있다.

활동방법

① 한지를 앞 뒤로 접는다.

② 긴 한지를 정사각형 모양이 되게 접는다.

③ 물감을 푼 곳에 정사각형 모양으로 접은 한지의 모서리를 담가 염색한다.

④ 한지를 조심스럽게 펴서 그늘에 말린다.

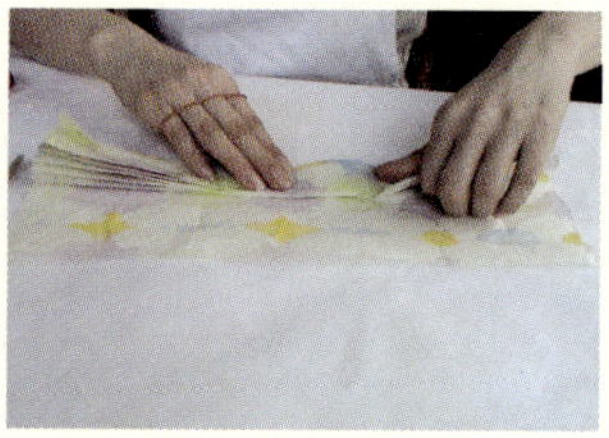

⑤ 다 마른 한지를 앞 뒤로 번갈아 접는다.

⑥ 다 접은 후 가운데를 고무줄로 묶는다.

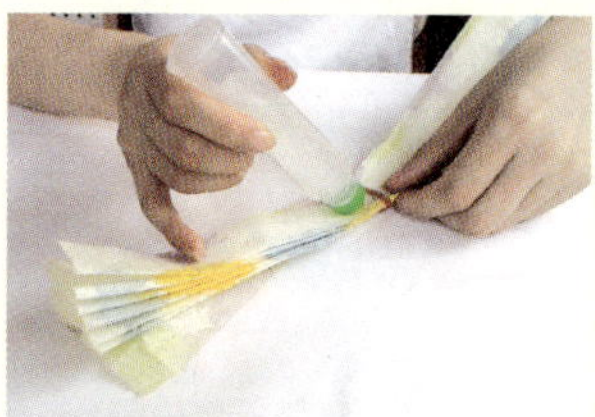

⑦ 한쪽 면을 풀칠한다.

⑧ 풀칠한 면을 마주보게 붙인다.

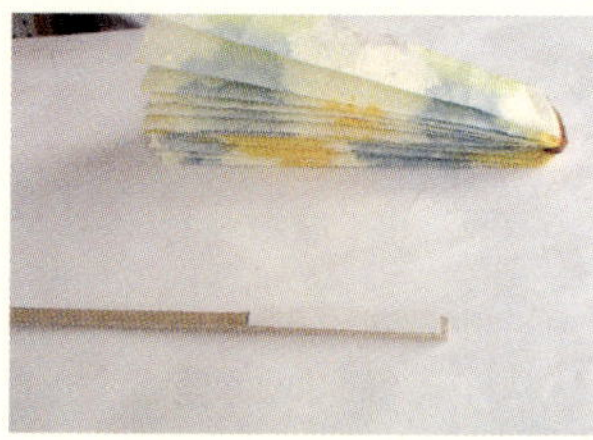

⑨ 나무젓가락에 양면 테이프를 붙인다.

⑩ 한지 양쪽 끝면에 나무젓가락을 붙인다.

⑪ 나무젓가락을 손잡이를 잡고 부쳐 본다.

참고작품

⑫
종이 만들기

꽃이 있는 종이

꽃잎 종이

관련주제 자연

활동목표

- 화장지를 이용해 나만의 종이를 만들 수 있다.
- 다양한 재료를 이용해 만들 수 있는 즐거움을 가진다.
- 나만의 편지지를 만들어 가족에게 편지를 쓴다.

활동자료

- 김밥말이, 티슈, 큰 그릇, 꽃잎, 오공본드, 일회용 접시, 물

유의사항

- 종이를 김밥말이에 펼 때 다양한 모양으로 펴준다.
- 꽃잎은 미리 따서 말려둔다.

활동방법

① 큰 그릇에 물을 담는다.

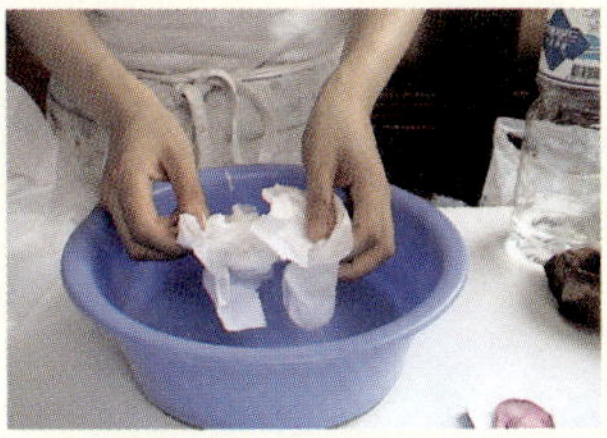

② 티슈를 구겨서 물 속에 담근다.

③ 물에 담근 티슈를 찢는다.

④ ③에 오공본드를 짜 넣는다.

⑤ 오공본드와 티슈를 잘 섞어 준다.

⑥ 일회용 접시 위에 김밥말이를 펴 놓는다.

⑦ 김밥말이 위에 ⑤의 티슈를 고르게 펴놓는다.

⑧ 종이를 다 편 상태에서 꽃잎을 놓고 말린다.

완 성

향기 나는 종이

커피향 종이

관련주제 자연

활동목표

- 향기가 나는 종이를 만들어 본다.
- 여러 형태로 종이 만드는 법을 알 수 있다.

활동자료

- 김밥말이, 티슈, 큰 그릇, 커피가루, 꽃잎, 오공본드, 물, 일회용 접시

유의사항

- 종이를 김밥말이에 펼 때 다양한 모양으로 펴준다.
- 커피가루로 원액을 만들 때 가루가 쏟아지지 않도록 주의한다.
- 교사는 다른 향수를 뿌려 줄 수도 있다.

활동방법

① 큰 그릇에 물을 담는다.

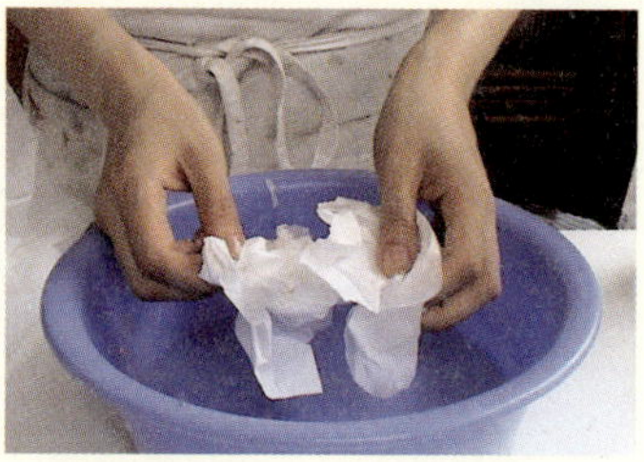

② 티슈를 구겨서 넣는다.

③ 티슈를 찢는다.

④ 오공본드를 넣는다.

⑤ 그릇에 넣은 오공본드와 티슈를 잘 섞어 준다.

⑥ 커피가루를 물에 걸러서 커피 원액을 만든다.

⑦ 커피원액을 ⑤에 준비한 재료에 넣고 섞는다.

⑧ 일회용 접시 위에 김밥말이를 펴 놓는다.

⑨ 김밥말이 위에 적신 티슈를 하트 모양으로 펴준다.

⑩ 꽃잎으로 장식해준다.

⑪ 장식이 끝나면 말린다.

완 성

Part III 실제편 - 응용

1. 판화

2. 종이 공예

3. OHP물고기

4. 자연물 꾸미기

5. 돌멩이 꾸미기

6. 은박지 공예

7. 철사 공예

8. 비즈 공예

9. 압화 공예

10. 글루픽처(Glue Picture)

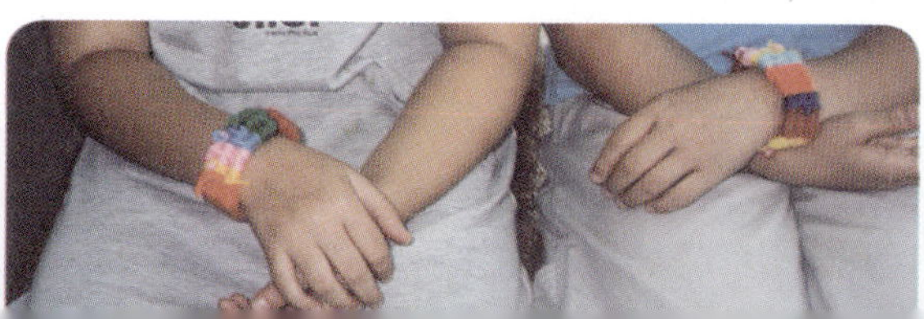

① 판 화

판 화

프로탁주(frottage)

관련주제 자연

활동목표

→ 미술의 다양한 방법을 경험해 본다.
→ 판화의 기초 기법을 경험해 본다.
→ 소근육과 손의 조절력을 발달시킬 수 있다.

활동자료

→ 화선지, 크레파스나 크레용, 표면결을 느낄 수 있는 다양한 재료, 동전, 클립, 나뭇잎, 조개 등 자연물

유의사항

→ 화선지에 크레파스로 문지를 때 화선지가 찢어지지 않도록 조심스럽게 문지른다.

활동방법

자연물 프로탁주

① 조개를 화선지 밑에 놓는다.

② 화선지 밑에 놓여 있는 조개를 크레용으로 문지른다.

③ 화선지 밑에 있는 조개를 여러 가지 색으로 문지른다.

④ 나뭇잎을 화선지 밑에 놓는다.

⑤ 화선지 밑에 있는 나뭇잎을 크레용으로 문지른다.

⑥ 완성

다양한 도구 프로탁주

① 그물망을 화선지 밑에 놓는다.

② 화선지 밑에 놓여 있는 그물망을 크레용으로 문지른다.

③ 화선지 밑에 있는 그물망을 여러 가지 색으로 문지른다.

④ 동전과 클립을 화선지 밑에 놓는다.

⑤ 화선지 밑에 놓여 있는 동전과 클립을 여러가지 크레파스로 문지른다.

⑥ 완성

판화 찍기

관련주제 과일

활동목표

- 미술의 다양한 방법을 경험해 본다.
- 손 찍기를 이용해 다양한 활동을 할 수 있다.
- 다양한 찍기의 도구를 사용할 수 있다.

활동자료

- 스케치북, 아크릴 물감 혹은 수채화 물감, 수채화 도구(붓, 팔레트, 물통), 감자나 과일

유의사항

- 활동 중에 물감이 묻지 않도록 앞치마를 착용하도록 한다.
- 감자나 사과와 같이 면이 나올 수 있는 과일을 준비한다.
- 찍기 도구로 사용하는 과일을 장난으로 먹지 않도록 주의한다.

활동방법

① 아크릴 물감을 팔레트에 짠다.

② 손가락에 짠 물감을 묻혀 스케치북에 찍는다.

③ 꽃모양으로 손가락을 찍는다.

④ 자른 감자를 준비한다.

⑤ 감자에 연두색과 초록색 아크릴을 묻힌다.

⑥ 물감을 묻힌 감자를 찍는다.

⑦ 완성

판화 롤러그림

관련주제 우리동네

활동목표

- 미술의 다양한 방법을 경험해 본다
- 롤러로 다양한 표현을 경험해 본다.
- 롤러 그림을 그린 후에 다양한 상상의 표현을 할 수 있다.

활동자료

- 색상지나 스케치북, 혹은 전지, 롤러, 아크릴 물감 혹은 수채화 물감, 수채화 도구 (붓, 팔레트, 물통), 다양한 찍기 도구 및 종이 (골판지나 박스 지), 유성 사인펜

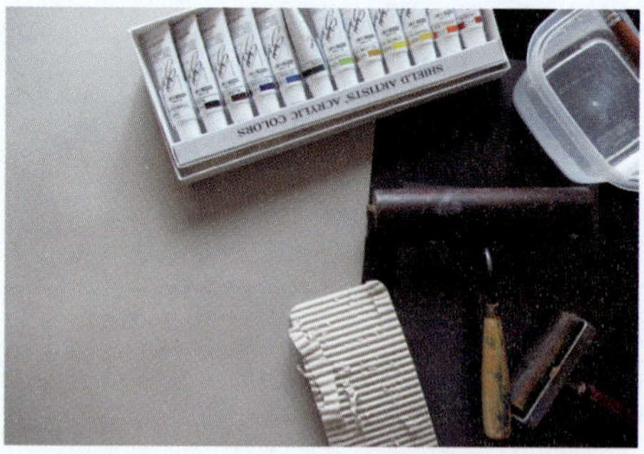

유의사항

- 수업을 시작하기 전에 지저분하게 활동하지 않도록 주의한다.
- 전지를 이용하여 여러 가지 롤러 모양을 주어 협동화를 구상해 본다.

활동방법

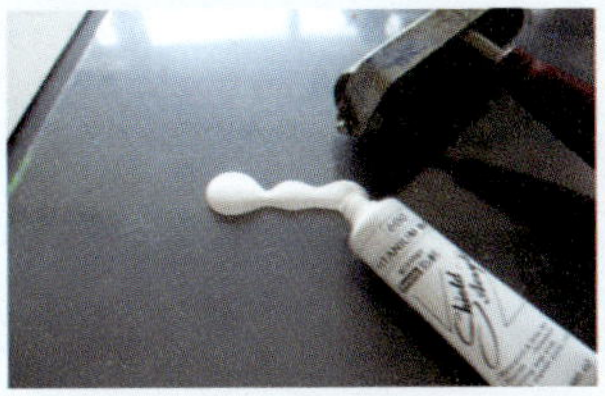

① 아크릴 판에 하얀색 물감을 짠다.

② 롤러를 앞뒤로 문질러 물감을 묻힌다.

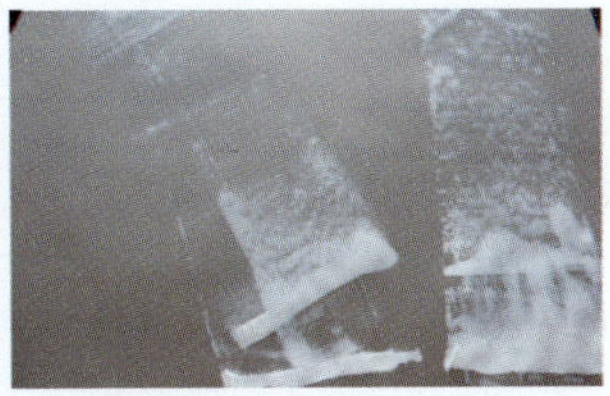

③ 종이에 롤러를 굴려서 표현한다.

④ 다른 색도 롤러에 묻혀 종이에 표현한다.

⑤ 롤러를 여러 방향으로 돌려서 표현한다.

⑥ 골판지에 물감을 묻힌다.

⑦ 물감을 묻힌 골판지를 색상지에 찍는다.

⑧ 롤러 그림에서 연상이 되는 장면을 사인펜으로 그린다.

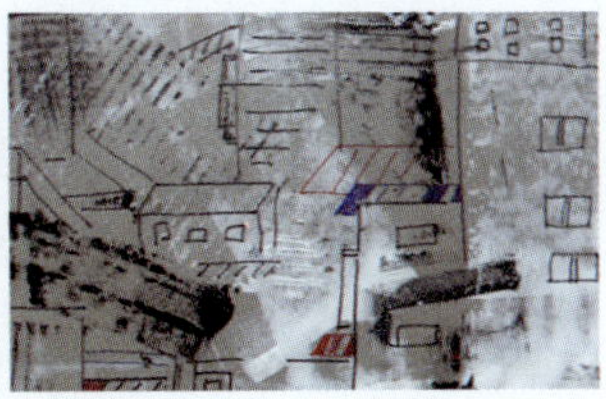

⑨ 완성

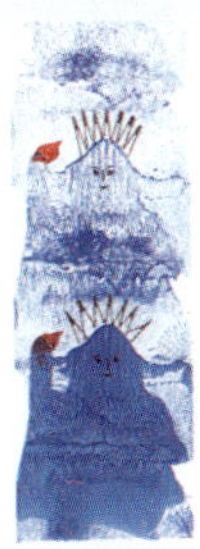

② 종이공예

종이 공예

도구를 활용한 종이 공예

관련주제 다양한 도구

활동목표

→ 소근육을 기를 수 있다.

→ 다양한 자르기 도구를 경험할 수 있다.

활동자료

→ 색상지, 색종이, 모양이 다양한 펀치, 핑킹 가위, 가위, 풀, 색노끈 등

유의사항

→ 자르는 도구 사용법에 대해 설명을 듣고 사용하도록 주의한다.

→ 도구 사용 시 손가락이 다치지 않도록 주의한다.

→ 다양한 종이와 도구를 사용할 수 있도록 제시해 준다.

활동방법

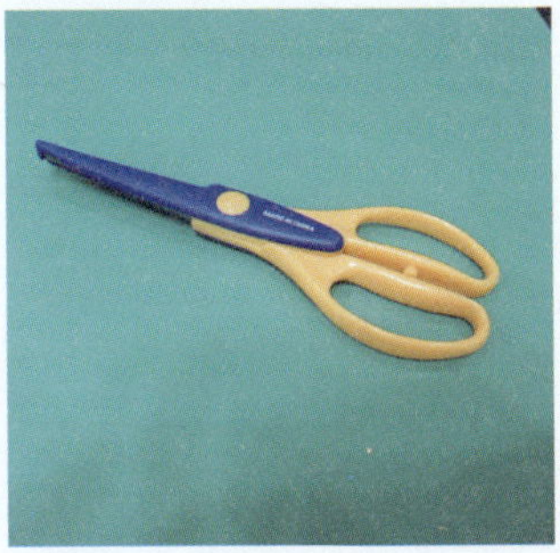

① 색상지와 핑킹 가위를 준비한다.

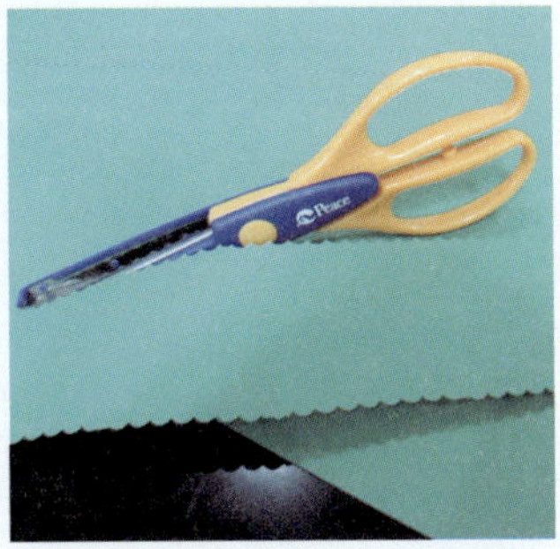

② 핑킹 가위로 색상지를 자른다.

③ 자른 색상지와 펀치를 준비한다.

④ 자른 색상지에 펀치를 대고 찍는다.

⑤ 펀치를 찍은 후 다른 색상지와 풀을 준비한다.

⑥ 여러 가지 색상지를 배경으로 하여 붙인다.

종이 공예

종이 오리기 공예

관련주제 다양한 도구

활동목표

- 소근육 발달을 기를 수 있다.
- 다양한 재료를 사용하는 경험을 갖는다.
- 다양한 미술 표현 방법을 시도해 볼 수 있다.

활동자료

- 색상지, 색종이, 모양이 다양한 펀치, 핑킹 가위, 가위, 풀, 색노끈 등

유의사항

- 자르는 도구 사용법에 대해 설명을 듣고 사용하도록 주의한다.
- 접기 방법을 잘 이해하도록 가르친다(5겹 겹쳐 접기, 4겹 병풍 접기).

활동방법

사과 모양 만들기

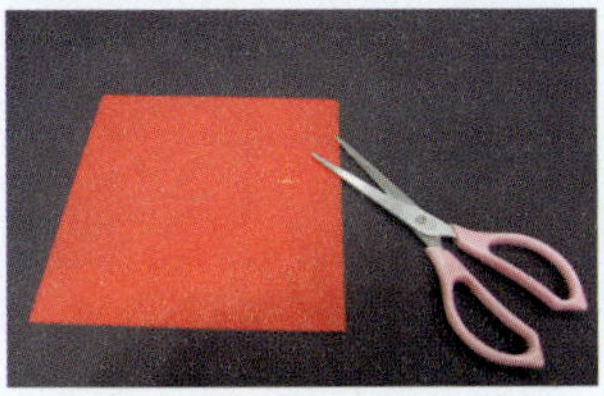

① 색종이와 가위를 준비한다.

② 색종이를 삼각형 모양이 되도록 접는다.

③ 삼각형의 가운데를 중심으로 오른쪽 부분의 끝을 왼쪽으로 접는다.

④ 접은 색종이의 끝을 다시 그 위로 하여 오른쪽으로 접는다.

⑤ 삼각형 왼쪽의 부분도 가운데를 중심으로 오른쪽으로 겹쳐 접는다.

⑥ 접은 색종이의 끝을 다시 그 위로 하여 왼쪽으로 접는다.

⑦ 5겹으로 접은 색종이 위에 사과를 그린다.

⑧ 색종이에 그린 사과를 가위로 자른다. 단, 가위로 자를때 사과의 옆면을 완전히 자르지 않는다.

⑨ 자른 사과의 모양

⑩ 겹쳐진 색종이를 핀다.

⑪ 동그란 여러 가지 사과 모양이 나온다.

나뭇잎 모양 만들기

① 색종이를 준비한다.

② 색종이를 반으로 접는다.

③ 반으로 접은 색종이를 다시 반으로 접는다.

④ 앞에 접은 색종이를 또 반으로 접어 4겹 병풍 접기를 한다.

⑤ 접은 색종이 위에 나뭇잎을 그린다. 단 그릴 때 잎사귀의 옆 부분은 접은 선에 겹쳐 그린다.

⑥ 색종이에 그린 나뭇잎 모양을 가위로 자른다.

⑦ 잎사귀를 자른 모양

⑧ 겹쳐진 색종이를 핀다.

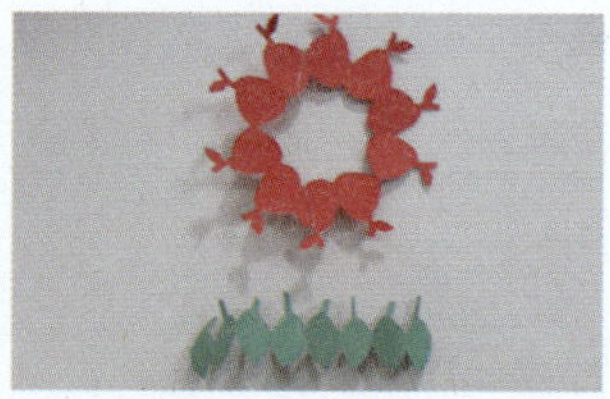
⑨ 완성

나뭇잎 모양 만들기

① 같은 색 색종이를 두 장 준비한다.

② 색종이 한 장을 반으로 접는다.

③ 접은 색종이에 나무 모양의 반쪽만을 그린다.

④ 색종이에 그린 모양을 자른다.

⑤ 자른 모양

⑥ 다른 색종이를 반으로 접는다.

⑦ 반으로 접은 종이에 앞과같은 나무 모양을 그린다.

⑧ 그린 모양을 가위로 자른다.

⑨ 두 개의 나무 모양을 만든다.

⑩ 나무 모양 색종이 하나를 중간의 밑에서 가운데 부분까지 가위로 자른다.

⑪ 다른 색종이의 나무모양을 중간의 위에서 가운데 부분까지 자른다.

⑫ ⑩, ⑪의 나무 모양 색종이를 중간에 자른 부분에 끼워 넣는다.

종이 공예

box 공예

관련주제 재활용

활동목표

→ 소근육 발달을 기를 수 있다.
→ 다양한 재료와 도구를 사용하여 표현할 수 있다.
→ 폐품을 활용하여 멋진 창작품을 만들 수 있다.

활동자료

→ box지, 가위, 셀로판 테이프, 철사나 꾸미기 재료

유의사항

→ 교사는 유아에게 충분한 발상 지도를 통해 창의적인 활동을 할 수 있도록 도와주어야 한다.
→ 교사는 box지를 미리 잘라주어 유아가 활동하기 편하도록 도와준다.
→ 유아의 개별적 활동뿐만 아니라 전체 협동 활동으로 전개할 수 있다.

활동방법

① box지를 가위로 자른다.

② box지로 큰 나무 틀을 만든다. (종이오리기 공예의 나무 모양을 참고 한다.)

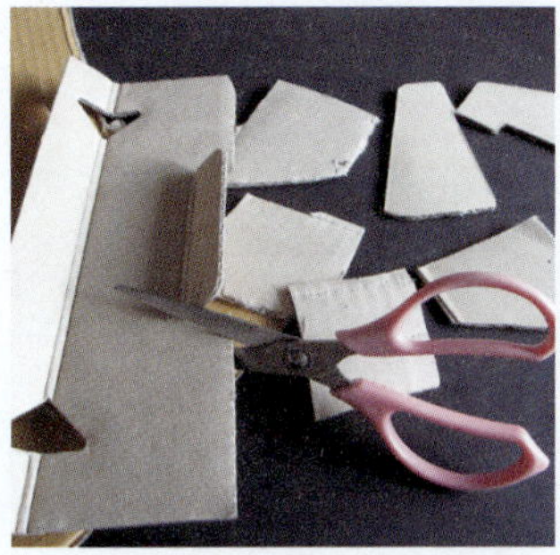

③ box를 작게 자른 후 옆부분에 가위질을 한다.

④ 나무모양 틀에 작은 box지를 끼운다.

⑤ 전체 균형에 맞추어 작은 box지를 끼워서 모양을 만든다.

⑥ 꾸미기 재료로 꾸며 완성한다.

③
OHP물고기

응용 OHP 물고기

관련주제 여름

활동목표

→ 다양한 재료로 미술을 표현할 수 있다.

→ 물고기의 다양한 모양을 탐색하고 표현할 수 있다.

→ 다양한 미술 표현 방법을 시도해 볼 수 있다.

활동자료

→ OHP 필름, 유성펜, 가위, 스티커, 인형눈 등

유의사항

→ 수성펜은 그림을 그린 후 지저분해지거나 손에 묻을 수 있음으로 유성펜을 사용한다.

→ 다양한 물고기를 관찰한 후에 미술활동을 함으로써 유아가 스스로 그려나갈 수 있게 한다.

→ 유아에게 주는 OHP 필름은 시각 모서리를 둥글게 자른 후에 안정하게 활동할 수 있도록 한다.

활동방법

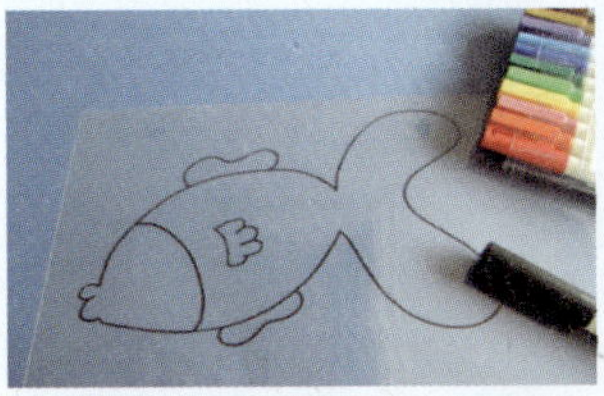

① OHP 필름에 유성펜으로 물고기를 그린다.

② 그린 물고기에 인형 눈을 붙인다.

③ OHP 물고기에 스티커를 붙인다.

④ 물고기에 스티커를 붙여 꾸민다.

⑤ 꾸민 물고기를 가위로 자른다.

⑥ 물고기 모양을 완성한다.

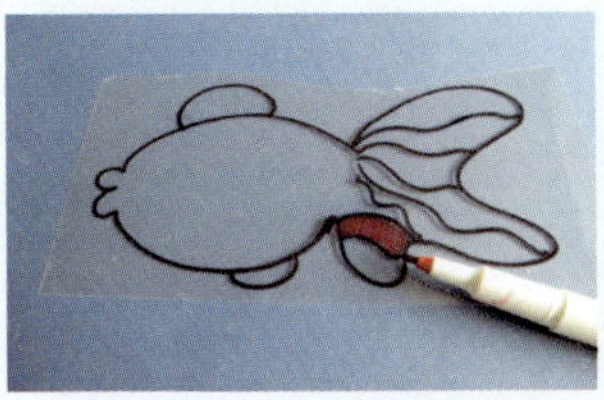

⑦ OHP 필름에 다른 물고기를 그린다.

⑧ 그린 물고기에 유성펜과 스티커로 꾸민다.

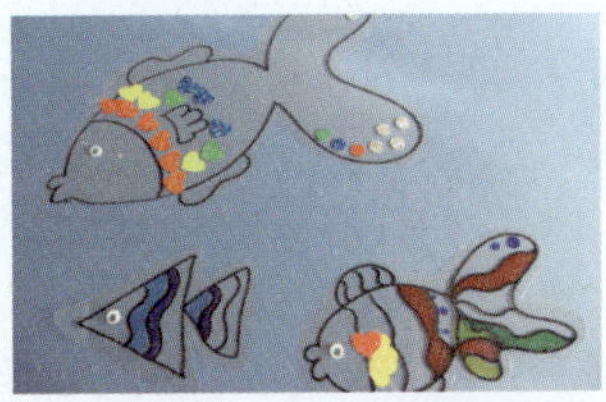

⑨ 다양한 물고기를 표현해본다

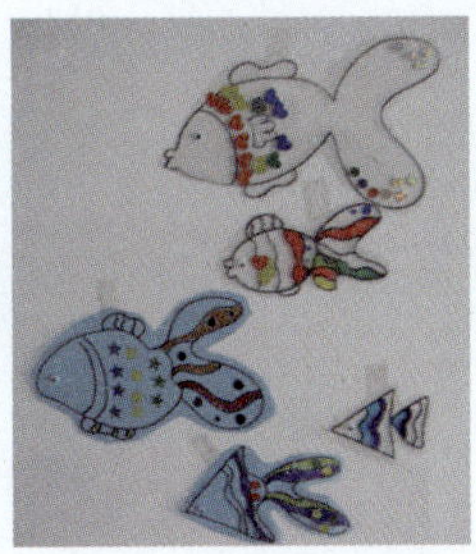

응용 자연물 꾸미기

관련주제 자연

활동목표

→ 자연물을 이용해 창작 활동을 할 수 있다.

→ 자연물을 이용해 창의적인 표현을 해 나갈 수 있다.

활동자료

→ 나뭇잎, 나뭇가지, 조개껍데기, 솔방울, 본드, 철사, 가위, 셀로판 테이프, 인형눈 등

유의사항

→ 계절감이 따르는 자연물은 미리 준비해 둔다.

→ 교사는 다양한 발상 지도를 통해 유아가 스스로 창의적인 표현을 할 수 있도록 한다.

활동방법

타조 만들기

① 솔방울, 나뭇가지, 철사를 준비한다.

② 나뭇가지에 솔방울을 연결한다.

③ 나뭇가지 두 개를 철사로 연결하여 다리를 만든다.

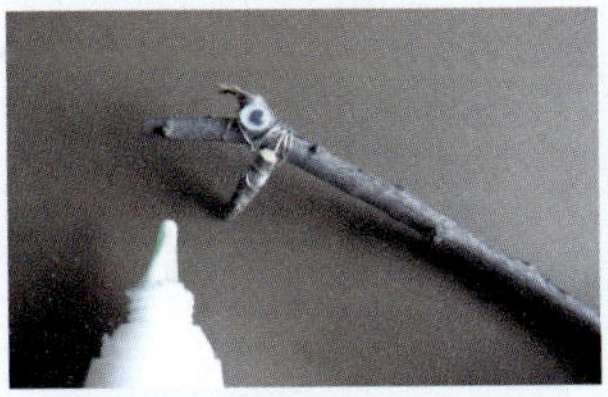

④ 나뭇가지에 인형눈을 붙인다.

⑤ 완성

대벌레 만들기

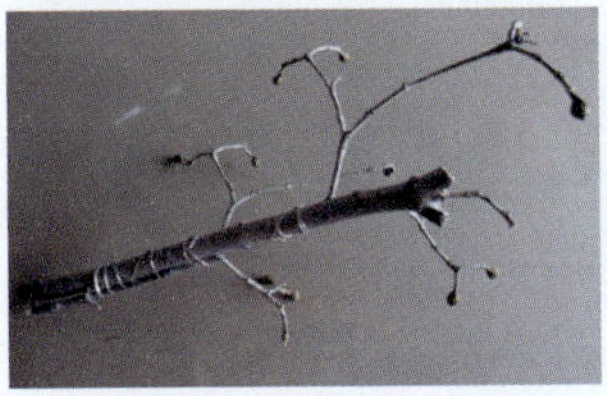

① 나뭇가지를 철사로 연결한다.

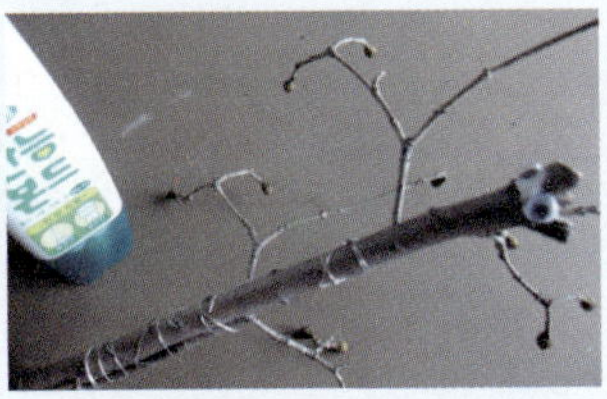

② 인형눈을 나뭇가지에 붙인다.

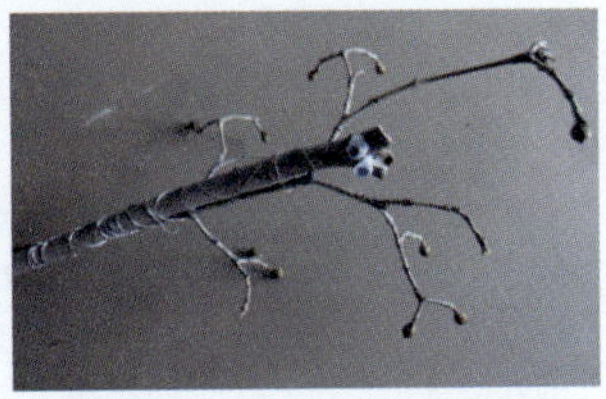

③ 완성

잠자리 만들기

① 큰 나뭇잎을 가위로 자른다.

② 나뭇잎을 잠자리 날개처럼 잘라서 준비한다.

③ 나뭇가지와 나뭇잎을 본드로 붙인다.

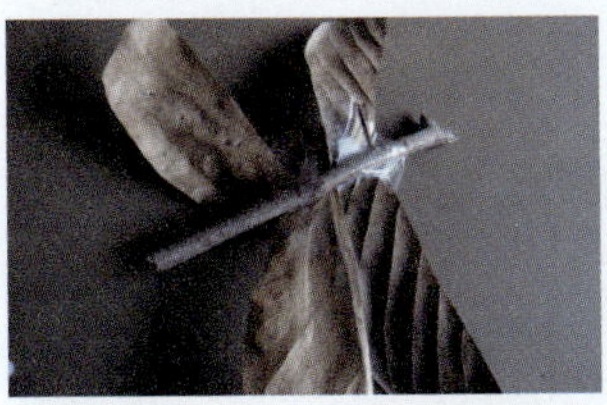

④ 셀로판 테이프로 나뭇가지와 나뭇잎을 단단하게 고정한다.

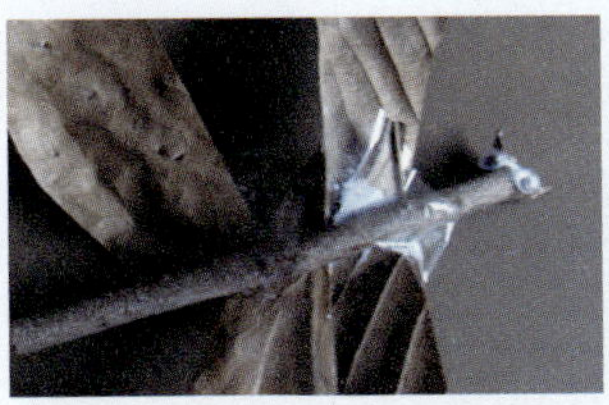

⑤ 인형눈을 붙여 꾸민다.

⑥ 완성

⑤
돌멩이
꾸미기

응용 돌멩이 꾸미기

관련주제 자연

활동목표

- 자연물을 이용해 창작 활동을 할 수 있다.
- 자연물을 이용해 창의적인 표현을 해 나갈 수 있다.
- 다양한 재료와 도구로 미술활동을 할 수 있다.

활동자료

- 돌멩이, 아크릴 물감, 수채화 도구(붓, 팔레트, 물통), 면봉, 안 쓰는 매니큐어 등

유의사항

- 붓 사용이 어려운 유아들은 붓 대신 면봉으로 대처해 준다.
- 물감은 착색이 잘 되고 빨리 마르도록 아크릴 물감을 사용한다.
- 매니큐어는 향이 진하지 않은 매니큐어를 사용한다.

활동방법

꽃 무늬 만다라 표현하기

① 돌멩이에 칠할 아크릴 물감을 준비한다.

② 돌멩이 전체에 아크릴 물감을 칠한다.

③ 돌멩이에 꾸미고자 하는 색을 선택하여 칠한다.

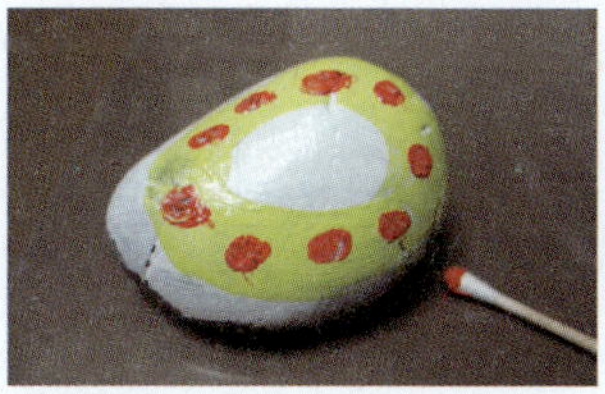

① 돌멩이에 표현하고자 하는색을 선택하여 면봉으로 찍어서 꽃 무늬를 표현하다.

② 돌멩이에 면봉을 이용해 연두색과 초록색으로 꽃잎을 표현한다.

③ 완성

사람 얼굴 표현하기

① 돌멩이에 얼굴을 표현하기 위해 살색을 칠하다.

② 돌멩이에 검은색으로 머리를 표현한다.

③ 완성

매니큐어로 표현하기

① 돌멩이와 매니큐어를 준비한다.

② 돌멩이에 표현하고자 하는 매니큐어를 칠한다.

③ 돌멩이에 여러 가지 색으로 표현한다.

⑥ 은박지 공예

응용 은박지 공예

관련주제 그림

활동목표

→ 은박지를 이용해 재미있는 표현을 할 수 있다.

→ 다양한 표현의 기법을 익힐 수 있다.

활동자료

→ 그림이나 달력 사진, 은박지나 쿠킹 호일, 색상지, 가위, 본드, 볼펜이나 연필, 지끈 등

유의사항

→ 교사는 은박지의 크기를 미리 잘라주어 유아가 활동하기 편리하게 도와주거나 유아 전체가 은박지에 그림을 그리고 난 후에 개별적으로 잘라주어 표현할 수 있도록 한다.

→ 유아가 만든 작품을 가지고 차후 작품 전시회를 하며 미술관에서의 감상 방법과 태도를 가르친다.

→ 은박지에 그림을 그릴 때는 너무 뾰쪽한 필기도구를 사용하지 않는다.

활동방법

① 표현할 그림을 색상지에 붙인다.

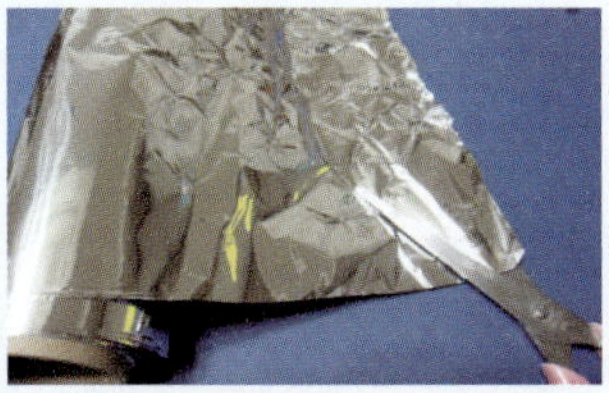

② 쿠킹 호일을 색상지 길이에 맞추어 자른다.

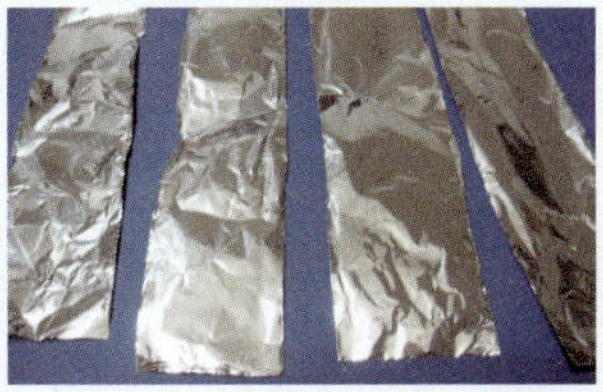

③ 색상지에 4면의 길이에 맞추어 4개의 쿠킹 호일을 준비한다.

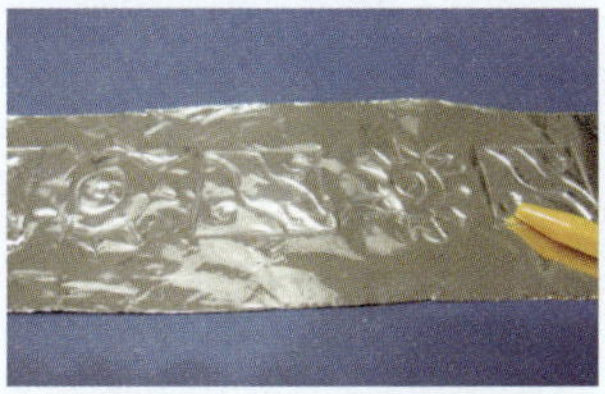

④ 준비된 쿠킹 호일의 뒷면에 연필이나 펜으로 눌러서 그림을 그린다.

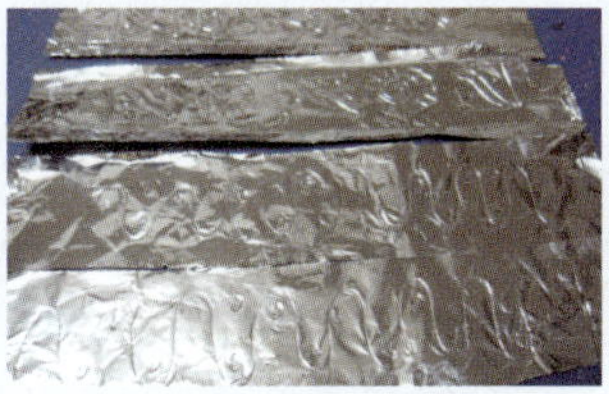

⑤ 4개의 준비된 쿠킹 호일에 그림을 그린다.

⑥ 그린 쿠킹 호일을 미리 준비된 색상지 옆면에 부착시킨다.

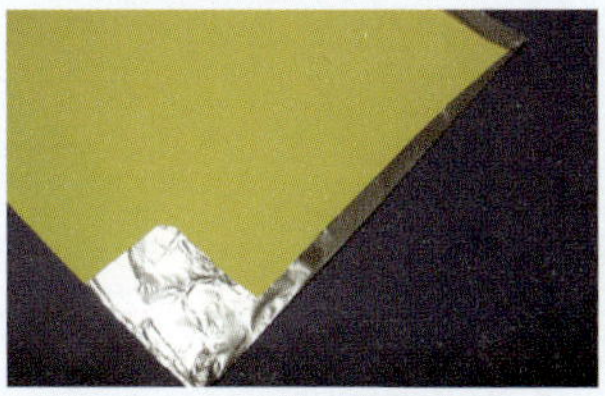

⑦ 색상지에 부착한 쿠킹 호일을 뒷면에 접어 고정시킨다.

⑧ 쿠킹 호일을 색상지에 맞추어 옆면에 고정시킨다.

⑨ 쿠킹 호일을 색상지의 4면에 다 고정시킨다.

⑩ 색상지 뒷면에 짧게 자른 지끈을 셀로판 테이프로 고정 시킨다.

⑪ 완성된 액자를 벽에 건다.

⑦ 철사 공예

응용 철사 공예

관련주제 자연

활동목표

- 철사를 이용해서 재미있는 미술적 표현을 할 수 있다.
- 손의 조절력과 손 근육을 기를 수 있다.

활동자료

- 철사, 비즈, 꾸미기 재료, 가위 등

유의사항

- 유아에게 주어지는 철사는 마음대로 움직이는 철사를 주어 유아가 쉽게 활동할 수 있도록 한다.
- 유아가 철사에 찔리지 않도록 굵기가 굵은 철사를 준비하며 수업 전에 안전에 대해 주의를 준다.
- 교사는 활동하기 전에 충분한 발상 지도를 실시한 후에 활동을 시작한다.

활동방법

나비 만들기

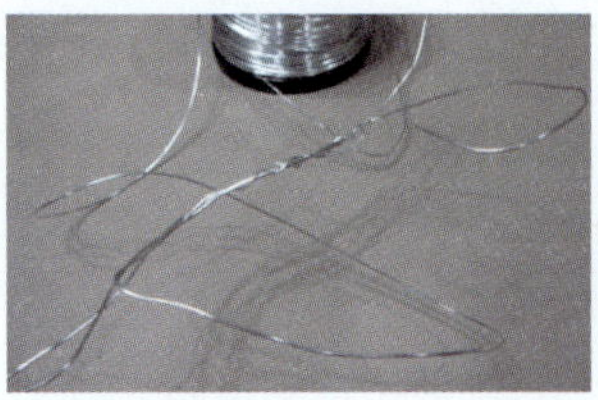

① 철사를 이용하여 꾸미기를 준비한다.

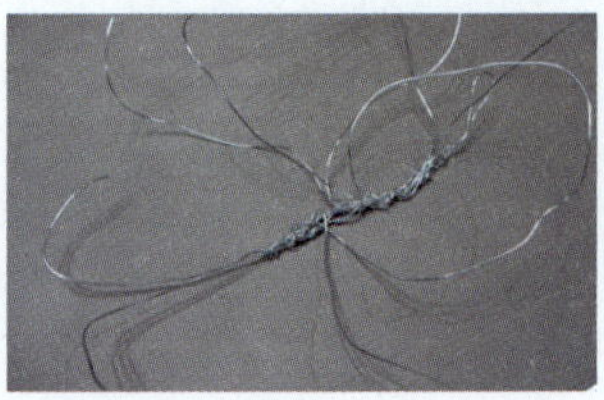

② 철사를 구부려 나비모양을 만든다.

③ 비즈를 가는 철사에 끼운다.

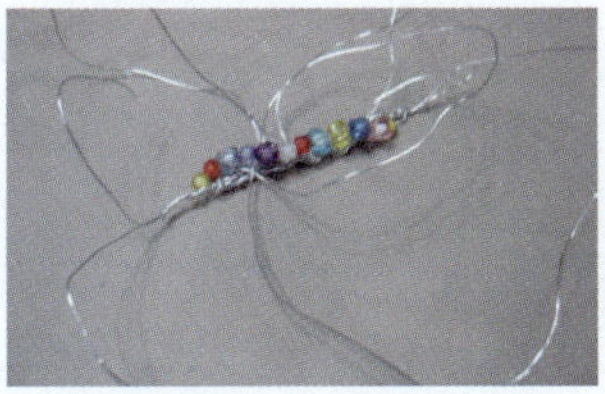

④ 비즈로 나비 모양을 꾸민다.

⑤ 꾸미기 재료를 철사에 끼워 나비 모양을 아름답게 꾸민다.

⑥ 완성

꽃다발 만들기

① 철사, 비즈, 가위, 펜, 꽃병을 준비한다.

② 철사에 비즈를 끼워 꽃 모양을 만든다.

③ 여러 가지 꽃 모양을 만든다.

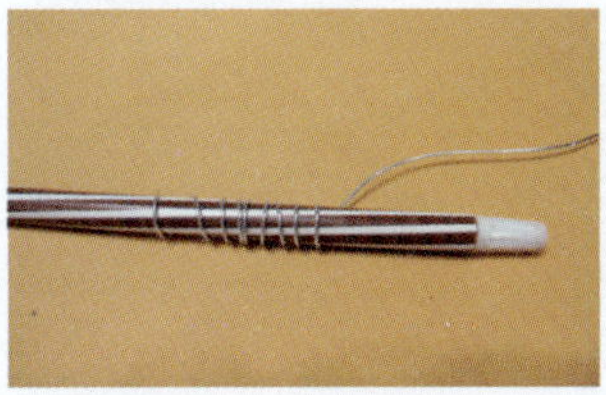

④ 철사를 색연필에 돌린다.

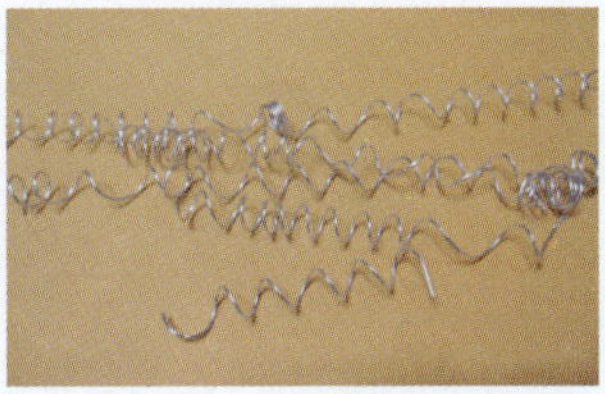

⑤ 철사를 색연필에 돌려 용수철 모양처럼 만든다.

⑥ 꽃 모양과 용수철 모양을 함께 놓는다.

⑦ 물병에 만든 꽃철사를 넣는다.

⑧ 완성

⑧
비즈
공예

응용 비즈 공예

관련주제 장식품

활동목표

→ 비즈를 이용하여 장식품을 만들 수 있다.

→ 소 근육을 기를 수 있다.

→ 패턴의 개념을 알고 패턴을 표현해 나갈 수 있다.

활동자료

→ 비즈, 고무줄, 가위 등

유의사항

→ 교사는 다양한 비즈를 준비해서 유아들이 스스로 하고 싶은 창작 의욕을 가질 수 있도록 한다.

→ 수업을 하기 전에 패턴과 관련된 수학동화나 그림을 배우고 활동을 하도록 한다.

활동방법

팔찌 만들기

① 구슬을 패턴에 맞게 고무줄에 끼운다.

② 구슬을 다 끼웠으면 고무줄을 손목 굵기에 맞춰 고정한다.

③ 만든 구슬 팔찌를 손목에 찬다.

목걸이 만들기

① 패턴을 정해서 비즈를 고무줄에 끼운다.

② 패턴대로 고무줄에 끼워 목걸이 길이만큼 끼운 후 고무줄을 고정한다.

③ 완성

⑨
압화
공예

응용 압화 공예

관련주제 자연

활동목표

→ 압화를 이용하여 미술활동을 해본다.

→ 꽃과 나뭇잎을 말렸을 때의 변화를 알아본다.

활동자료

→ 꽃과 나뭇잎 말린 것, 가위, 손 코팅지, 펀치, 장식끈 등

유의사항

→ 교사는 미리 연간계획에 따라 꽃과 나뭇잎을 준비해서 말려 놓는다.

→ 유아가 활동할 때 말린 꽃과 나뭇잎에 부서지지 않도록 주의를 준다.

활동방법

❯ 책갈피 만들기

① 손 코팅지에 말린 꽃을 넣고 코팅한다.

② 가위로 꽃을 놓은 주변을 자른다.

③ 타원형 모양으로 잘라 정리한다.

④ 펀치로 코팅지 위 부분에 구멍을 낸다.

⑤ 장식 끈을 구멍에 끼운다.

⑥ 완성

책 꾸미기

① 책과 말린 꽃과 나뭇잎을 준비한다.

② 책 표지 위에 말린 꽃과 나뭇잎을 놓는다.

③ 말린 꽃과 나뭇잎을 놓고 그 위에 손 코팅지를 책 크기에 맞게 잘라 붙인다.

⑩
글루 픽쳐
Glue Picture

응용 글루 픽쳐(Glue Picture)

관련주제 과거

활동목표

→ 다양한 재료를 이용하여 재미있는 미술표현활동을 할 수 있다.

→ 소근육을 기를 수 있다.

→ 과거 우리나라나 다른 나라의 물건에 대해 탐색해 볼 수 있다.

활동자료

→ 박스지나 하드보드지, 만능 본드, 수채화 도구(붓, 팔레트, 물통), 연필, 사인펜, 금색 아크릴 물감, 구두약 등

유의사항

→ 교사는 유아들에게 과거의 물건에 대해 이야기를 나누면서 골동품에 관한 용어와 표현에 대해 이야기를 나눈다.

→ 만능본드로 그림을 그릴 때 유아가 힘들지 않게 봉지에 본드를 넣어 구멍을 만들어 주거나 깔대기 모양의 종이에 본드를 넣어 손쉽게 짤 수 있도록 해준다.

→ 본드 그림은 마르는 시간이 많이 걸린다. 따라서 2차시로 나누어 수업을 진행한다.

활동방법

① box지에 연필로 밑그림을 그린다.

② 본드로 밑그림 위를 짜서 그린다.

③ 전체 그림에 본드로 짜서 그려 넣는다.

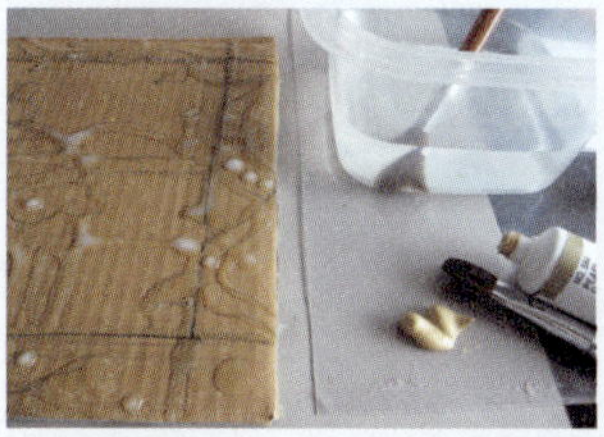

④ 본드로 그린 그림을 말린 후에 금색 아크릴 물감을 준비한다.

⑤ 본드로 그린 그림에 아크릴 물감으로 칠한다.

⑥ 물감이 마르면 구두약을 준비한다.

⑦ 물감이 마른 그림에 구두약을 묻혀 오래된 물건과 같은 느낌을 표현한다.

⑧ 완성

저자소개

이현아(李弦娥)

- 홍익대학교 대학원 교육학과 졸업 (박사)
- 한국교원대학교 대학원 미술교육학과 졸업 (석사)
- 덕성여자대학교 동양화학과 졸업 (학부)

- 전, 경원대학교 유아교육학과 강사
  총신대학교 아동학과 강사
  한양여자대학교 유아교육과 겸임교수
  총신대학교 미술심리치료 책임 교수
  청주교육대학교 강사
  서울교육대학교 강사
  경인교육대학교 강사

- 현, 청주교육대학교 강사
  경인교육대학교 강사
  이현아 미술심리치료 센터장

주요 저서 및 논문

『교사를 위한 유아창작공예』 -개정판 (2022)
『유아교육개론』 (2005)
『유아미술교육』 (2009)
『유아동미술교육』 (2010)
『초등미술교육의 이해』 -개정판(2022)
'미술자아개념 척도에 관한 연구'(2006) 단독
'초등학생의 미술표현 능력과 시각지수에 관한 연구'(2007) 단독
'시각체제와 조형요소의 관계연구'(2008) 단독
'시각지능과 미술교육의 관계 연구'(2008) 단독
'상상 능력 척도개발에 관한 연구'(2008) 단독
'집단 미술치료가 목회자 자녀(PK)에 미치는 효과'(2011) 단독
'정서 행동장애아동의 내면화, 외현화 문제의 완화 및 감소를 위한 미술치료사례연구'(2013) 단독
'미술개념에 대한 미술 분야 전문가들의 인식 분석: 브레인스토밍(FGI)방법을 중심으로'(2014) 공동
'미술적성의 개념 및 구성요인에 관한 연구: 미술전문가들의 인식조사를 중심으로'(2015) 공동
'청소년용 미술적성 검사의 예비 타당화 연구'(2017) 공동
'미술적성검사도구 개발을 위한 미술적성요인 도출에 관한 연구'(2017) 공동
'진로발달이론을 통해 살펴본 청소년용 미술적성에의 시사점 고찰'(2017) 공동
'정서 · 행동적 어려움 학습자의 미술적 표현 특성과 미술 교육적 모색'(2019) 단독
'시각지수와 미술자아개념의 상관관계 분석 연구'(2019) 단독

제3판

교사를 위한

유아 창작 공예

초 판 1쇄 발행 2005년 10월 7일
개 정 1쇄 발행 2015년 1월 30일
제3판 1쇄 발행 2022년 6월 30일

지 은 이 | 이현아
펴 낸 이 | 김기섭
편 집 인 | 이윤미 · 이상희
펴 낸 곳 | 창지사 www.changjisa.com
08589 서울시 금천구 가산디지털 1로 83 파트너스타워 1차 9층
전화 (02)719-2211~3
팩스 (02)701-9386
등 록 | 1977년 4월 28일 · 제1-421호

ISBN 978-89-426-1536-0 (93370)

값 22,000원